회사의 속마음

직장인은 절대 모르는 연봉협상, 승진, 해고, 구조조정에 얽힌 비밀

회사의 속마음

— 정광일 지음 —

랜덤하우스

프롤로그

회사는 '강자'고, 직장인은 '약자'라는 선입견을 버려라!

"회사는 당신이 생각하는 것만큼 유리한 고지에 있지 않다!"

　최근 우리 사회의 화두는 '정의'가 아닐까 한다. 정치와 철학을 다룬 만만치 않은 주제의 인문학 서적임에도 많은 독자가 마이클 샌델 교수의 『정의란 무엇인가』를 찾고 있으며, 최근 논란의 중심에 선 영화 〈도가니〉에 대한 뜨거운 사회적 관심 역시 이러한 사회적 분위기의 연장선상에서 이해할 수 있다.

　나는 10년 넘게 국내외 기업들의 경영전략과 인사부서를 자문하는 역할을 해오고 있다. 짧지 않은 시간 동안 이 일을 해오면서 마음속에 밀린 숙제처럼 자리 잡고 있던 질문 한 가지는 바로 '회사와 직장인에게 정의란 무엇인가'라는 문제다. 그리고 오랜 생각 끝에 회사와 직장인 사이에 꼭 필요한 정의는 '상호간 신의'와 '형평성'이라는 결론에 다다르게 되었다.

일반적으로 직장인들은 '고용주인 회사는 강자고, 근로자인 직장인은 약자다'라는 이분법적 논리로 직장생활을 바라보는 경향이 있다. 회사 역시 강자의 위치에서 조직 구성원을 내려다보는 경향이 있다. 하지만 이런 이분법적 구도에서는 정의가 존재할 수 없다. 정의는 사라지고 그 자리에 감정적인 갈등의 골만 깊어질 뿐이다.

그렇다면 회사와 직장인, 이 둘 사이에 정의가 존재하기 위해 필요한 전제는 무엇일까? 먼저 회사와 직장인은 계약으로 맺어진 동등한 관계, 즉 '근로 계약' 관계라고 볼 수 있다. 물론 근로 계약은 일반 계약과는 다른 법적 특성을 갖지만, 넓은 의미에서 보면 근로 계약도 엄연히 '상호 신의성실의 원칙'에 근거를 두고 있다. 그러므로 직장인은 회사에, 회사는 직장인에게 신뢰를 바탕으로 상호간의 권리 행사와 의무를 성실히 임해야 한다.

다음으로 '정의로운 회사와 직장인' 관계에 필요한 것은 '형평성'이다. 샌델 교수는 "계약이 공정하게 성립하려면 양 당사자 모두 계약 내용에 대한 이해능력이 동등한 수준이어야 한다"라고 했다. 어느 한 쪽이 지식이나 경험에서 절대적 우위를 차지한 상황에서 계약이 이뤄진다면 그것은 우리가 생각하는 정의의 모습이 아니다. 또한 어느 한 쪽이 신의를 지키지 않고 계약을 파기할 경우, 방어할 수 있는 능력도 일정 부분 비슷해야 한다. 따라서 회사와 직장인 모두 계약에 대해 동일한 수준의 이해능력과 방어능력이 필요하다. 이것이 바로 직장에서 필요한 형평성이라고 할 수 있다.

그러나 실제로 회사와 직장인 사이의 형평성을 유지하기란 생각보다 쉽지 않다. 회사의 경우 많은 경험을 가진 인사부서로 대표되는 담당 관리자가 있을 뿐 아니라 법률적 지식과 오랜 기간 경험을 쌓은 전문가 집단의 자문을 받을 수 있는 반면, 직장인은 그렇지 못한 경우가 많기 때문이다.

그래서 이 책은 이런 어려움을 돕기 위해 직장인의 자기방어 방법에 대한 내용을 담았다. 직장생활을 하면서 잘 몰라 그냥 지나치거나, 궁금하기는 하지만 누구한테 물어보기가 어려웠던 여러 가지 문제, 예를 들면 연봉협상과 휴가, 사생활 보호, 투잡 문제, 이직 노하우 등을 사례를 통해 최대한 쉽게 설명하고자 노력했다.

직장생활을 하면서 회사와의 갈등으로 가슴앓이를 하는 직장인들을 위해 회사가 신의를 지키지 않을 경우 실질적으로 자기 자신의 권리를 어떻게 지키고 방어할 수 있는지에 대한 해법도 담았다.

한 가지 덧붙이고 싶은 말은 이 책 『회사의 속마음』은 '회사'와 '직장인' 가운데 어느 한쪽의 입장만을 대변하는 책이 아니라는 점이다. 기존의 책들에서는 찾아보기 힘들었던 민감하다면 민감할 수 있는 내용에 대해 법률적 지식을 근거로 현실에 밀착된 조언을 담았으며, 인사팀 내부의 속사정을 있는 그대로 옮겨놓은 대화 사례 등이 담겨 있어 그 시각이 자칫 직장인의 입장과 이익에만 초점을 맞춘 것처럼 보일 수도 있다. 하지만 그 바탕에는 양쪽의 입장을 공정한 시각에서 살펴보고, 서로에 대한 이해를 높이며, 상생을 도모하기 위한 목적으로 집필되었다는 점을 꼭 밝혀두고 싶다. 상생이 없이는 회사도 직장인도 성공할 수 없기 때문이다.

아무리 신경 써서 만들고 정한 법일지라도, 법은 그 자체만으로는 절대적 기준이 될 수 없다. 회사와 직장인 사이의 갈등이 단순히 법이 정한 기준만으로 깔끔하게 해결될 수 있다면, 어째서 그 많은 직장인이 회사와의 갈등으로 가슴앓이를 하고 있겠는가. 대부분의 직장인이 회사와 마찰이 생겼을 때 자멸하거나 현명하지 못한 행동을 하는 것은 '회사의 속마음'을 잘 모르기 때문이다. 그래서 나는 그동안 10년 넘게 기업과 인사팀을 자문한 경험을 바탕으로 회사의 인사 조치에 담긴 진짜 의도와 속마음을 설명하는 데 초점을 맞췄다.

독자들의 이해를 돕기 위해 책의 구성을 간략히 소개하고자 한다.
1장과 2장에서는 회사에서 붙잡고 싶은 인재와 회사에서 내보내고 싶은 인재의 차이점을 살펴보고 조언하는 내용을 담았다. 3장과 4장, 5장에서는 회사와 갈등관계에 있는 직장인들이 현명한 선택을 하도록 회사의 속마음을 자세히 소개하고 있다. 마지막으로 6장과 7장에서는 연봉협상과 이직, 휴가 등 직장생활을 하면서 궁금하긴 하지만 누구한테도 속 시원하게 물어볼 수 없었던 여러 가지 고민을 해결하는 데 필요한 현실적 조언을 담았다. 또한 좀 더 객관적인 정보를 제공하려고 유능한 헤드헌터들과 기업의 인사 팀장들을 대상으로 설문조사를 벌였는데, 그 결과를 책의 곳곳에 포함시켰다.

마지막으로 이 책이 세상에 나오기까지 많은 도움을 주신 분들께 감사인사를 전한다. 우선 이 책이 직장인에게 실질적인 도움이 되도록 설문조사에 성실히 응해주신 인사팀장들과 헤드헌터들께 감사의 마음을 전한다. 그리고 이 책의 출판을 결정해주신 랜덤하우스코리아의 양원석 사장님 이하 임직원들께 진심으로 감사드린다. 특히 민지혜 에디터에게 부족한 원고에 생기를 불어넣어 준 것에 깊이 감사드린다. 이외에도 많은 사람의 땀과 노력이 없었다면 이 책은 세상에 나오지 못했을 것이다.

끝으로 이 책이 하나님과 사랑하는 가족(아내 김미나와 아들 경훈, 딸 하경) 앞에 부끄럽지 않은 책이 되기를 간절히 소망해본다. 더불어 독자 여러분의 성공적인 직장생활을 돕는 데 일조할 수 있기를 희망한다.

정광일

차례

프롤로그 --- 4

1 똑똑한 직장인이 함정에 빠지는 이유

어설픈 샐러던트에게 미래는 없다 --- 15
가방끈이 길어질수록 수명은 짧아진다?! --- 22
전문 자격사에 대한 환상을 버려라 --- 31
눈앞의 작은 이익에 목숨 걸지 마라 --- 39
배려와 겸손은 실력을 돋보이게 한다 --- 43
이성보다 감성관리가 중요하다 --- 49
프로와 아마추어는 리스크 관리에서 갈린다 --- 55
나를 알고 회사를 알면 백전백승 --- 63

2 상사의 속마음을 알아야 직장생활이 편해진다

내 시간을 상사의 시간에 맞춰라 --- 73
상사가 되면 '재능'보다 '충성심'이 먼저 보인다 --- 80
상사한테는 당신에게 없는 무엇인가가 있다! --- 85
상사가 두 번 사면 한 번은 사는 시늉이라도 하라 --- 89
대하기 어려운 상사일수록 도움을 요청하라 --- 92
부리기 쉬운 부하직원이 사랑받는다 --- 95

상사와의 끈을 놓지 마라 --- 98
상사의 정서적 허점을 노려라 --- 104
업무로 감동시킬 수 없다면 마음이라도 납치하라 --- 109
성격 유형에 따라 갈등을 관리하라 --- 114

3 회사는 결코 당신을 지켜주지 않는다

구조조정, 누구에게나 닥칠 수 있다 --- 121
때로는 이직이 답일 수 있다 --- 133
퇴사 시기는 전략적으로 결정하라 --- 136
왜 기업들은 상시적 구조조정 프로그램을 도입할까 --- 140
PIP 프로그램의 대상이 되었을 경우 유의해야 할 다섯 가지 사항 --- 151
최소한의 법 지식 다섯 가지는 알아두라 --- 155

4 직장인을 위한 패자부활전, 회사의 속마음을 파악하라

구조조정 대상이 되었다면, 먼저 회사의 입장에서 생각해보라 --- 167
변심은 빠를수록 좋다 --- 175
회사는 당신이 생각하는 만큼 우위에 있지 않다 --- 190
직장인에게 근태는 생명줄이다 --- 201

5 이직으로 날개를 다는 직장인, 이직하고 후회하는 직장인

이직 전에 반드시 체크해야 할 사항 --- 211
직장인 네트워크를 적극 활용하라 --- 221
헤드헌터를 통해 새로운 직장의 문을 두드려라 --- 224

가장 좋은 재테크는 내 몸값을 높이는 것이다 --- 233
연봉협상의 문은 생각보다 넓게 열려 있다 --- 238
인사팀을 알아야 협상의 물꼬를 틀 수 있다 --- 245

6 직장인이 가장 궁금해하지만 누구에게도 물어보지 못하는 일곱 가지 질문

산재처리 어떻게 해야 할까 --- 255
실업급여, 그것이 궁금하다 --- 261
휴가! 나는 소망한다 내게 금지된 것을… --- 265
직장 내에서 사생활을 보호받을 수 있을까 --- 273
잘 쓰면 보약 잘못 쓰면 독약, 이메일의 두 얼굴 --- 279
낮엔 직장인 밤에 사장님, 투잡해도 괜찮을까 --- 286
진실, 그것은 때로 중요하지 않다 --- 292

7 대한민국 1퍼센트 프로 직장인의 비밀

맞춤형 인재로 진화하라 --- 299
1대 1 멘토링으로 최고의 인재를 키운다 --- 304
3개월마다 이력서를 업데이트하라 --- 307
항상 준비된 자세로 임하라 --- 311
함께 일하고 싶은 사람이 되라 --- 313
피드백 속도가 곧 전문성의 척도다 --- 315
역발상 인맥관리로 진짜 내 사람을 만들어라 --- 318
회의 시간은 이미지메이킹을 위한 절호의 기회다 --- 323
스티브 잡스를 벤치마킹하라 --- 327
워킹맘에게 드리는 조언 --- 331
위풍당당 골드미스에게 드리는 조언 --- 336

주석 --- 340

1

똑똑한 직장인이 함정에 빠지는 이유

"인재(人材)를 꿈꾸다 인재(人災)가 되는
직장인의 여덟 가지 실수"

어설픈
샐러던트에게
미래는 없다

직장에 다니면서 공부하는 직장인을 일컫는 샐러던트(Saladent, salaryman+student)가 낯설지 않은 풍경이 된 지도 이미 오래다. 기업체로 외부 강연을 나가면서 샐러던트들과 접촉할 기회가 많아졌다. 바쁘게 일하면서 끊임없이 도전하고 공부하는 직장인들을 보면 생동감이 느껴진다. 그런데 일부는 생동감은커녕 무거운 짐을 한껏 짊어진 채 시들어가는 모습을 하고 있다. 직장 일은 욕먹지 않을 만큼 최소한으로 대충 하고, 오로지 자기계발에만 몰두하는 직장인들이 그렇다. 이런 사람들을 보면 참으로 안타깝다. 직장이 주는 여러 가지 유익함과 기회를 누리지 못하고, 목적 없는 공부에만 매달리는 게 딱해 보이기까지 한다.

나 역시 직장인일 때는 직장이 주는 유익함과 기회를 알지 못했다.

아니, 알고 싶어 하지도 않았다. 직장을 떠나 개업하고 나서야 직장이 준 혜택이 얼마나 컸는지 깨닫게 되었다. 직업상 많은 회사의 인사 담당자와 직장인들을 만나면서 그동안 외면했던 한 가지 사실을 절실히 느끼곤 하는데, 바로 전 직장에 대한 고마움이다.

단언컨대 내가 지금껏 만난 성공한 사업가들 가운데 80퍼센트 이상은 전 직장과 관련이 있는 일을 하고 있다. 한마디로 성공한 사람들 가운데 전 직장에서 금맥을 찾은 사람이 압도적으로 많다.

| 지금 일하는 직장에서 금맥을 찾아라 |

커피를 즐겨 마시는 사람이라면 커피전문점 '카페베네'를 알 것이다. 신문보도 등에 따르면, 스타벅스를 이긴 토종 커피 브랜드라고 한다. 스타벅스가 진출한 전 세계 시장에서 그 지역 커피 브랜드에 매장 수로 역전당한 것은 카페베네가 처음이라고 하니 참으로 대단한 일이 아닐 수 없다. 쟁쟁한 글로벌 브랜드와 대기업 브랜드의 틈바구니 속에서 토종 브랜드가 개업 3년 만에 놀라운 성장세를 기록한 비결은 과연 무엇일까?

카페베네 전 사장인 강훈 씨의 인터뷰를 보니 한 가지 특이한 점이 있었다. 과거 스타벅스에서 일한 경력이 있다는 점이다. 강 전 사장은 1997년 스타벅스 국내 론칭 준비팀에 합류했고, 당시 대리였던 그는 실전 감각을 익히기 위해 동료 네 명과 함께 스타벅스 본사가 있는 미국 시애틀에서 3개월 동안 연수교육을 받았다고 한다. 이런 사실에 대해 강 전 사장은 인터뷰에서 다음과 같이 답했다.

"돌이켜보면 이 3개월이 제 인생에 있어서 가장 중요한 시간이었어요. 새벽 5시부터 저녁 8시까지 쉬지 않고 강행군을 하면서 커피 프랜차이즈에 필요한 모든 것을 배울 수 있었지요. 그전까지는 커피 하면 '건강에도 안 좋은 데 왜 먹나'라고 생각할 만큼 관심이 없었지만 연수 이후로 달라졌어요. 세계 최고의 커피 기업에서 다양한 커피를 접하고 매장관리까지 배우면서 커피 시장에 대해 눈을 뜬 거죠."

한마디로 그는 전 직장이 준 유익함과 기회를 누리고, 더 나아가서 전 직장을 통해 자기 인생에서의 금맥을 찾았다고 말할 수 있다. 이런 사례는 수없이 많다.

그런데 어렵게 들어간 직장에서 누려야 할 부분을 너무 쉽게 포기하는 직장인이 많다. 미래를 위해 부지런히 공부하는 샐러던트도 좋지만, 이는 어디까지나 직장생활의 양념이어야지, 주식이 되어선 안 된다.

현재 다니는 직장에서 매너리즘에 빠져 있다면 시각을 바꿔보라. 지금까지 배우고 익힌 업무가 자신의 경쟁력을 높이기 위한 것이고, 자신의 미래를 책임질 수 있는 창업 아이템을 제공한다고 생각해보라. 그리고 직장에서 제공하는 각종 교육이나 직장 동료들과의 네크워크를 보너스라고 생각해보라. 누구든 직장의 의미를 새롭게 발견할 수 있을 것이다.

| 직무능력을 키우는 게 진짜 공부다 |

외국계기업의 홍보팀에서 일하는 5년차 김모 대리는 동료들의 시기 어린 질투의 대상이다. 소위 말하는 얼짱에 스펙도 좋고 무슨 에너지가 그리 넘치는지 점심시간을 활용해 어학학원에 다닌다. 게다가 저녁에는 자격증 공부에, 주말에는 각종 취미활동을 하는 등 슈퍼 직장인으로 동에 번쩍 서에 번쩍 바쁘게 생활한다. 반면 같은 팀의 신모 대리는 업무시간에 집약적으로 일하고 나머지 시간은 휴식을 취하는 데 중점을 두었다. 모두들 바쁘게 활동하는 김 대리를 칭찬하고 시대에 뒤떨어진 것처럼 보이는 신 대리는 안중에도 없더니, 최근 들어 그러한 인식에 변화가 생기기 시작했다. 이것저것 다 하느라 바쁜 김 대리는 업무성과가 미진한 반면, 내실을 기한 신 대리는 회사의 신규 제휴 체결에 결정적인 역할을 했기 때문이다. 이런 일이 몇 번 반복되면서 윗사람들의 생각도 달라졌고, 이는 평가에도 큰 영향을 미쳤다.

　이처럼 슈퍼 직장인들 가운데 노력에 비해 뚜렷한 결과물을 내놓지 못하는 사람이 상당수 있다. 오히려 직장에서는 실속 없는 사람이란 소리를 듣고 몸도 축나는 역효과만 내는 경우를 종종 본다. 목적 없는 공부는 시간낭비요, 체력소모일 뿐이다.

　절대적으로 개인 시간이 부족할 수밖에 없는 직장인의 경우 공부 범위를 좁혀야 한다. 실제로 자신의 전문성을 높이거나 이직할 때 어학실력이 필요한 사람도 있겠지만, 그렇지 않은 직장인의 경우에는 어학에 투자할 시간을 자신의 직무능력을 높이는 공부에 투자하는 것이 더 효율적이다. 예를 들어 자신이 확보 가능한 시간에 취득할 수 있는 전문 자격증을 공부하거나, 직무교육 프로그램에 적극 참여하는 것이 훨씬 이득이라는 말이다.

결론적으로 말하면 직장이 자신의 고용을 평생 책임져주는 시대는 지났다. 즉 직장은 경쟁력 있는 교육을 제공하고, 고용안정은 자기 스스로 책임지는 시대가 되었다. 고용안정이라는 파랑새를 찾아 멀리서 헤매지 말고, 가까운 데서부터 고용가능성을 높일 수 있는 일들을 찾아보라.

| 샐러던트에서 프로리맨으로 변신하라 |

회사가 가장 싫어하는 직장인은 어떤 유형일까? '하늘의 별따기'라는 꿈의 직장에 들어가고도 막상 생각했던 것과 달라서 한숨을 쉬는 직장인이 많다. 마찬가지로 회사도 훌륭한 인재인 줄 알고 뽑았는데 속았다며 땅을 치기도 한다. 한 온라인 취업사이트에서 인사 담당자 491명을 대상으로 설문조사를 실시한 결과, 78퍼센트가 넘는 인사 담당자들이 '괜히 뽑았다'는 생각이 드는 직원이 있다고 밝혔다. 불명예 전당에 오른 1위는 '열정이 없고, 편한 일만 하려는 직원'이었다.[주2] 소위 말하는 갤러리맨이나 암반수족이 회사가 기피하는 직원 넘버원이라는 것이다. 갤러리와 샐러리맨의 합성어인 '갤러리맨'은 회사에 대한 충성심은 눈곱만큼도 없으면서 갤러리가 그렇듯 멀리 떨어져 관망만

하는 직장인을 뜻한다. '암반수족'은 지하수처럼 깊은 곳에 숨어 자신을 잘 드러내지 않으면서 오로지 생존에만 관심을 가진 직장인을 가리킨다. 부각되지 못하더라도 몸을 사려 중간만 하면서 살아남으려는 전략을 갖고 있다. 그런데 실제로 이런 사람들은 퇴출 1순위로 가장 먼저 구조조정 리스트에 오르게 된다. 요즘은 인사관리 체계가 잘 정비돼 있어 숨을 곳이 줄어들었고, 구경만 하겠다는 직원을 원하는 회사는 그 어디에도 없기 때문이다. 회사는 자선단체가 아니다. 회사의 발전이나 동료, 상사는 안중에도 없고 오직 시키는 일만 수동적으로 하는 직원에게 우호적인 동료나 상사는 없다.

그런데 이처럼 무심한 직원이 점점 늘어나는 추세라고 한다. 특히 20대, 30대 초반의 직장인들 사이에 이런 사람이 늘고 있다. IMF 사태 이후 평생고용의 개념이 무너지는 것을 목격한 20대와 30대 초반의 직장인들 사이에 더는 회사를 믿을 수 없다고 생각해 그런 경향이 심화되고 있는 것이다.

이는 회사 차원의 문제로만 끝나지 않는다. 아무것도 하지 않으면서 보내기에는 20대, 30대 초반의 나이가 너무 아깝다. 도전과 실패를 통해 미래를 준비해야 할 시기에 그저 직장 내에서 한 자리 유지하겠다고 지하로 숨는 것은 그 사람의 장래를 위해서도 결코 바람직한 일이 아니다.

앞으로 샐러던트나 갤러리맨, 암반수족이라는 단어보다 프로리맨이라는 단어가 직장인들 사이에서 더 회자되었으면 하는 바람이다. 프로리맨은 내가 생각하는 미래 직장인의 모습이다. 프로페셔널(professional)과 샐러리맨(Salaryman)의 합성어로, 프로 직장인이 많아지길 바라는 마음에서 만들어본 신조어다.

이제 기업은 단순히 전문가를 요구하는 수준을 넘어 기업의 조직문화를 이해하고 충성심으로 무장한 직원을 원한다. 한 예로 최근에는 사내 변호사와 노무사를 채용해 이들의 전문성을 보다 효율적으로 활용하는 것이 하나의 트렌드로 자리잡고 있다. 기업의 입장에서는 외부에 자문이나 컨설팅을 의뢰하는 것보다 일의 진행이 빠르고 효율적이어서 앞으로도 중요한 트렌드가 될 전망이다. 특히 내부 기밀정보가 외부에 노출될 가능성이 없고, 조직의 특성과 조직문화 그리고 세세한 정보를 바탕으로 구체적인 해결책을 제시할 수 있다는 장점도 있다. 더구나 갈수록 치열해지는 법률 시장의 환경 때문에 과거와 달리 우수한 인재들도 회사에 소속되어 일하는 것을 선호해 기업의 입장에서는 우수한 인재를 채용할 수 있는 기회가 많아졌다. 과거에는 높은 직급과 많은 연봉을 주고 채용해야 했던 것과 달리 요즘은 대리나 과장급으로도 채용할 수 있어 분명 매력적인 요소가 많다.

머리는 프로의 전문성으로 채우고, 가슴은 조직에 대한 충성심으로 채운 프로리맨으로 거듭나보자.

가방끈이
길어질수록
수명은 짧아진다?!

● 취업을 준비하는 대학생이건, 취업에 이미 성공한 직장인이건 스펙을 쌓아 더 나은 조건의 직장에 다니고 싶은 바람은 매한가지다. 어학학원과 자격증학원이 항상 수강생들로 붐비고, 어학연수나 유학 바람이 거센 것도 이런 이유 때문이다. 하지만 열심히 하는데, 방향을 잘못 잡은 경우가 의외로 많다.

| 나이는 숫자에 불과하다는 새빨간 거짓말 |

34세의 김모씨는 고시 준비를 하다 보니 어느새 서른을 훌쩍 넘기고 말았다. 그는 번번이 낙방의 고배를 마시다 뒤늦게 취업 전선에 뛰어들기로 마음먹었다. 하지만 취업 시장에서도 희망고문은 계속되었다.

그는 "나이는 숫자에 불과하다는 말이 현실 속에선 통하지 않는 것 같아요. 나라도 같은 조건이면 더 어린 사람을 뽑겠죠…"라고 의기소침하게 말했다.

취업을 준비하는 대학생들에게 꼭 들려주고 싶은 말이 있다. "시기를 놓쳐서는 절대 안 된다"라는 당부다. 내년에 대학교 4학년이 되는 처남한테도 이 말을 자주 한다.

대부분의 대학생은 좋은 스펙이 취업의 지름길이라고 생각한다. 그래서 어학연수나 전문 자격증 취득 등을 위해 휴학을 선택하는 경우가 증가하고 있다. 하지만 신입사원을 뽑는 기업체 인사 담당자들의 시각은 조금 다르다. 그들은 "제아무리 스펙이 좋아도 현실적으로 취업이 가능한 '적정 연령대'를 넘으면 채용하기가 어렵다"라고 말한다. 실제로 적정 연령을 넘기면 스펙이 좋아도 채용이 잘 되지 않는다. 신입사원 중 30대 중반의 입사자가 있긴 하지만 극소수에 불과하다는 것도 이런 사실을 입증해준다.

법적으로는 2009년 3월부터 '고용상 연령차별 금지 및 고령자 고용촉진에 관한 법률'이 개정되면서 채용공고상 불합리한 연령 제한이 금지되었지만 실상은 그렇지 않다. 예전에 비해 유연성이 늘기는 했지만 나이에 따른 현실의 벽은 여전히 존재한다. 기업들이 겉으로는 좋은 인재를 뽑을 기회가 확대되어 긍정적인 입장이라고 하지만 과연 마음속으로도 그렇게 생각하는지 의문이다. 서른을 훌쩍 넘긴 막내 사원을 20대 후반 대리가 편하게 부릴 수 있는가는 상식선에서 생각해봐도 알 수 있다. 늦깎이 신입사원 역시 엄연히 나이와 기수가 존재하는 조직문화에 적응하기가 쉽지 않을 것이다. 모두 그런 것은 아닐 테지만 조직위계 확립과 동료관계 측면에서 볼 때 나이 많은 신입사원은 불리한 점이 많다.

그렇다면 적정 연령은 몇 살일까? 기업별·남녀별로 차이가 나긴 하지만 대졸 신입사원의 경우 남자는 군대 다녀온 것을 포함해 만 28세, 여자는 만 25세까지를 적정 연령으로 보는 경우가 많다.

능력과 실적을 중시하는 성과 중심의 사회를 정착시키려면 연령 제한에 대한 규정을 없애는 기업이 많아져야 하겠지만 현실의 벽을 무시할 수는 없다.

다음으로 유의해야 할 것은 대학을 졸업한 지 1년이 지나면 취업이 어려워진다는 점이다. 취업이 어렵거나 더 좋은 직장에 취업하기 위해 대학원에 진학하는 사람들이 있는데, 이런 경우 더 위험하다. 주변을 살펴보면 대학원 졸업 후 취업이 안 돼서 1년 가까이 백수로 지내는 지인이 한둘쯤은 꼭 있다. 대학원을 졸업하는 것이 취업에 도움이 되던 시절도 있었지만, 지금은 오히려 대학원 졸업장이 취업을 방해하는 경우가 종종 있다. 기업의 입장에서는 대학원을 졸업했다고 해서 실무 능력이 더 뛰어나다고 보지 않는다. 특히 대학원을 졸업할 때쯤의 나이가 취업 가능한 적정 연령을 넘어선 경우에는 채용 자체를 부담스러워한다.

따라서 가능하면 스펙 쌓기는 늦어도 3학년 겨울방학까지로 끝내고, 4학년 때부터는 자신이 취업하고자 하는 방향을 정해 관련 분야의 정보를 수집하고 실제로 아르바이트를 해보는 등 구체적으로 준비하는 게 취업에 더 유리하다.

| 'MBA = 성공' 공식은 끝났다! |

다음으로 직장인들의 스펙 쌓기를 살펴보자. 그토록 학수고대하던 취업에 성공했어도 경력에 대한 고민은 죽을 때까지 우리를 쫓아다닌다. 더군다나 IMF 사태를 겪은 뒤로 회사가 더는 자리를 보장해주지 않는다는 것을 잘 알기 때문에 직장인들의 마음은 늘 쫓길 수밖에 없다. 특히 직장생활 3년차 이상이 되면 한 번쯤 생각해보는 것이 국내외 MBA일 것이다.

경쟁력을 가진 커리어와 경력 전환, 연봉 상승을 꿈꾸는 많은 직장인들이 MBA의 문을 두드린다. MBA를 마치면 연봉이 지금보다 배로 뛰어오르고 고급 인재로 평가받을 수 있으리라는 기대감 때문이다. 하지만 막연한 기대감으로 MBA에 뛰어들기에는 투자비용 대비 효율성이 떨어질 수 있으며, 해외 MBA의 경우에는 잘못하면 경력 단절로까지 이어지므로 꼼꼼히 따져볼 필요가 있다. MBA 학위 과잉으로 예전에 비해 플러스 요인이 줄어든 것도 사실이다. 게다가 요즘은 개인의 전문성이나 리더십을 더 중시하는 추세다 보니 더욱 신중하게 접근해야 한다. 막연한 기대감이 아닌 뚜렷한 목적의식을 가지고 MBA 이후 예상되는 진로에 따라 전략적으로 계획을 세워야 한다.

　우선 국내든 해외든 각 학교별 MBA의 특징을 충분히 살펴본 뒤 학교를 선택해야 한다. 그렇지 않으면 별다른 성과 없이 비싼 돈만 쓴 결과를 낳을 수도 있다. 시기 면에서는 직장에 갓 들어간 신입사원 시절보다는 입사하고 2~5년 후가 바람직하며 되도록 35세 이전에 마무리 짓는 게 좋다는 게 전문가들의 공통된 의견이다. 해외 MBA의 경우에는 회사를 휴직하거나 퇴직해야 하는데 학위를 마치고 돌아왔을 때 35세를 넘기면 자칫 경력 단절로 이어질 수 있다고 조언한다. 나 역시 이 말에 동의한다. 특히 직무 전환을 목표로 한다면 35세 이전에 MBA 과정을 마치는 것이 좋다. 과장이나 차장급이 포진한 35세 이후에는 전문성이 이미 입증된 단계이므로 MBA 학위보다는 문제해결능력이나 리더십, 업무실적으로 승부를 걸어야 한다.

　개인적인 의견이지만 최종 목표가 임원이라면 국내 MBA보다는 미국 등 해외 MBA를 고려해보는 것이 좋다. 외국계기업이나 글로벌 컨설팅회사의 지사장이나 임원들의 경우 해외 MBA 출신들이 다수 포진해 있다. 물론 최근에는 해외 MBA 출신이 많아져서 예전에 비해 가치가 떨어지기는 했지만 그래도 아직까진 그 장점을 무시할 수 없다. 또한 이왕 갈 거라면 인지도가 높은 곳으로 가는 게 좋다. 최근 정보에 따르면 삼성과 LG의 경우 미국 MBA 출신을 채용할 때 TOP 10 출신이 아니면 거의 채용하지 않는다고 하니 다음에 나온 학교들을 참고하기 바란다. 미국 MBA TOP 10은 매년 변동이 있지만 대체로 하버

드비지니스스쿨(Havard Business School), 스탠퍼드비지니스스쿨(Stanford Business School), 시카고대학 부스경영대학원(Chicago Booth), 펜실베이니아대학 와튼스쿨(Pennsylvania Wharton), 컬럼비아비즈니스스쿨(Columbia Business School), 다트머스대학 터크경영대학원(Dartmouth Tuck), 노스웨스턴대학 켈로그경영대학원(North-western Kellogg), MIT 솔론스쿨(MIT Sloan), 캘리포니아대학 하스경영대학원(California Haas), 듀크대학 푸쿠아경영대학원(Duke Fuqua), 코넬대학 존슨경영대학원(Cornell Johnson), 예일대학 경영대학원(Yale School of Management)을 들 수 있다.

한편 국내에서 진로를 찾고자 하는 경우에는 국내 대학의 MBA 과정이 오히려 유리할 수도 있다. 전문가들은 "한국 기업뿐 아니라 글로벌 기업의 한국 지사에서도 채용 과정에서 한국 시장에 대한 정확한 이해를 요구하기 때문이다. 이런 점을 고려한다면 국내기업과 시장에 대한 사례를 집중적으로 연구하는 한국형 MBA가 더 효과적일 수 있다"고 조언한다.

국내 MBA는 크게 풀타임 MBA와 야간 MBA로 나눌 수 있다. 풀타임 MBA의 경우 직장을 그만두고 공부하는 경우가 대부분이므로, 그만큼 리스크는 있으나 야간 MBA에 비해 이직이나 경력 전환할 때 유리하다. 내 친구의 경우에도 4년차가 되는 시점에서 회사를 사직하고 해외유학의 대안으로 카이스트 테크노 MBA에서 공부한 뒤 경력 전환에 성공했다. 주변 사람들을 보면 대부분 영어로 강의가 이뤄지는 연세대학교 글로벌 MBA(Global MBA)와 카이스트 MBA 그리고 막강한 산업계와 동문 네트워크를 강점으로 하는 서울대 MBA에서 공부한 사람들이 만족도가 높았고, 경력 전환에 성공한 사례도 야간 MBA보다 상대적으로 더 높았다.

다음으로 야간 MBA를 생각해볼 수 있는데, 대부분 직장생활을 병행해야 하는 관계로 연령대가 풀타임 MBA보다 높고 입학 목적도 풀타임 MBA에 비해 학업보다는 네트워크를 위한 경우가 많다. 물론 최근에는 야간 MBA도 점차 네크워크 중심에서 학업 중심으로 바뀌고 있는 추세다.

그러나 학업이나 경력 전환이 목적이라면 솔직히 야간 MBA는 그리 추천하고 싶지 않다. 특히 새로운 변신을 위해 큰돈을 들여 야간 MBA에 진학하려고 하는 직장인들을 보면 다시 한 번 생각해보라고 조언해주고 싶다. 직장에서 보내주는 것이라면 두말할 것 없이 "고맙습니다" 하고 가야 할 테지만, 굳이 자기 돈을 들여 퇴근 후 피곤한 몸을 이끌고 학교로 가는 것은 생각해볼 문제다.

직장에 다니면서 야간 MBA를 병행한다고 해서 지금 다니는 직장에서 경력으로 인정해주지 않는다는 것은 누구나 알고 있을 테니 다시 언급하지 않겠다. 기껏해야 "참 고생하셨네요"라고 성실성을 인정해주는 정도다.

MBA에 관심을 가진 직장인들에게 조언해주기 위해 나와 함께

2007년 졸업한 야간 MBA 동기들의 근황을 한번 살펴보았다. 야간 MBA를 졸업한 후 좀 더 좋은 조건으로 이직했거나 원하는 직무를 맡게 된 사람이 있는지 주소록을 통해 확인해보니, 80명이 넘는 동기들 가운데 두 명 정도가 그나마 좋은 조건으로 이직에 성공했다. 그것도 한 명은 대학원 동기의 추천으로 이직한 것이니 엄밀히 말해 야간 MBA를 졸업한 경력으로 이직에 성공했다고 보기 어렵다.

물론 눈에 보이지 않는 자신감과 네트워크가 생겼다는 측면에서 생각해보면 여전히 긍정적인 면이 없지 않다. 그런데 문제는 '비용 대비 효용성'이다. 2007년 졸업 당시만 하더라도 국내 MBA의 한 학기 등록금이 500만 원 정도였다면, 지금은 한 학기에 1,000만 원을 육박한다고 한다.

치솟은 등록금을 별도로 생각한다고 해도, 학업이나 경력 전환이 목적인 직장인한테 야간 MBA가 과연 대안이 될 수 있을지 의문이다. 많은 돈을 투자했더라도 달라지는 것이 별로 없다면, 값비싼 스트레스만 하나 더 추가하는 셈이 돼버리기 때문이다. 막연하게 인맥을 쌓는 데 도움이 될 거라고 생각하거나, 공부를 더 해야겠다는 생각으로 야간 MBA에 들어갔다가 학업 부담감이나 경력 전환에 도움이 되는지에 대한 회의감으로 중도에 포기하는 사람이 꽤 있다.

물론 야간 MBA를 나오는 것이 완전히 무의미하다는 뜻은 아니다. 지인 중 일부는 야간 MBA를 통해 자신이 하고자 하는 분야의 전문가들과 네트워크를 쌓아서 이를 바탕으로 정보 습득과 함께 경력 전환의 기회를 얻은 사례도 있다.

결론적으로 학업을 통한 경력 전환이 목적이라면 풀타임 MBA를 선택하는 것이 유리하고, 관련 분야의 네트워크 형성을 통해 기회를 얻는 것이 목적이라면 야간 MBA가 유리하다.

야간 MBA의 경우 체력이 되고 무엇보다 공부할 시간을 확보할 수 있는 직장 내 여건이 마련된다면, 공부도 하고 관련 분야의 네트워크도 형성할 수 있는 기회의 장이 될 것이다. 특히 직장인의 경우 시간을 따로 내서 관련된 공부를 할 기회를 갖기가 쉽지 않다. 더군다나 관련 분야의 고급 인맥을 보유하기가 쉽지 않은 것이 현실이다. 따라서 학업과 관련 분야의 네트워크 모두 한정된 시간을 효율적으로 선택하고 집중할 수만 있다면 야간 MBA는 직장인의 약점을 보완해주는 역할을 해줄 것이다.

전문 자격사에 대한 환상을 버려라

일정한 수입이 보장되고 정년이 없다는 이유로 전문 자격사를 꿈꾸는 직장인이 많다. 하지만 이런 생각을 가진 사람들을 만날 때마다 가수 이선희의 '아! 옛날이여'라는 노래가 생각나는 것은 왜일까?

전문 자격사 시장도 더는 예전 같지 않기 때문에 막연한 환상을 품고 장밋빛 미래를 상상하는 것은 환상으로 끝날 가능성이 높다. 지난 2007년 7월 로스쿨 법률안이 국회를 통과했다는 소식이 전해지면서 직장인들 사이에 로스쿨 열풍이 불었던 적이 있다. 파리 목숨처럼 불안에 떨며 직장생활을 하느니 새로운 기회를 찾아가자며 도전한 2030 직장인이 줄을 이었다. 하지만 오는 2012년 첫 졸업생 배출을 앞둔 로스쿨의 풍경은 어떨까? 안타깝게도 전망은 그리 밝지 않다. 무려 2,000명이나 되는 졸업생 중 75퍼센트가 변호사 시험에 합격한다고 했을 때 거의 1,500명이 시장에 쏟아질 예정인데, 그러다 보니 공급과잉으로 '반값 변호사' 걱정만 늘었다고 아우성이다. 로스쿨 학생을 채용한 한 법무법인에서 "사법연수원의 절반 연봉을 주면서 인턴생활을 지켜본 뒤 정식 채용 여부를 결정하겠다"는 폭탄 발언을 한 데 이어 로펌에 들어가지 못한 학생들은 유급 인턴으로 대기업이나 공기업의 법무팀에서 일해야 한다. 이도 여의치 않으면 비싼 학비 때문에 길바닥에 나앉을 수도 있다는 걱정으로 불안감이 고조되고 있는 상황이다.[주3]

| 정년 없는 고소득은 옛말, 레드오션의 함정에 빠진 전문직 |

직장인들이 자주 하는 질문 중 하나가 바로 이 '자격사'에 관한 것이다. 전문 자격사만 된다면 지금의 힘겨운 직장생활을 단숨에 역전시킬 수 있을 거라고 믿는 사람이 많다.

특히 내 나이가 40대가 되고 보니 주변 친구들이나 선배들이 직장을 다니면서도 불안한 마음에 여러 가지 대안을 모색하는 것을 많이 보게 된다.

몇 달 전에는 모기업의 영업부서에서 일하는 고등학교 동기가 전문 자격사 취득을 심각하게 고민하며 이런저런 질문을 한 적이 있다. 친구는 막연한 기대감으로 "직장생활도 불안하고 해서 전문 자격사를 취득하려고 하는데 요즘 ○○○ 자격사 시장은 어때?"라면서 운을 뗐다. 영업 분야에서 10여 년간 근무해온 친구라서 취득하려는 자격증이 영업과 연관 있는지 물었다. 그러자 "지금 직장에서 하는 업무하곤 큰 연관성은 없는데, 주변에서 들어보니 ○○○ 자격사가 앞으로 전망이 좋다고 해서 말이야"라고 대답했다.

이 친구와 같은 생각을 하는 직장인이 의외로 많다. 강의를 나가거나 직장인들과 대화를 나누다 보면, 전문 자격사의 특징과 시장 상황에 대한 구체적인 정보 없이 막연히 전문 자격사를 취득하면 장래에 도움이 되지 않을까 생각하는 직장인이 상당수다.

그러나 나는 현재 직장에서 하는 업무와 관련 없는 전문 자격사를 취득하는 것이 과연 경쟁력을 가질 수 있는지에 대해 회의적이다. 많은 직장인이 월급쟁이보다 전문 자격사가 소득이 훨씬 높고, 시간적 여유도 많아서 자유로울 거라고 생각한다.

과연 직장인이 생각하는 만큼 전문 자격사 시장이 매력적일까? 결론부터 말하자면 전문 자격사 시장은 이미 끝났다고 해도 과언이 아니다. 이 말이 너무 심했다면, 앞으로 10년 이내에 끝날 것이다. 달리 말하면, 법을 통해서든 사회적 여건에서든 일정 부분 인정해주던 각 자격사의 고유 영역이 급격하게 무너지고 있다. 직장생활에 지쳐 탈출구를 찾으려는 월급쟁이들한테 실망감을 안겨주기는 싫지만 객관적인 현실이 그렇다. 이제는 전문 자격사 시장도 많이 달라졌다. 과거처럼 전문 자격사를 따기만 하면 정년 없이 일할 수 있는 꿈의 티켓이 쥐어지지 않는다. 변호사, 회계사 등 전문 자격사 시장이 점점 레드오션으로 변화하고 있어 치열한 경쟁이 예고된 상황이다.

이런 현상에 대해 나는 당연한 결과라고 생각한다. 전문 자격사들의 경쟁력은 크게 두 가지에서 나온다. 하나는 정보의 비대칭성이고, 다른 하나는 규제의 복잡성과 불편함이다.

그런데 요즘은 인터넷의 보급화와 활성화로 말미암아 정보의 비대칭성이 점차 축소되고 있다. 요즘 젊은이들은 궁금한 것이 있으면 가장 먼저 포털사이트의 지식검색을 이용한다. 몇 글자만 입력하면 변호사나 공인노무사 등 전문가들이 직접 친절하게 설명을 달아준다. 굳이 비싼 상담료를 내가며 변호사나 공인노무사 사무실을 찾을 이유가 없어진 것이다. 문제는 이런 경향이 앞으로 더 심화될 거라는 점이다.

다음으로 규제의 복잡성과 불편함을 들 수 있다. 앞으로 정부는 국민에 대한 서비스를 강화할 수밖에 없다. 그렇다면 규제가 풀리게 되고, 국민이 불편해하는 각종 절차가 해소되는 방향으로 갈 수밖에 없다. 고용노동부의 경우만 해도 과거와 달리 기업의 애로상황을 듣고 행정에 반영하는가 하면 민원실 등에서 친절하게 상담을 해준다.

이처럼 인터넷의 발달로 정보의 비대칭이 해소되고 정부의 대국민 서비스가 강화되면서 여러 가지 불편사항이 해소되자 장기적으로는 전문 자격사 시장의 위축을 가져왔다.

문제는 여기에만 있는 것이 아니다. 더 큰 문제는 수요가 줄어드는데 공급이 급격하게 늘고 있다는 점이다. 우선 전문 자격사 중 가장 시장이 넓고 역사가 깊은 변호사와 공인회계사 시장을 한번 살펴보자.

대한변호사협회에 따르면 우리나라의 개업변호사 수는 2005년에 6,300명, 2007년 7,602명, 2009년 8,877명으로 매년 증가해 지난해 처음 1만 명을 넘어섰다고 한다. 문제는 앞서 말했듯 2012년부터다. 대한변호사협회의 자료를 기준으로 보면 2012년 사법연수원을 수료할 41기 연수생은 약 1,000명이고, 로스쿨 1기 졸업생 중에서 1,500명 정도가 변호사 시험에 합격할 예정이라고 하니 2012년 한 해만 최대 2,500명이 법조계에 진출한다는 계산이 나온다.[주] 변호사 시장이 여러 전문 자격사 중 가장 넓다고 해도, 충격은 불가피할 것으로 보인다. 따라서 변호사가 과거와 같이 직장인들이 직장을 그만둘 만큼 매력적인 전문 자격사가 될 수 있을지 의문이다.

게다가 법률 시장이 개방될 경우 경쟁은 더욱 치열해질 수밖에 없다. 그렇다면 기존의 기업자문 시장에서 영역이 줄어든 중소형 로펌의 경우 개인변호사 사무실이 하던 소액사건까지 수임할 것으로 예상되어 변호사 시장은 그야말로 레드오션이 될 전망이다.

문제는 변호사 시장이 치열한 경쟁을 벌여야 하는 레드오션이 된다면 다른 자격사 시장도 영향을 받을 수밖에 없다는 점이다. 변호사와 일부 업무가 중복되는 세무사와 변리사, 공인노무사 등의 경우 일정 부분 변호사들한테 영역을 잠식당하는 것이 불가피하다. 더구나 이들 전문 자격사조차 정부 정책에 따라 합격자 수가 급격하게 늘어난 상황이다.

공인회계사의 경우에도 정부가 2001년부터 합격자 수를 1,000명선으로 대폭 늘린 상황이어서 점점 어려운 시장이 될 전망이다. 특히 금융감독원과 한국공인회계사의 자료에 따르면, 현재 공인회계사 자격증을 딴 회계사 3~4명 가운데 한 명은 회계사로 활동하지 않는다고 한다. 올해 빅4 회계법인에 입사한 신입 회계사의 평균 연봉이 3,400만 원대라고 하니 과거와 비교했을 때 매력이 점점 사라지고 있는 것이 현실이다.[주5]

| 현재 하고 있는 업무와 관련된 자격증을 취득하라 |

그렇다면 직장인들에게 전문 자격사는 전혀 도움이 안 되는 무용지물이 되고 만 걸까? 물론 그렇지 않다. 과거에 비해 매력이 떨어진 것은 사실이지만 활용하기에 따라 직장인들에게 날개를 달아줄 수 있는 것이 전문 자격사다. 문제는 기회비용이다. 직장을 그만두고 로스쿨에 입학하든 아니면 직장에 다니면서 다른 전문 자격사를 취득하든 간에 기회비용은 존재하게 마련이다. 현재 다니고 있는 직장에서 금맥을 찾도록 노력한 후 전문 자격사에 도전해도 늦지 않다. 그래도 전문 자격사에 도전해보고 싶다면 무엇보다 어떤 것을 공부할지 결정하는 데 신중을 기해야 한다. 지금 직장에서 배우고 익힌 전문성에 전문 자격사를 더하는 형태가 되어야 자격증을 취득한 뒤 장롱에서 그냥 썩히는 일이 벌어지지 않을 것이다. 이제 전문 자격사는 자신의 전문성을 나타내는 하나의 징표에 불과한 시대가 되었다. 전문 자격사 하나만

보고 전문성을 인정해주는 시대는 끝났다.

그러므로 현재 하고 있는 업무와 전혀 관련이 없는 전문 자격사를 취득하려고 노력하는 것보다 지금까지의 전문성을 뒷받침해주는 자격증을 취득하는 것이 이직이나 경력 개발에 유리하다. 특히 자신의 업무와 관련해 최근 떠오르는 자격증 가운데 글로벌화된 것이 있다면 취득했을 경우 그 희소성으로 말미암아 이직이나 경력 개발에 도움이 될 것이다. 예컨대 인사관리 업무에 종사하는 사람들의 경우 PHR(Professional in Human Resource)나 SPHR(Senior Professional in Human Resource) 자격증을 취득하면 이직이나 경력 개발에 도움이 된다.

| 업무 성격과 자신의 성향을 고려하라 |

한편 전문 자격사를 취득하기로 결정했다면 자신의 성향을 고려해 어떤 종류의 전문 자격사를 취득할 것인지도 꼼꼼히 따져보길 권한다. 변호사와 공인노무사는 항상 갈등관계에 있는 사람들의 중간에 끼어 일해야 하고, 억울하거나 화가 난 사람들의 이야기를 들어주는 것이 일이므로 스트레스 강도가 높은 직업군에 속한다. 따라서 사람을 만나 이야기하는 것을 싫어하거나, 창의적인 일을 좋아하는 사람한테는 어울리지 않는다. 실제로 이러한 스트레스 때문에 다른 일을 하는 사람이 제법 있다.

반면에 세무사나 회계사의 경우에는 변호사나 공인노무사에 비해 갈등관계에 있는 사람들 중간에서 일하는 빈도가 낮아서 이런 스트레스가 상대적으로 적은 것으로 알고 있다. 하지만 치밀하지 못한 성격의 소유자는 하지 않는 것이 정신건강에 좋다.

이런 직업적 특징을 고려하지 않고 그저 유망하다는 이유로 힘들게 공부해 전문 자격사를 취득한 뒤 업무에 대한 회의로 다른 일을 하는 사람이 꽤 있다는 점을 명심하라.

자격증이 전문성을 입증해주는 시대가 지났다는 사실을 현실로 받아들이고, 자격증보다 현재 하고 있는 일을 더욱 전문화시켜 자기 자신을 그 분야의 브랜드로 키우는 게 보다 현실적인 대안일 것이다.

눈앞의 작은 이익에 목숨 걸지 마라

중국의 대표적인 병법 가운데 하나인 '36계'의 11번째 계책으로, 이대도강(李代桃僵)이라는 전략이 나온다. 이대도강은 '자두나무가 복숭아나무를 대신하여 넘어지다'라는 뜻인데, 복숭아나무가 병충해로 쓰러지는 것을 막기 위해 주위에 자두나무를 심어 병충이 옮겨 가도록 했다는 생활의 지혜에서 따온 것이다. 이는 작은 것을 희생해 결정적인 승리를 이끌어내는 전략을 가리킨다. 이른바 나의 살을 내주고 적의 뼈를 취하라는 것이다.

이 한자성어를 접할 때마다 몇 년 전에 상담해준 적이 있는 중소기업 사장과의 대화가 떠오른다. 그는 직원 중에 거래처를 담당하던 김 부장이라는 사람이 퇴사한 후 개업하면서 약속과 달리 회사의 거래처를 빼앗아갔다면서 무척 분개했다. 그 회사는 중국에서 원자재를 수입해 일부 가공하여 거래처에 납품하는 업체였는데, 김 부장이 사표를 내자 사장은 거래처를 건들지 않는다는 조건으로 퇴직위로금까지 주었다고 한다. 하지만 김 부장은 당초 약속과 달리 재직 중에 친하게 지내던 거래처 직원들과 접촉하면서 야금야금 거래처를 빼앗아갔다고 한다. 특히 사장을 화나게 한 것은 퇴사하고 1년 정도 지난 뒤부터 김 부장이 거래처 직원들을 찾아다니며 "품질 차이도 없는데 뭐 하러 비싸게 납품을 받느냐"면서 대놓고 거래처를 빼앗는 행동을 한 것이다.

결국 사장은 출혈을 감수하더라도 김 부장이 동종 업계에 발을 못 붙이게 하겠다고 결심했다. 거래처 사장들을 직접 찾아다니며 김 부장의 비도덕적인 행동을 이야기하고, 김 부장이 납품하는 가격보다 더 낮은 가격으로 납품하겠다고 설득했다. 결국 거래처를 모두 되찾아왔고, 덧붙여 동종 업체의 사장단 모임에서 김 부장의 행실을 낱낱이 알렸다. 결국 김 부장이 운영하던 회사는 거래처가 줄게 되자 문을 닫았다고 한다. 사장은 한숨을 쉬며 이렇게 말했다.

"김 부장이 퇴사한 후 신의만 지켰다면 어떤 식으로든 도와주었을 겁니다. 개업이 얼마나 힘든지 뻔히 알기 때문에 거래처 몇 곳을 소개시켜주려고 했는데…."

이는 눈앞의 이익만 생각하다가 돌이킬 수 없는 과실을 범한 사례다. 『손자병법』의 저자 손무는 "지혜로운 사람은 이익과 손실의 양면을 생각한다. 비록 손실을 입었다고 해도 현명한 사람은 손실을 입은 뒤의 이익을 생각한다. 그렇게 하면 걱정할 일이 없어진다"라고 했다.

퇴사하고 나서 나도 이 문제로 고민한 적이 있다. 개업한 뒤 특별히 아는 사람도 없는 상황에서 그나마 전 직장을 다니면서 친분을 쌓은 이들과 연락이 닿았다. 솔직히 말하면 개업 초기에는 전 직장을 통해 알게 된 고객한테서 연락이 오면 일을 맡고 싶은 마음이 굴뚝같았다. 사무실 유지를 위해 눈 딱 감고 맡을까 생각한 적이 한두 번이 아니었다. 하지만 한때 몸담았던 직장에 대한 신뢰를 저버리면 스스로 떳떳할 수 없다는 생각에 그 유혹을 뿌리쳤다. 만약 불가피하게 전 직장을 통해 알게 된 고객과 일할 경우가 생기면 일을 맡기 전에 전 직장상사한테 먼저 알렸다. 지금 생각해보면 참 잘했다는 생각이 든다. 지금도 편안하게 전 직장 사람들을 만날 수 있으니 말이다. 더구나 개업한 지 1년 정도가 지나자 부탁하지 않았는데도 전 직장에서 고객을 소개해 주는 경우도 제법 있었다.

직장에 다니는 친구나 후배를 만나 이야기를 나누다 보면, 이 부분을 놓치는 경우가 많은 것 같다. 퇴사를 앞두었거나 개업하려는 사람들은 특히 주의해야 한다. "이제 이 지긋지긋한 직장에서 벗어나는구나! 그동안 날 괴롭힌 상사도 볼 일이 없을 테고, 이 회사도 다시는 올 일이 없을 거야!"라고 자신 있게 말하며 신나게 굿바이를 외치던 사람들이 오히려 퇴사 후 가장 먼저 전 직장을 찾아와서 아쉬운 소리를 한다. 특별한 창업 아이템이 있다면 모를까 대부분 개업 초기에는 전 직장에서 배운 업무와 인맥을 벗어나지 못하는 경우가 많다. 개업해서 새롭게 일을 시작하는 사람을 만나면, 이런 말을 자주 한다. "화장실과

처가는 멀수록 좋다고 하지만, 그건 옛날 말이죠. 지금은 처가가 가까워야 집안이 편하다니까요. 반찬도 가져다주고, 애들도 키워주고…."
물론 여기서 처가는 전 직장을 빗대어 하는 말이다.

작은 이익을 위해 처가를 등지거나 멀리하면 집안이 평안할 수가 없다. 이 얘기는 결혼한 남자라면 고개를 끄덕이며 공감할 것이다. 이직하는 경우도 다르지 않다. 대부분 동종 업계나 동종 업무를 벗어나지 못하므로 작은 이익이나 감정 때문에 전 직장을 등지지 말아야 한다. 언젠가 평판조회라는 걸림돌로 되돌아오기 때문이다.

그리고 직장상사나 동료들과의 관계에서도 이 부분을 생각해봐야 한다. 기업의 인사 담당자들과 이야기하다 보면, 가장 꼴불견이 바로 눈앞의 작은 이익에 연연해하는 직원이라고 한다. 대표적으로 인센티브와 연관됐거나 자신의 경력 개발에 도움이 되는 일에는 눈에 불을 켜고 달려들던 사람들이 자기와 상관없는 동료나 다른 부서의 업무에는 소극적으로 돌변한다는 것이다. 아무도 모를 것 같지만 상사들은 기가 막히게 알아채고 오랫동안 그 일을 기억한다.

어느 조직이든 간에 눈앞의 이익만 추구하는 직원을 좋아할 리가 없다. 자신과 상관없거나 눈에 띄지 않는 자질구레한 업무라도 팔을 걷어붙이고 나서는 직원이 결국 상사나 동료의 사랑을 받게 된다는 것은 불변의 진리다.

배려와 겸손은
실력을
돋보이게 한다

● 기업을 컨설턴트하는 입장에서 볼 때 가장 까다로운 클라이언트는 대리급이고, 대하기 가장 편한 클라이언트는 임원급이다. 언뜻 생각하면 임원 쪽이 더 어려울 것 같지만 실제로는 그 반대다. 컨설팅을 하다 보면 겸손한 사람이 가장 무서운데, 임원급일수록 특유의 겸손함을 갖춘 사람이 많기 때문이다. 겸손함은 상대방을 무장해제시키는 힘이 있다. 존중받는다는 느낌에 기분이 좋아져서 안 해도 될 일까지 해주게 된다. 거들먹거리고 잘난 체하는 사람 주변에는 사람이 점점 줄어들고, 겸손함으로 상대방을 높일 줄 아는 사람 곁에는 항상 따르고 도우려는 사람이 모인다.

임원들 옆에 사람이 모이는 것은 비단 그의 높은 직책 때문만은 아닐 것이다. 속마음까지야 확인할 길이 없지만 적어도 임원들한테는 전략적(?)인 겸손함이 있다. 달리 말하면 상대방을 기분 좋게 만들어 그 이상의 것을 얻어가는 센스가 있다. 그들은 해당 업무에 베테랑이면서도 늘 겸손한 태도로 잘 부탁한다는 말을 잊지 않는다. 상대방한테 존중받고 있다는 느낌을 전달하는 능력이 남다르다. 사람들은 존중받는다는 생각이 들면 힘이 나서 최선을 다해 일하게 되고, 해야 하는 일 이상을 하게 된다. 그래서 나는 임원들과 일하는 것이 즐거우면서도 한편으로 무섭다. 내가 가진 것을 다 가져가고, 기분 좋게 고생시키는 그들이….

반면에 대리들은 까다롭고 팍팍하게 구는 경우가 많다. 실무지식을 차츰 갖춰가는 시기라서 그런지 자신이 아는 한도 내에서만 문제를 보다 보니 전체를 놓치고 부분에만 급급해하는 경우가 꽤 있다. 그래서 불필요하게 태클을 거는 일도 잦다. 물론 업무를 명확하게 하는 차원에서는 긍정적인 일임이 분명하지만, 그 방식이 유연하지 못해 관계를 서먹하게 만들기 쉽다. 어떤 일을 하더라도 사람과 사람이 만나서 하는 것이 일이므로 팍팍하게 나오면 상대방도 그 범위만큼만 일하게 된다. 예를 들어 컨설턴트 입장에서는 컨설팅 계약의 범위만큼만 일을 해주게 되는 것이다.

| 겸손은 최고의 경쟁력이다 |

'겸손함이 경쟁력이다'라는 것을 보여주는 예로 벤저민 프랭클린의 일

화가 있다.^주6 22세 청년 벤저민은 자신의 인생 계획을 세우면서 '내 인생에서 가장 우선순위에 있는 일이 무엇인가?'를 두고 고민하다가 열두 가지 덕목을 뽑아 자신의 좌우명으로 삼기로 했다.

"첫 번째는 절제로, 과음과 과식을 하지 않는다. 두 번째는 침묵으로, 자신과 타인에게 도움이 되지 않는 말을 하지 않는다. 세 번째는 질서로, 물건을 제자리에 놓고 일은 알맞은 시간에 한다. 네 번째는 결단으로, 해야 하는 일은 꼭 완수한다. 다섯 번째는 절약으로, 비싼 것이 좋아 보인다고 무턱대고 사지 않는다. 다른 사람과 자신에게 꼭 필요한 것만 산다. 여섯 번째는 근면으로, 시간을 헛되이 쓰지 않는다. 일곱 번째는 성실로, 남을 해치는 책략은 사용하지 않는다. 여덟 번째는 정의로, 남의 권리를 침해하거나 남에게 손해를 입히지 않는다. 아홉 번째는 중용으로, 극단을 피한다. 열 번째는 청결로, 몸과 옷 그리고 집이 불결한 것은 절대 용납하지 않는다. 열한 번째는 평정으로, 사소한 일에 화를 내지 않는다. 열두 번째는 순결로, 성을 남용하지 않고 건강과 생산을 위해 사용한다."

벤저민은 이상의 열두 가지 우선순위를 적어 목사님한테 보여주었다. 목사님은 목록을 한참 동안 들여다보고 나서 이렇게 말했다.

"다 좋은데 한 가지가 **빠졌군요**. 바로 '겸손'입니다. 여기 적힌 열두 가지를 다 이뤘다고 해도 겸손이 없으면 열두 가지를 다 잃은 것과 마찬가지입니다."

자기PR의 시대에 겸손은 마치 구시대의 유물과 같은 취급을 받곤

한다. 하지만 겸손이야말로 현대인이 놓치고 있는 중요한 덕목 중 하나다.

최근 몇 년 동안 높은 시청률을 올린 〈1박 2일〉을 연출하는 나영석 피디는 일상 속에서 겸손함을 실천하고 있는 사람이다. 한번은 유희열의 〈라디오천국〉에 출연한 나 피디한테 진행자가 "지난 몇 년간 소리 없는 경쟁을 하고 있는 〈무한도전〉에 대해 어떻게 생각하느냐? 〈1박 2일〉과 〈무한도전〉을 비교해달라"고 요청했다. 그러자 그는 조금도 주저하지 않고 "대단하다"라는 말로 〈무한도전〉을 추켜세웠다. 그러고는 "아이디어나 연출로 녹이는 방식이 굉장히 세련된 프로그램입니다"라면서 〈무한도전〉의 장점을 띄워주는 한편 "그에 반해 〈1박 2일〉은 굉장히 투박한 프로입니다"라고 오히려 자신의 프로그램을 낮추면서 경쟁 프로그램을 띄워주는 겸손함을 보였다.[주7] 나 피디의 이런 겸손과 배려는 피디 특유의 권위주의를 생각하면 좀처럼 보기 어려운 모습이라서 깜짝 놀랐다.

직장생활을 할 때도 이런 자세가 필요하다. 나를 높이고 다른 사람을 낮추기보다는 '남을 높이고 나를 낮추는 자세'를 갖출 때 진정한 관계를 형성하고 상대로부터 도움을 이끌어낼 수 있다. 내가 만났던 임원들 역시 상대방을 존중하는 겸손함으로 자기 사람들을 더 넓고 견고하게 구축해 나가는 법을 알고 있었다. 그런 자세가 그들을 최고의 자리로 이끌지 않았을까 생각해보게 된다.

| 상사가 부하에게, 부하가 상사에게 할 수 있는 최고의 배려 |

겸손함은 '배려'의 또 다른 얼굴이다. 상대방이 존중받는다는 느낌을 받을 수 있도록 보이지 않게 상대를 배려하는 것과 연결되기 때문이다. 이러한 겸손함과 배려는 직장인이 꼭 갖춰야 할 경쟁력이다. 그렇다면 구체적으로 어떻게 배려해야 하는 걸까?

개인적으로 상사가 부하직원한테 할 수 있는 최고의 배려는 '성장할 수 있는 기회를 주는 것'이라고 생각한다. 자신의 일을 덜어주기 위해 부려먹는 게 아니라 부하직원이 성장할 수 있도록 가치 있는 일을 지속적으로 부여하는 것이다. 부하직원을 생각하는 상사의 깊은 속마음을 모르는 부하직원들은 단순히 일이 많다고 불평불만을 늘어놓을 것이다. 특히 5년차 미만의 부하직원들이 그런 불평을 자주 한다. 하지만 조금만 생각해보면 상사가 주는 산더미 같은 일이 사실은 자신의 역량을 높일 수 있는 선물임을 알게 될 것이다. 그래도 영 모르겠다면 다음 방법을 사용해보라. 상사가 자신을 생각하고 배려해 업무를 분담해준 것인지, 귀찮은 일을 떠맡기려고 한 것인지 분간이 가지 않을 때는 상사한테 지금 맡겨진 일의 의미를 물어보라. 만약 상사가 그 일을 당신에게 왜 부여했는지, 그 일의 가치가 무엇인지 명쾌하게 설명하지 못한다면 그건 말 그대로 부려먹기 위한 것이다. 하지만 그 일을 통해 당신이 무엇을 배우기 바라는지 말해준다면 기쁜 마음으로 일하기 바란다.

한편 부하직원이 상사에게 할 수 있는 최고의 배려는 무엇일까? 바로 '시간을 아껴주는 것'이다. 한마디로 상사가 원하는 바가 무엇인지 알고, 그에 맞춰 일하라는 것이다. 열심히 하긴 했지만 상사의 의도와 다르게 했다면, 상사한테 일거리를 더 얹어주는 것밖에 되지 않는다. 대표적인 예가 고치는 데 시간이 더 걸리는 경우다. 상사의 의도도 파악하지 못한 채 작성한 보고서를 퇴근 시간에 딱 맞춰 제출한 뒤 홀가분한 마음으로 퇴근했다면, 스스로 반성의 시간을 갖길 바란다. 퇴근하기 10분 전에 급한 일거리를 던져주는 악질 상사와 무엇이 다르단 말인가.

내가 아는 한 회계사는 신입 회계사가 들어오면 서류를 고객에게 주는 방법부터 알려준다고 한다. 서류를 줄 때 고객이 바로 읽을 수 있도록 방향을 잡아주어야 하고, 편하게 읽을 수 있도록 결론부터 눈에 확 들어오게 편집하는 방법부터 가르친다고 한다. 사소한 일이지만, 이런 작은 부분에서도 고객의 시간을 아끼려는 배려가 느껴진다.

마찬가지로 최고의 부하직원이 되고 싶다면 무엇보다 상사의 시간을 아낄 줄 알아야 한다.

이성보다 감성관리가 중요하다

지난해 경기도의 한 직장에서 '반말을 한다'는 이유로 술에 취해 직장 동료를 때려 숨지게 한 혐의로 34세 조모 씨가 구속되는 사건이 있었다. 경찰의 조사 결과에 따르면 회식 자리에서 술을 마신 뒤 동료와 업무분담 문제로 말다툼을 벌이다가 우발적으로 범행을 저질렀다고 한다. 한순간 '욱' 하는 감정이 최악의 상황으로까지 치달을 수 있음을 단적으로 보여준 사건이다.[주8] 물론 이렇게 극단적인 경우는 드물겠지만 많은 직장인들이 직장에서 벌어지는 크고 작은 일로 '감정 조절'에 실패하곤 한다.

취업포털 인크루트가 직장인 699명을 대상으로 한 '직장인 감정 조절'에 대한 설문조사에 따르면 응답자의 40.2퍼센트가 '쉽게 욱하는 감정을 표출하는 편이다'라고 답했다. 또한 34.5퍼센트는 '억지로 감정을 절제하고 잘 드러내지 않는 편이다'라고 응답했으며, 겨우 25.3퍼센트만 '감정 표현을 적절하게 잘하는 편이다'라고 대답했다.^{주9}

나는 이 기사를 읽으면서 적잖이 놀랐다. 그도 그럴 것이 절반을 훨씬 넘는 75퍼센트에 가까운 직장인들이 감정 조절로 애를 먹고 있을 거라고 생각해보지 않았기 때문이다. 시도 때도 없이 폭발하는 감정도 문제지만 꾹꾹 눌러 드러내지 않는 감정도 문제다. 압력밥솥에는 일정한 압력이 되면 김이 빠지도록 만들어진 안전장치가 있는데, 이 구멍을 틀어막으면 압력이 높아지다가 결국 밥솥이 폭발하고 만다. 마찬가지로 감정도 눌러담기만 하면 언젠가는 폭발한다. 스트레스를 적절히 관리하지 못하면 삶의 만족도뿐 아니라 업무에 큰 지장을 주는 것은 당연한 일이다.

| 감정으로 되받아치지 말고 일로 대답하라 |

미국의 UC버클리대학교 앨리 러셀 혹실드(Arlie Russell Hochschild) 교수는 직업상 본래 감정을 숨긴 채 얼굴 표정과 몸짓으로 행동하는 상황을 '감정노동(emotiorlabor)'이라고 표현했다. 감정을 억제하고 통제하면서 자신의 감정과 상관없이 항상 고객을 만족시켜야 하기 때문이다. 그렇다 보니 정신적 소진(burn-out), 우울증, 불면증 등 여러 가지 건강상 문제를 일으키기도 한다. 러셀 교수는 "감정노동자와 일반노동자의 가장 큰 차이점은 일반노동자는 사장의 눈치만 보면 되지

만, 감정노동자는 사장과 고객의 눈치를 모두 봐야 하는 것이다"라고 말했다.[주10] 대표적으로 병원, 백화점, 은행, 콜센터에서 근무하는 사람들이 그렇다. 하지만 엄밀히 따지면 직장인도 마찬가지다. 매일 마주쳐야 하는 상사와 부하, 동료 역시 또 다른 고객이기 때문이다. 그렇다면 직장인들은 언제 가장 큰 스트레스를 받을까?

인크루트의 설문조사 결과에 따르면 '직장인들이 가장 욱하는 순간'으로 꼽은 1위는 '상사가 막말을 하거나 무시하는 등 비인격적으로 대할 때'였다고 한다. 그다음으로 '상사가 부당한 지시를 할 때'를 꼽았다.[주11] 업무처리가 미숙해서 나무라는 것은 충분히 납득이 가지만 "대체 김 대리 머리엔 뭐가 들어 있는 거야?" "이 과장, 자네 대학 졸업한 거 맞아?"라며 거침없이 인신공격을 해오면 "에잇, 더러워서 못 해 먹겠네!"라는 말이 목구멍까지 차오른다. 그럼에도 대부분의 직장인들이 벙어리 냉가슴으로 지내는 이유는 직장에서 맞닥뜨리는 불합리한 일들에 어떻게 대응해야 하는지 잘 모르기 때문이다.

상사 앞에서 함부로 감정을 드러냈다가는 '일할 자격도 없는 사람이다'라는 딱지가 붙을까 봐 속이야 썩어 뭉그러져도 겉으로는 웃을 수밖에 없다. 그렇다고 해서 더럽고 치사해도 무조건 참는 게 답일까? 아니다. 무조건 참기만 하는 것은 상사도 바라는 일이 아니다. 상사가 바라는 건 일로 똑똑하게 대답하는 것이다.

직장생활을 하다 보면 자신과 맞지 않는 상사나 동료가 있게 마련이다. 책임을 전가하는 상사도 있고, 때로는 의사소통이 원활하지 못해 본의 아니게 동료들과 마찰을 빚을 수도 있다. 이때 현명한 직장인은 감정적으로 대응하지 않고 일로 똑 부러지게 대답한다. 이런 직장인은 상사가 화를 내든 몰아붙이든 감정적으로 상처받거나 전혀 움츠러들지 않는다. 대신에 상사가 왜 화를 내는지, 원하는 것이 무엇인지에 대해 고민한다.

베스트셀러 『끌리는 사람은 1%가 다르다』에서 '화가 난 고객을 대할 때의 자세'는 직장인한테도 여러 가지 시사점을 던져준다. 이 책에 따르면 화가 난 고객을 대할 때는 다음의 세 가지 방법을 취하는 것이 좋다. 첫 번째, 화내는 것이 나에 대한 증오 때문이 아님을 깨닫는다. 두 번째, 고객의 입장에서 그의 분노 감정을 수용하고 공감한다. 세 번째, 상대를 존중하고 최선을 다하는 모습을 보여준다.[주12]

이를 직장인에 비유하면 일단 상사의 지적 때문에 기분이 상했을 때는 자신의 감정에만 연연해할 것이 아니라 상사가 무엇 때문에 화가 났는지부터 살펴야 한다. 예를 들어 업무처리 순서 때문에 화가 났다면, 상사가 화를 내는 주체가 '나'라는 사람 자체가 아니라 업무 순서에 있음을 재빨리 깨닫는 게 중요하다. 그리고 그 말이 타당하다면 적극 수용하고 개선해야 한다. 즉 개선의 의지를 보이고, 노력하고 있음을 상사에게 보여줘야 한다.

이때 상사의 주장이 타당하지 못하더라도 감정적으로 대응하거나 그 자리에서 바로 반박하는 것은 좋지 않다. 특히 다른 팀원들이 보고 있다면 상사의 의견이 잘못되었더라도 직언하지 말고, 기회를 봐서 다음에 이야기하는 것이 좋다.

　이 말은 타인한테 휘둘려 감정적으로 대응하지 말라는 뜻이지, 자신의 감정을 무시해도 좋다는 말이 아니다. 유능한 직장인이 되고 싶다면 자신의 감정을 통제하고 조종하는 것은 물론 함께 일하는 상사나 동료, 부하직원들의 감정적인 부분까지 살피고 이해하여 적절히 대처하는 능력이 필요하다.

| 상대방의 감성에 공감하라 |

'브레인스토밍(Brainstorming)'은 직장인에게 익숙한 단어다. 창의적인 생각을 모아 새로운 혁신법을 찾아낸다는 뜻으로, 기획 회의에 많이 도입되고 있는 개념이다. 하지만 '하트스토밍(Heartstorming)'이라고 하면 고개를 갸웃거릴 직장인이 많을 것이다. 하트스토밍은 데이비드 R. 카루소와 피터 샐러비가 공동으로 저술한 『하트스토밍』에서 처음 등장한 개념인데, 마음으로 생각과 정서를 나누는 것을 뜻한다. 이 개념은 프로의 자세를 설명하는 데 매우 유용한 정보를 제공한다. 즉 기존의 이성적인 접근방식이 아닌 상대방의 감성을 이해하고 활용해 목표를 달성하는 감성적인 접근방식으로, 기존의 브레인스토밍이 가진 한계를 잘 보완해주고 있다. 이 책에서는 감성적으로 뛰어난 리더가 반드시 갖추어야 할 네 가지의 감성스킬에 대해 다음과 같이 설명한다. 주13

첫 번째, 사람을 읽는다(감정 인식).

두 번째, 분위기에 젖어든다(감정 활용).

세 번째, 감정의 미래를 예측한다(감정 이해).

네 번째, 기분을 가지고 행동한다(감정 관리).

흔히 감성지능이라고 부르기도 하는데, 이 책의 내용을 요약하면 결국 상대방의 감성을 이해하고 이를 활용해 상대방을 자기편으로 만들어 함께 목표를 이루는 것이라고 할 수 있다. 이를 위해서는 무엇보다 상대방의 감성을 이해할 수 있는 능력을 키워야 한다.

'일은 일이다'라고 생각하면서 상대방이 느끼는 감정을 무시하고 무리해서 일을 진행하다 보면, 일의 효율성이 떨어지는 것은 물론이고 일을 그르치게 된다.

예를 들어 부하직원이 평소와 다르게 함께 마무리해야 할 업무를 미룬다고 가정해보자. 대부분은 부하직원의 감정을 인식하기보다는 업무를 미뤘다는 객관적인 현상만 질책하게 된다. 이런 경우 부하직원의 업무태도는 거의 개선되지 않는다. 따라서 우선적으로 부하직원이 평소와 다른 감정 상태임을 인지하고 이를 이해하려고 노력해야 한다. 이를 바탕으로 부하직원이 감정을 스스로 관리하도록 정서적인 배려를 해주어야 부하직원과의 원활한 업무협력이 가능해진다.

서로 마음을 열고 상대방의 입장과 처지를 이해하고 존중해주면서 이성보다 감성으로 소통할 때 업무에 더 긍정적인 영향을 미친다.

프로와 아마추어는 리스크 관리에서 갈린다

● 프로와 아마추어를 대하는 대중의 평가는 극명하게 나뉜다. 올림픽 마라톤에서 꼴찌로 들어오는 선수에게 열렬한 박수를 보내던 사람들도 이승엽 선수의 작은 실수에 대해서는 냉정하게 평가한다. 격려와 위로는커녕 연봉을 들먹이며 밥값도 못 한다고 한소리씩 한다. 과연 그 이유가 무엇일까?

올림픽에 참가한 마라토너는 최선을 다하는 모습, 그 자체만으로도 감동을 준다. 경기에 참가해 최선을 다하는 데 의미가 있는 아마추어 선수이기 때문이다. 하지만 이승엽 선수는 프로다. 그래서 사람들은 그가 얼마나 열심히 훈련했는지, 얼마나 최선을 다했는지, 왜 성적을 못 내는지 그 이유를 묻지 않는다. 온 힘을 다해 훈련하고 그라운드에서 뛰는 것은 프로로서 기본이라고 믿기 때문이다. 그는 프로이기 때문에 경기에 참가하는 데 의미가 있는 게 아니라 자기 연봉만큼 성과를 내주어야 한다. 이처럼 프로의 세계는 냉정하다.

| 리스크는 제거 대상이 아니라 관리 대상이다 |

프로와 아마추어의 또 다른 점은 무엇일까? 개업 이후 늘 고민하는 부분이다. 직장인일 때는 하루하루 밀려드는 업무를 처리하는 데 급급했는데, 개업하고 나서 직장생활을 한 지 10년 이상 된 인사부장급을 상대로 일하다 보니 생긴 질문이다. 웬만한 일에는 빠삭해진 그들에게 자문을 해주려면 나 자신도 프로가 되지 않고는 생존할 수 없기 때문이다. 더구나 젊은 나이에 아무 인맥도, 보호막도 없이 개업한 나로선 믿을 거라고는 오직 프로 정신과 실력 외에는 없었다.

그래서 생긴 습관이 항상 자신에게 반문해보는 것이다. 1999년 이 일을 시작했을 때의 나와 지금의 나는 무엇이 달라졌을까? 또한 얼마나 발전했을까?

이제까지의 경험에 비춰볼 때 프로와 아마추의의 가장 큰 차이는 '리스크를 바라보는 관점'에 있다고 생각한다. 다시 말해 '전략이 있느냐, 없느냐'의 차이다.

전략의 개념은 다양하게 정의할 수 있지만, 통상적으로 말하는 전략이란 목표를 이루기 위한 로드맵이라고 볼 수 있다. 달리 말하면 목표를 이루기 위해 잠재된 리스크를 예상한 뒤 이를 적절히 관리하기 위한 지도다. 일을 막 시작했을 당시 고객들한테 이러저러한 이유를 들어 '안 된다'라는 의견을 많이 내놓았다. 물론 지금도 사안 자체가 법적으로 분명하게 오류가 있으면 안 된다고 단호하게 말하지만, 초창기와 비교했을 때 10년 이상 지난 지금은 달라진 점이 많다. 한마디로 말하면 법과 실무의 차이를 알게 되면서 리스크에 접근하는 방식이 달라진 것이다. 즉 초창기에는 리스크를 단지 '제거해야 하는 대상'으로 생각했다면, 지금은 '관리해야 하는 대상'으로 생각하게 되었다.

리스크를 제거해야 할 대상으로만 간주하면 일하는 입장에서는 매우 편하다. 고객에게 "이 건은 이런 이유 때문에 안 됩니다"라고 알려주기만 하면 그것으로 끝나기 때문이다. 고객이 원하는 목표는 아랑곳하지 않고 법적으로 되는지 안 되는지만 따져보면 된다. 하지만 진정한 프로는 리스크를 관리하고 적절하게 통제해 고객이 원하는 목표를 이룰 수 있도록 도와야 한다. "이런 이유로 이 정도의 리스크가 존재하지만 이런 방법을 쓰면 리스크를 어느 정도까지 통제하는 것이 가능합니다"라는 식으로 고객이 내릴 수 있는 선택의 폭을 넓혀주어야 한다. 리스크를 관리하려면 법과 실무를 정확히 파악하고 있어야 한다. 그리고 더 많은 시간과 노력이 필요하다.

결국 고객들은 리스크를 관리해주는 프로를 찾을 것이다. 직장인들 역시 직장상사가 부여한 업무를 두고 리스크 통제방식으로 접근한다면, 지금보다 더 인정받는 직원이 될 수 있을 것이다.

| 리스크 분산도 실력이다 |

조직의 핵심 인재라고 자부하는 사람들이 흔히 빠지기 쉬운 함정 중 하나가 '모든 문제를 본인이 직접 해결해야 한다'는 생각이다. 수많은 기업을 컨설팅하면서 열정적으로 일하는 직장인들 가운데 이런 사람을 종종 본다.

물론 주인의식에서 비롯된 것이니만큼 다른 사람한테 책임을 미루는 것보다는 바람직한 태도임에 틀림없다. 그런데 문제는 혼자 해결할 수 없는 일까지 다른 직원이나 부서의 협력을 구하지 않고 독자적으로 수행한다는 것이다.

이러한 유형의 직장인은 에니어그램(Enneagram)에서 제시한 아홉 가지 성격 유형 중 8번 도전형에 속하는 경우가 많다. 마이클 J. 골드버그는 『성공 경영을 위한 에니어그램 리더십』에서 8번 유형을 "모든 책임을 본인이 지는 책임감 있는 실천가의 모습을 가지고 있으나, 분별력이 부족하고 규칙을 좋아하지 않는다"라고 설명하고 있다.[주14] 사담 후세인과 마오쩌둥이 대표적인 인물이다. 사무실마다 이런 유형의 사람이 한둘은 꼭 있다.

야구경기를 예로 들면 경기를 혼자 책임지겠다는 생각으로 임하는 스타일이다. 이들은 때로는 영웅이 되기도 하지만 때로는 오버플레이로 패인의 결정적 빌미를 제공하기도 한다.

특히 이런 유형의 직장인은 커뮤니케이션에 취약하며, 상사에게 중간보고를 제대로 하지 않는 사람이 많다. 중간보고는 일을 잘 완수하는 것 이상으로 중요하다는 사실을 명심해야 할 사람들이다.

상사한테 중간보고를 하는 것은 '자신이 수행하고 있는 업무의 진행 과정을 알린다'는 것 외에도 '진행 과정에서 발생하는 리스크를 사전에 공유한다'는 의미도 내포되어 있다. 달리 말하면 중간보고를 함으로써 앞으로 리스크가 발생할 경우 본인이 짊어져야 할 리스크를 일정 부분 상사한테 분산시키는 효과가 있다.

책임 분산은 책임 전가와는 개념 자체가 다르다. 책임 전가는 사전에 리스크에 대한 공유 없이 결과에 대한 책임만 떠넘기는 것이지만, 책임 분산은 사전에 리스크 공유를 전제로 한다. 따라서 상사가 리스크를 인지하고 적절한 대응책을 수립할 수 있는 시간적 여유를 가질 수 있어 책임 전가와는 다른 의미다.

그런 차원에서 본다면, 자신이 모든 것을 책임진다는 생각으로 일을 그르치기보다는 상사나 동료들과 적절한 커뮤니케이션으로 리스크를 분산시키고, 사전에 조율할 수 있는 방법을 찾는 것이 무엇보다 중요하다.

실제로 기업 현장에서 만나는 핵심 인재들은 적절한 커뮤니케이션으로 리스크를 분산하고 분산된 리스크를 조율해 성공적으로 프로젝트를 마무리하는 능력이 뛰어났다.

지인들 중 상사한테서 "보고를 잘한다"라는 말을 듣는 사람이 있다. 그에게 물어보니 비결은 딱 한 가지라고 대답했다. "상사와 끊임없이 대화하는 것이다." 그래서 좀 더 구체적으로 설명해달라고 했더니 "막연히 보고서만 준비하지 말고, 그 업무에 대해 고민한 뒤 상사가 선택할 수 있는 몇 가지 옵션을 함께 제시해야 한다"고 했다.

중간보고에 대해 물어오는 직장인이 의외로 많다. 그때마다 지인의 말처럼 "상사한테 자신의 업무 방향이 맞는지 조언을 구하는 것을 망설이지 마라"고 조언해준다. 특히 일을 진행하면서 의사결정에 따라 보고서의 내용이 달라질 수 있거나, 방향이 달라질 수 있다면 지체하지 말고 상사에게 조언을 구해야 한다. 또한 상사가 편하게 의사결정을 할 수 있도록 여러 가지 대안을 마련해 그 내용을 중간보고서에 포함시킨다면, 그야말로 백점짜리 보고서일 것이다.

| 진정한 프로는 한가하다 |

김앤장에 입사하고 얼마 지나지 않았을 때다. 상사가 "고객에게 바쁘다고 말하지 마라. 그리고 바쁘다는 인상도 주지 마라"고 주문한 적이 있다. 그때는 바쁘다고 말하면 고객이 일을 맡기기가 부담스럽고, 일을 늦게 해줄 수 있다는 구실을 만들어선 안 된다는 정도로 이해하고 지나갔다.

그런데 시간이 지나 개업하고 고객을 계속 만나면서 그 의미가 마음에 와 닿기 시작했다. 한마디로 말하면, 고객은 자기 일처럼 일해줄 프로를 찾는다. 조금만 생각해봐도 이는 당연한 이야기다. 얼마나 중요한 일이기에 비싼 돈까지 지급해가며 찾아왔겠는가? 당연히 고객의 입장에서는 만사를 제쳐두고 자신의 일을 맡아줄 프로를 찾을 것이다.

솔직히 말하면 개업 초기에는 일이 별로 없었다. 그래서 그게 창피하기도 하고 자존심도 상해 바쁜 척을 했다. 한가해 보이면 능력이 없어 보일 것 같아서 되도록 바쁜 척했다. 그런데 시간이 지날수록 이 생각이 얼마나 잘못된 것인지 깨닫게 되었다. 고객한테 바쁘다고 말하거나 바쁜 모습을 보이는 것은 "지금 일이 많아서 당신의 일은 후순위가 될 수 있어요"라고 말하는 것과 같다. 나 같으면 바쁘다고 말하거나 내 일을 후순위에 두고 할 만큼 일이 많은 프로를 찾지 않을 것이다. 진정한 프로는 바쁜 와중에도 일의 순위를 정해 고객에게 바쁘다는 인상을 주지 않는다.

프로가 되는 방법은 그리 어렵지 않다. 일이 늦어질 것 같으면 중간중간에 진행 상황을 자세히 알려주면 된다. 진행 상황을 알려주는 데 걸리는 시간은 전화 혹은 이메일로 5분이면 된다. 그걸 하지 못한다면 그 사람은 프로라고 말할 수 없다. 내 경험상 중간 중간에 진행 상황을 알려주면 고객은 일이 좀 늦어지더라도 불안해하지 않는다. 왜냐하면 자신의 일이 정상적으로 진행되고 있으며, 프로가 자신의 일을 직접 챙기고 있다는 생각에 안심이 되기 때문이다. 욕을 먹는 프로들은 대부분 결과도 결과지만 진행 상황을 알려주는 데 인색하다.

직장인들의 경우 업무의 특성은 다르지만, 상사를 고객이라고 볼 때 같은 선상에서 이해하려는 노력이 필요하다. 상사에게 바쁘다고 말하거나 바쁜 모습을 보이는 것은 좋지 않다. 만약 상사가 "많이 바쁜가

보네"라고 말한다면, 그것은 "도대체 무슨 일이 있기에 바쁜 거야?"라고 묻는 것과 같다.

만약 정말 바쁘다면, 상사에게 현재 자신이 맡고 있는 일을 설명한 뒤 일의 순위를 어떻게 정하면 좋을지 조언해달라고 하는 것이 좋다. 그러면 업무적으로는 상사와 협의해 일의 순위를 정하여 시간을 효율적으로 사용할 수 있다. 그리고 업무 외적으로는 상사의 의견을 존중하는 형식이 되어 상사한테 사랑받는 부하직원이 될 수 있다.

나를 알고
회사를 알면
백전백승

마이크로소프트는 세계 최고의 IT 기업 중 하나이자 미국 내 시가총액 3위 기업이다. 한국마이크로소프트는 국내 청년들이 가장 들어가고 싶어 하는 외국계기업 중 하나로 손꼽힌다. 최고의 기업답게 인재상도 인상 깊다. 인사를 담당한 최문수 상무는 한 인터뷰에서 한국마이크로소프트의 인재상을 묻는 질문에 이렇게 답했다.

"You can be yourself in Microsoft(마이크로소프트는 있는 그대로의 당신을 원합니다)."[주15]

마이크로소프트는 개개인의 다양성을 존중하기 때문에 회사의 인재상에 신경 쓰는 것보다는 자신이 가진 강점과 관심 분야를 효과적으로 설명하는 것이 중요하다는 것이다.

회사의 한 부서 안에는 창의적인 직원, 열정적인 직원, 꼼꼼한 성격의 직원, 새로운 기술개발에 관심이 많은 직원 등 다양한 직원이 모여 함께 일한다. 저마다 가진 강점이 다르기 때문에 그 강점을 살려 일하다 보면 기발한 아이디어가 나오기도 하고, 성과 창출로 이어지기도 한다. 자신의 강점을 살려 일하는 사람이 진정한 프로다. 그런데 외의로 많은 사람이 자신의 강점을 살리려고 노력하기보다는 자신이 갖지 못한 부분을 가지려고 애쓰며 시간을 허비한다. 이런 사람들의 문제점은 일이 잘못된 원인을 항상 외부에서 찾으려고 한다는 것이다. 예를 들어 자신이 능력을 제대로 발휘하지 못한 것은 무능한 상사, 비전 없는 회사, 자신을 알아주지 않는 사회 때문이라고 탓한다. 자신은 저평가된 우량주로, 상사가 자신한테 편견을 가지고 있다거나 회사의 평가시스템이 불합리해서 역량을 발휘하지 못하는 거라고 불평한다. 현실을 왜곡된 관점에서 바라보고, 문제를 적극적으로 해결하려고 하기보다는 이것저것 핑계를 대며 현실을 회피하는 것이다.

   나는 직업상 직장인들을 만나 상담할 때가 많은데, 그들이 가진 대부분의 문제는 외부환경에서 오는 것이 아니라 자신의 정체성과 강점을 파악하지 못하는 데서 비롯되는 경우가 많았다.

| 나만의 강점을 발견해 블루오션을 창출하라 |

자신의 정체성을 파악하고 강점을 찾는 일은 어렵고도 쉬운 문제다. 김위찬 교수는 『블루오션 전략』에서 나만의 블루오션을 창출하라고

말한다. 경쟁자가 없는 새로운 시장을 창출해 경쟁 자체를 무의미하게 만들어버리라는 의미다.주16

생각해보면 내 안에 있는 가능성이란 바다에는 경쟁자가 있을 수 없다. 내 안에 있는 가능성을 찾아 깨우면 그것처럼 강력한 블루오션은 없다. 뱁새가 황새를 쫓으려고 무리해 성큼성큼 걸어봤자 다리만 찢어질 뿐 황새를 따라잡을 수 없다. 뱁새한테는 뱁새 나름의 강점이 있다. 황새는 가지지 못한 뱁새만의 강점, 즉 자신만의 블루오션을 찾아야 한다.

약점을 보완하는 데 신경 쓰지 말고 강점에 집중하라는 메시지를 담고 있는 책이 있다. 우리나라에도 널리 알려진 베스트셀러 작가 마커스 버킹엄은 『위대한 나의 발견 강점 혁명』에서 '스트렝스 파인더(강점 찾기, Strengths Finder)'를 소개했다. 갤럽에서 개발한 스트렝스 파인더는 34가지 재능의 테마를 측정하는 것으로, 이 프로그램의 질문에 답하면 본인에게 적합한 다섯 가지 재능의 테마를 분류해 제시해준다. 이는 그 사람의 강점이 될 가능성이 높다. 물론 이러한 검사 결과는 통계치에 근거한 것이므로, 직접적이고 개별화된 정보를 제공하지 못한다고 해도 당신의 강점을 발견하는 데 있어 실마리를 제공해줄 것이다.주17

버킹엄이 주장하는 강점심리학의 원리는 이것이다. 강점은 '재능×투자'라는 것이다. 5점 만점에 2점밖에 안 되는 재능에 5점만큼의 투자를 한다고 해도 10점밖에 안 된다. 하지만 4점의 재능에 3점만큼의 투자만 해도 12점이 된다. 타이거 우즈나 NFL 최고의 쿼터백인 조 몬테나 같은 전설적인 인물은 5점의 재능에 5점의 노력을 기울였기에 성공한 것이다. 결국 자신의 재능이 무엇인지 알고 거기에 집중할 때 더 큰 성과를 낼 수 있다.

굳이 스트렝스 파인더 같은 검사를 해보지 않아도 자신을 유심히 관찰함으로써 힌트를 얻을 수 있다. 현재 자신이 가장 잘하는 일이 강점을 나타내는 최고로 강력한 징표가 된다. 지금 당신이 다른 사람보다 빠르게 성과를 내는 일이 있다면 그것이 바로 강점에 해당하는 영역이다. 달리 말하면 당신의 강점은 단순한 노력의 합계를 뛰어넘은 타고난 재능과 적성이 표출되는 영역인 것이다.

이를 발견하려면 여러 가지 시도를 해보아야 한다. 그래야 어떤 분야와 일에서 동일한 노력을 들였을 때 수월하게 성과를 내는지 알 수 있다. 좀 다른 얘기지만 "젊어서 고생은 사서도 한다"라는 말도 같은 맥락에서 이해할 수 있다. 젊어서 많은 도전과 좌절을 경험하다 보면 자신이 가장 잘할 수 있는 일을 찾아낼 수 있다. 한마디로 다양한 시도를 통해 그중에서 자신이 가장 잘할 수 있는 있는 분야를 찾으면 그것이 바로 강점 영역이 된다.

| 벼랑 끝에서 찾아낸 나만의 강점 |

당신의 강점은 다름 아닌 자신만이 발견할 수 있다. 남들의 말을 경청

하는 것은 좋지만 끌려가서는 안 된다. 자신만의 뚜렷한 주관을 가져야 한다. 때로 이러한 강점은 위기의 순간에 발견되기도 한다.

지금은 은퇴한 양준혁 선수는 타격자세가 무척 특이했던 것으로 유명하다. 일명 만세타법이라고 하는 이 타격자세에 대해 대부분의 야구 전문가들은 다른 야구선수들이 모방할 수 없고, 모방해서도 안 된다고 입을 모은다. 그야말로 만세타법은 양준혁 선수만이 할 수 있는 자세라는 것이다.

양준혁을 최고의 타격왕으로 만들어준 만세타법은 공교롭게도 슬럼프 시기인 2002년에 만들어졌다. 그는 예전부터 해오던 방법으로는 안 되겠다는 생각이 들었다고 한다. 몸은 나이가 들어가는데 생각은 여전히 27, 28세에 머물러 있는 것 같았기 때문이다. 처음부터 다시 시작하자고 냉정하게 판단한 그는 곧바로 하와이 스프링캠프로 갔고, 그곳에서 훈련을 통해 그동안의 타격을 전부 바꿔버렸다.

양 선수는 예전 사진 속에서 홈런을 친 뒤 만세를 부르는 자신의 모습을 보고 만세타법을 떠올렸다고 한다. '내가 저런 포즈를 취했나?' 하는 생각이 발전해 세계에서 유일한 만세타법을 개발하게 된 것이다. 하와이 전지훈련을 끝내고 새 시즌에 양 선수는 개인 통산 한 시즌 최다 홈런인 33개의 홈런을 쳤다. 한 라디오 인터뷰에서 그는 "프로 15년 차인데, 3할을 못 친 적이 두 번 있었어요. 이런 식으로 야구해서는 프로에서 못 살아남겠구나 하는 절박한 심정이 들더군요. 그래서 연구 끝에 2003년 만세타법을 가지고 나왔습니다. 실패하면 흔히 그걸 전부 잊으려고 하는데, 나는 그렇게 하지 않고 데이터로 간직했어요. 덕분에 누군가한테 방법을 묻기보다 나 자신한테 거듭해서 물었더니 어느 날 머릿속에서 감이 확 오더라고요"라고 말했다.

만세타법을 자신만의 강점으로 받아들이고 꾸준한 훈련과 노력 끝에 9년 연속 3할의 타율을 기록한 유일한 선수가 되었다. 그는 남들이 말하는 공을 가장 잘 칠 수 있는 타격자세를 이것저것 시도해봤지만, 결국은 자신이 개발한 만세타법으로 칠 때 가장 좋은 성과를 낸다는 것을 깨달았다. 그래서 다른 사람들이 타격자세를 수정할 것을 권유할 때마다 자신이 가장 좋은 성과를 낼 수 있는 만세타법이야말로 자신만의 강점이라고 생각하며 이를 끝까지 발전시켰다고 한다. 2010년 9월 은퇴식을 갖고 현역 선수에서 해설위원으로 변신했지만 '9년 연속 3할, 16년 연속 세 자릿수 안타, 15년 연속 두 자릿수 홈런, 골든 글러브 8회, 사이클링 히트, 20홈런-20도루, 타격 1위, 타점 1위, 장타율 1위'라는 놀라운 기록은 야구사에 길이 남을 것이다. [주18]

| 회사마다 원하는 인재상이 다르다 |

이제 자신의 성향과 강점을 파악했다면, 회사의 특성도 파악해야 한다. 여러 회사를 방문해보면 각 회사마다 다른 특징과 조직문화가 있음을 알게 된다. 이런 특성과 조직문화는 CEO의 성격이 직접적인 영향을 미친다.

여러 가지 분류가 가능하지만, 대표적으로 창업주가 CEO인 경우와 전문경영인이 CEO인 경우로 나누어 살펴볼 수 있다. 회사마다 다르겠지만, 창업주가 CEO인 경우에는 주인정신이 강한 돌파형 인재를 선호하는 경향이 있다. 반면에 전문경영인이 CEO인 경우에는 분석력이 강한 관리형 인재를 선호하는 경향이 있다. 물론 기업이 속한 시장이 경쟁 시장에 속하는지 아니면 비경쟁 시장에 속하는지 여부에 따라 원하는 인재상도 달라진다.

대표적인 사례로 현대자동차와 포스코를 생각해볼 수 있다. 현대자동차는 창업주가 CEO인 경우에 해당하고, 포스코는 전문경영인이 CEO인 경우에 해당한다.

그런 이유 때문인지 현대자동차에 다니는 사람들과 포스코에 다니는 사람들의 성향이 조금씩 차이가 난다. 현대자동차에 다니는 사람들과 이야기를 나누다 보면 업무 진행방식에 대해 이런 생각을 가진 경우가 많다.

"우리 회사는 그림의 큰 틀이 그려지면 그다음으로 돌파하는 능력을 중시해요. 미국에 진출해 무상보증 기간을 파격적으로 제시하고, 실업자가 된 경우 차를 반환하는 파격적인 실험을 시도할 수 있었던 것도 바로 CEO의 이런 성향 덕분입니다. 그래서인지 임원들 중에도 돌파형 인재가 많아요."

그런데 포스코에 다니는 사람들로부터 들은 얘기는 현대자동차와 좀 달랐다.

"최근 들어 관련 산업이나 유망 산업에 투자하는 비중이 늘어나기는 했지만, 아직까지 새로운 시장에 대한 돌파보다는 기존 시장에 대한 지배력을 높이는 방향으로 진행되는 경우가 많습니다. 산업 특성에 기인한 것일 수도 있지만 분석력이 뛰어난 관리형 임원이 많이 포진해 있는 것도 영향을 미친 듯합니다."

신문보도를 통해 알려진 것처럼 워런 버핏은 포스코에 투자했다. 버핏은 IT 기업처럼 기술 속도가 빠르고 시장환경이 안정적이지 않은 기업에는 잘 투자하지 않고, 굴뚝산업 중 시장지배력이 강하고 시장환경이 비교적 안정적인 기업에 투자하는 것으로 알려져 있다. 그가 포스코에 투자한 이유 역시 이런 맥락에서 이해하면 된다.

물론 이것만으로 두 기업의 차이를 단정 지어 말하기는 어렵다. 하지만 현대자동차와 포스코가 원하는 인재상은 분명 다르다. 그렇다면 직장인들은 자신이 다니는 회사의 CEO가 어느 유형에 속하는지를 체크한 후 자신의 능력을 그 방향으로 맞춰놓아야 직장인의 꿈인 임원이 될 수 있지 않을까?

돌파형 인재라면 창업주가 CEO인 회사가 적합하고, 관리형 인재라면 전문경영인이 CEO인 회사가 적합하지 않을까.

2

상사의
속마음을 알아야
직장생활이
편해진다

"성공적인 직장생활의 첫 단추는
상사를 내 편으로 만드는 데서부터 출발한다"

내 시간을
상사의 시간에
맞춰라

● 해가 뉘엿뉘엿 넘어가는 어느 회사의 사무실, 쏟아지는 졸음을 커피로 쫓으며 바쁘게 일하는 차 과장 앞에 직장상사가 다가온다. 그는 차 과장을 물끄러미 바라보다가 한마디 던진다.

"커피 자주 마시면 코피 나."

이어지는 0.1초간의 어색한 침묵 뒤로 차 과장이 박장대소하며 상사 비위 맞추기에 여념이 없다. 직장인이라면 누구나 공감할 만한 이 장면은 CF 속의 한 장면이다. 최근 직장인들의 공감을 이끌어내고 친근감을 형성할 수 있는 직장인 공감 마케팅이 인기라고 한다. 이렇게 특정 소비자를 타깃으로 하는 마케팅을 '핀셋 마케팅(Pincette Marketing)'이라고 하는데, 타깃층을 세분화해 핀셋으로 콕 집어내어 맞춤형 마케팅을 구사하기 때문에 효과 면에서 탁월하다고 한다.

이 광고를 보다가 문득 한 사람이 떠올랐다. 한번은 지인들과 간단하게 점심을 들며 논의해야 할 일이 있어 음식점에서 만나기로 했다. 대부분 정시에 도착했는데 한 명이 조금 늦어 주문을 못 하고 기다려야 했다. 잠시 후 그 주인공이 느긋하게 식당 문을 열고 들어왔다. 그는 자리에 앉기 전 손목시계를 슬쩍 보더니 "다들 일찍 오셨나 봅니다"라며 웃음을 지었다. 자기 시계가 늦게 맞춰져 있는 걸 모르는 눈치였다. 그의 손목시계가 고장이 났거나 말거나 사람들은 그제야 음식 주문을 하느라 종업원을 부르고, 메뉴를 고르며 부산을 떨었다. 그런데 바로 그때 그 자리에 있던 그의 부하직원 한 명이 내 눈길을 사로잡았다. 그는 아무도 자신에게 신경 쓰지 않는 틈을 타서 잽싸게 상사의 손목시계가 가리키는 바늘에 맞춰 자신의 시계 바늘을 조절했다. 처음에는 살짝 의아스러웠지만 이내 무릎을 쳤다. 모두가 모인 자리에서 상사의 실수를 지적하는 대신 자신의 시계를 상사의 시계가 가리키는 시간에 맞춰 조금 늦춰놓는 센스를 발휘한 것이다. 혹은 그리 큰 차이가 나지 않는다면 상사의 시간에 맞춰 움직이려는 속내였는지도 모른다.

지금 당신의 시계를 한번 들여다보라. 그리고 상사의 시계도 보라. 상사와 자신의 시계가 가리키는 시간이 다르다면, 일단 당신의 시계를 상사의 시계가 가리키는 시간으로 맞추길 권한다. 설령 상사의 시계가 가리키는 시간이 틀렸다고 하더라도 상사와 같은 시간대에서 움직이는 것이 현명하기 때문이다. 일단은 상사에게 맞춰 움직이고, 그다음으로 시간이 잘못 맞춰져 있음을 자연스럽게 상사가 알아채도록 유도

하는 것이 현명한 태도다. 물론 여기서 말하는 시계란 하나의 비유에 불과하다. '자신의 시간을 상사의 시간에 맞추라'는 말은 크게 두 가지 뜻을 담고 있다. 하나는 상사와 자신의 의견이 다를 때 상사의 의견이 크게 잘못된 것이 아니라면 일단 상사의 의견에 따라 움직이면서 조언하라는 것이다. 또 다른 하나는 상사보다 너무 앞서서 일하지 말고 보조를 맞춰 일하는 것이 좋다는 뜻이다.

| 상사에게 반대 깃발을 들지 마라 |

법률사무소에 소속되어 그 구성원으로 일할 때는 몰랐는데 사무소를 나와 내 사업을 하면서 보는 눈이 많이 달라졌음을 새삼 느끼곤 한다. 특히 직원을 채용한 뒤 교육하고 함께 일하면서 느낀 점이 많다. 그중 하나는 '나를 믿어주고 함께 시간을 공유하는 부하직원'에게는 후한 점수를 줄 수밖에 없다는 사실이다. 또 다른 하나는 '설령 내가 잘못된 시간에 맞춰 움직인다고 하더라도 나를 믿고 따라와주는 부하직원'에게 무한한 애정을 갖고 끌어주게 된다는 사실이다. 상사들은 자신이 지시한 사항을 부하직원이 충실하게 이행했을 때 가장 예뻐 보인다. 자신을 믿고 따른다는 확신을 가질 수 있기 때문이다.

예를 들어 상사가 A시장을 분석하라고 지시했는데, 자신이 보기에는 A시장보다 B시장이 훨씬 나아보일 때는 어떻게 하는 것이 좋은가? 타당한 이유를 들어 상사에게 A시장 대신 B시장을 분석하겠다고 이야기하는 것이 좋을까? 아니면 상사가 시키는 대로 무조건 A시장을 분석하는 것이 좋을까? 가장 좋은 방법은 A시장과 B시장을 모두 분석해 함께 보고하는 것이다.

"A시장을 분석하다 보니 B시장 전망이 밝아 보여서 둘 다 분석했습니다. 분석하고 보니 A시장은 이렇고, B시장은 이렇습니다. 종합해본 결과 B시장의 이런 점이 A시장의 단점을 보완할 수 있는 좋은 방안일 것 같습니다."

이렇게 두 시장의 장단점과 분석을 구체적인 수치를 들어 보고한다면, 상사의 눈에는 하라는 일도 충실히 하고 거기에 대안까지 마련한 준비성이 투철하고 능력 있는 직원으로 비칠 것이다. 가장 나쁜 것은 아무 말도 없이 혼자 판단하고 B시장만 분석해 제출하는 것이다. 제아무리 객관적인 입장에서 B시장이 훨씬 낫다고 해도 상사의 입장에서는 기분 나쁠 수밖에 없다.

| 상사의 우선순위에 맞춰 움직여라 |

상사의 시간에 맞춰 움직이는 것 못지않게 상사의 우선순위에 맞춰 일하는 것도 중요하다. "매출보고서 다 됐나?"라고 묻는 상사에게 "네? 매출보고서요? 부장님이 다음 주까지 하라고 하셔서 이제 막 시작하려고 하는데요…"라고 대답한다면 '함께 일하고 싶은 직원'이 되겠다는 희망은 이미 물 건너간 얘기다. 상사들 가운데 유독 업무처리 순서를 뒤죽박죽으로 들이미는 사람이 있다. 위로 올라갈수록 신경 써야 할 일이 많고 해야 할 일도 많아져 일정 체크를 꼼꼼히 하기 어려운 경우가 종종 발생한다. 매출내역과 프로모션 방안, 손익계산 등 여러 가지 일을 한꺼번에 던져주고 느닷없이 가져오라고 말하기도 한다. 일을 주는 순서대로 처리하는 게 맞겠거니 했던 부하직원으로서는 천청벽력 같은 상황이 아닐 수 없다. 한꺼번에 여러 가지 업무를 지시받으면, 상사와 우선순위를 의논하는 것이 우선이다. 만약 그 주에 처리할 일이 산더미처럼 쌓여서 매출내역과 프로모션 방안, 손익계산 등이 한꺼번에 몰렸다면, 일을 시작하기 앞서 그중 어느 것이 가장 중요하고 급한지부터 상사에게 물어야 한다. 상사를 아무리 예의주시한다고 해도 그 마음속까지 꿰뚫어볼 수는 없다. 그러니 주저하지 말고 상사에게 물어라. 임의로 판단해 중요할 것 같은 일부터 하다가 "지금까지 뭐했나?"라는 소리를 듣기 싫다면 상사와 수시로 의사소통을 해야 한다.

문제는 물어도 구체적인 일정을 정해주지 않는 우유부단한 상사다. 이런 상사를 만났다면 묻는 말의 범위를 좁혀가며 여러 차례 질문해서 확답을 받아내는 게 좋다. "부장님, 이 매출내역서는 다음 주 수요일까지 올리면 좋을까요?" 부장이 이 말을 듣고 "음…, 좀 늦는 거 같은데…"라고 대답하면 "그럼 화요일은 어떤가요?"라고 집요하게 물어라. 부장이 "그래 그때면 괜찮겠군"이라고 콕 집어 말할 때까지 묻고 또 묻는 게 가장 현명한 방법이다.

상사의 실수를 방관하지 마라

신세대 직장인들 가운데는 더 잘하려고 하다가 문제를 일으키는 경우보다 안 하려고 해서 밉보이는 직원이 더 많다고 한다. 상사가 지시한 것 외에는 절대 한 발도 더 안 움직이고, 일단 하라는 것을 끝내고 나면 느긋하게 뒷짐 지고 방관하는 것이다. 자신이 보기에는 B시장이 더 낫다는 판단이 섰어도 그 이상을 하려고 하지 않는다. 괜히 말했다가 밉상으로 찍히거나 귀찮은 일을 떠맡게 될까 봐 소극적으로 대처하는 것이다. 그나마 여기서 그치면 다행이다. 심지어는 상사를 평가하려고 드는 경우도 다반사다. 상사가 하는 일을 두고 뒤에서 안줏감으로 이러쿵저러쿵 떠들어댄다. 이런 직원은 상사한테 좋은 평가를 받을 수 없다. 앞에서 대놓고 말하지 않으면 상사 귀에 들어가지 않을 거란 생각은 조직을 모르고 하는 소리다. 사랑받는 부하직원이 되고 싶다면 상사에 맞춰 움직이는 것은 기본이고, 그 길이 틀린 경우에는 상사의 움직이는 동선을 살피면서 상황에 맞춰 조언을 해야 한다. 업무 방향이 크게 잘못된 것을 알면서도 시키는 대로 하는 것은 상사의 실패를 방조하거나 즐기는 것밖에 되지 않는다.

몇 년 전의 일이다. 지방에 있는 사업장을 컨설팅할 때였는데, 마감이 임박한 상황에서 회사가 새로운 자료를 주면서 반영해달라고 요청해왔다. 그런데 자료를 보니 컨설팅보고서에 반드시 반영되어야 할 만큼 중요한 내용이 많았다. 보고서를 제출하기로 한 마감 시한이 거의 다 됐는데 참으로 난감했다. 그래서 결국 밤을 새워 일해 아침에서야 겨우 완성했다. 마지막 검토 차원에서 직원한테 잘못된 부분이나 문장 중 이해가 안 되는 부분이 있는지 체크해달라고 했다. 그런데 그 직원의 말이 나를 무척 당황스럽다 못해 화나게 만들었다. "도입부에 인용한 자료는 해당 회사의 자료가 아니라 자회사 자료인데요"라고 말하는 것이 아닌가! 그렇다. 자회사의 자료를 그 회사의 자료로 착각해 도입부에 인용하고, 그것을 기준으로 분석을 시작한 것이다. 보고서를 처음부터 다시 써야 할 상황이었다.

바로 전날 그 직원에게 "보고서를 작성할 때 이런 자료를 인용할 것이다"라고 미리 이야기해놓은 상황이라 더 당황스러웠다. 그에게 왜 어제 이야기해주지 않았느냐고 물었더니, 돌아오는 말이 더욱 가관이었다. "저한테 물어보지 않으셨잖아요." 그 일이 있은 이후로 그 직원을 대하는 내 태도가 냉랭해진 건 당연한 일이었다.

만약 상사가 중요한 일을 앞두고 잘못된 판단으로 일을 진행하고 있다면, 더 늦기 전에 방관만 하지 말고 용기 내어 이야기하라. 괜히 불똥이 자신한테 튈까 봐 구경만 하다가 오히려 불호령이 떨어질 수 있다.

한 취업포털 사이트에서 직장인 생존 비법에 관해 설문조사를 실시한 결과 '상사의 썰렁한 농담에 맞장구를 친다'가 31.5퍼센트로 직장생활 서바이벌 노하우 1위를 차지했다고 한다. 그다음으로 '상사의 잘못된 의견 제시에도 반박하지 않는다'라는 항목이 꼽혔다.[19] 물론 이것 역시 직장인들의 생존 노하우 중 하나겠지만 어디까지나 눈치껏 해야 한다는 점을 잊지 마라.

상사가 되면
'재능'보다 '충성심'이
먼저 보인다

● 일본에는 규모는 작지만 뛰어난 기술력을 바탕으로 세계적인 경쟁력을 보유한 강소기업이 유독 많다. 그중 특이하고 재미있는 기업이 있어 소개하고자 한다. 마이크로 부품 분야에서 독보적인 위치를 차지하고 있는 일본의 쥬켄공업(Juken Kogyo)이 그 주인공이다. 눈에 보이지도 않는 지름 0.14밀리미터, 무게 100만 분의 1그램에 불과한 톱니바퀴를 만들어내는 회사다. 이 정도 수준의 초정밀 제품을 만들어내는 회사라면 아마도 최고의 인재만 골라 뽑았을 거라고 생각할 것이다. 하지만 사실은 정반대다. 연매출액 30억 엔 규모의 쥬켄공업은 유별난 인재채용으로 유명하다. 이력서도 안 보고 학력, 성별, 국적도 전혀 개의치 않는다. 채용공고를 보고 먼저 달려오면 무조건 합격이다. 동네 백수, 노랑머리 폭주족, 외국인 근로자를 막론하고 그곳에

가면 누구나 인재가 된다.

쥬켄공업의 마츠우라 모토오 사장은 "기회를 주고 동기부여를 해주면 늦든 빠르든 재능을 발휘한다"고 믿으며 지난 45년간 선착순 무시험 채용방식을 고수하고 있다. 이래서야 회사가 굴러가겠나 싶겠지만, 이 회사는 창업하던 해인 1965년과 오일쇼크가 있었던 1973년을 제외하고 44년간 흑자를 기록했다. 기네스북에 등재된 세계에서 가장 작은 플라스틱 기어휠 역시 이 '선착순 채용자'들이 만들어낸 작품이다. 선착순 채용자들의 노력과 실력 덕분에 쥬켄공업은 초소형 플라스틱 부품 분야에서 세계 시장의 70퍼센트를 장악한 기업이 되었다.[20] 이는 마츠우라 모토오의 『선착순 채용으로 세계 최고 기업을 만들다』에 나오는 이야기다.

쥬켄공업의 이런 채용방식은 많은 생각을 하게 만든다. "기회와 동기를 부여하면 직원들은 스스로 일하게 되고, 기업은 저절로 성장한다"라고 말한 마츠우라 사장의 이야기는 모든 사장의 바람인지도 모른다. 하지만 현실에서는 그렇게 하기가 결코 쉽지 않다.

나 역시 마찬가지다. 언젠가 사장이 되면 스펙보다 열정을 가진 직원, 말보다 행동이 앞서는 사람을 뽑겠다고 결심했지만 막상 사무소를 개설하고 직원을 뽑게 되자 생각과 행동이 반대로 놀고 있었다. 지금 와서 고백하지만 초창기에 나 역시 학벌, 외국어 능력 등 소위 말하는 화려한 스펙을 기준으로 직원을 채용했다. 다행스럽게도 얼마 가지 않아 무엇인가 잘못되었다는 것을 느꼈다. 회사의 이념을 함께 공유하고 앞날을 도모할 사람이 필요한 것이지 얼굴마담이 필요한 게 아니었기 때문이다. 학벌과 재능이 뛰어난 직원도 좋지만 그보다는 회사 일을 내 일처럼 생각하고, 끝까지 함께할 수 있는 직원이 훨씬 귀하다는 사실을 나중에 깨달았다. 학벌과 재능은 결코 회사에 대한 충성도를 재는 수치가 아니었다. 업무성과 역시 학벌이나 재능과는 아무 상관관계가 없었다.

| 현실은 말단직원이라도, CEO처럼 생각하고 행동하라 |

사장의 위치가 되면 이전에는 생각지도 못했던 것들이 눈에 거슬리기 시작한다. "나중에 회사를 차리면, 꼭 이런 사장이 돼야지!"라고 호언장담했던 사람도 사장이 되고 나면 생각에 변화가 찾아온다. 사장과 사원은 보는 관점부터 다르기 때문이다. 수만 명을 이끄는 대기업의 CEO는 물론이고 하다못해 조그만 구멍가게를 하더라도 그렇다. 회사를 그만두고 편의점을 차린 한 후배는 직장인일 때와는 보는 눈이 달라져도 그렇게 달라질 수가 없다고 고백(?)했다.

정확히 말하면 말하지 않더라도 직원의 충성심 정도가 마음으로 느껴진다는 것이다.

대부분의 상사는 부하직원이 거쳐온 길을 이미 경험했기에 그들의 마음이 움직이는 동선까지 파악할 수 있다. 재능만 있고 충성심이라곤 찾아볼 수 없는 부하직원을 끌어주고 키워줄 상사는 이 세상 어디에도 없다. 멀리 보면 부하직원도 결국 경쟁상대가 될 수 있는 상황에서 충성심 없는 직원을 키울 만큼 어리석은 상사는 없다.

그런 이유 때문인지 어느 조직이건 비서실 출신이 승승장구하는 것을 볼 수 있다. 청와대 비서실이 그렇고, 삼성을 포함한 대기업 임원진이 그렇다. 청와대 비서실장의 경우만 보더라도 항상 대통령의 의중을 누구보다 잘 읽을 수 있는 실세 중의 실세가 임명되는 경우가 많다는 건 익히 알려진 사실이다. 대표적으로 노무현 전 대통령 재임 시절에 문재인 전 대통령 비서실장이 그런 경우에 해당한다. 삼성의 경우도 계열사 사장들 가운데 비서실을 거친 사람이 많다고 한다. 작년《매경 이코노미》의 보도에 따르면, 삼성의 비서실 출신 CEO들이 계열사 회장 혹은 사장단의 47퍼센트를 차지한다고 한다.[주21]

즉 삼성을 움직이는 핵심 CEO 가운데 절반가량이 비서실(현 구조본) 출신인 것이다. 삼성 내부에서 누가 진골이고 성골인지에 대해 농담처럼 이야기가 오가는데, 그중 비서실 출신이 진골에 해당한다고 하니 비서실의 영향력을 짐작해볼 수 있다.

그렇다면 부하직원들은 상사에게 자신만의 방법으로 충성심을 보여주어야 한다는 건 부연 설명할 필요도 없다. 문제는 어떻게 충성심을 자연스럽게 전달할 것인가에 대한 부분이다. 간단하다! 아침마다 "상사와 나는 공동운명체다. 그가 살아야 내가 산다"라고 외쳐보라! 그리고 이를 실천에 옮겨보라. 그래도 몰라주는 상사가 있다면, 그는 상사가 아니라 상급자일 뿐이다.

이렇게 말하면 상사에 대한 맹종자가 되라는 의미로 오해할 수도 있지만, 상사와 공동운명체적인 생각을 가지라는 의미일 뿐 상사의 맹목적인 추종자가 되라는 의미는 아니다.

그러면 이런 의문이 들지도 모른다. 공동운명체적인 생각과 맹목적인 추종은 어떻게 다른가? 간단하다. 공동운명체적인 생각은 바로 같이 죽고 같이 살아야 하기에 상사가 잘못된 길을 가면 함께 망한다. 그래서 상사가 가는 방향을 늘 예의주시하면서 함께 길을 가는 것이다. 반면 맹목적인 추종은 상사가 어느 방향으로 가고 있는지 전혀 관심이 없고 상관도 하지 않는다. 그냥 상사가 가는 길에 모든 것을 건다. 문제는 상사는 그런 추종자를 결국 외면한다는 점이다. 달리 말하면 칭찬과 아부의 차이다. 처음에는 아부인지 칭찬인지 구분하기 어려울 때도 있지만, 나중에는 무엇이 진심이고 거짓인지 깨닫게 된다. 칭찬은 내가 가는 길을 향한 지지와 격려의 박수지만, 아부는 내가 가는 길과는 전혀 관계없이 나를 이용하기 위한 위장된 격려다.

상사한테는 당신에게 없는 무엇인가가 있다!

● 중국의 고사성어에 노마지지(老馬之智)라는 말이 있다.[주22] 『한비자(韓非子)』「설림(說林)」 상편에서 유래된 말로 '늙은 말의 지혜'라는 뜻이다. 춘추전국시대에 제나라의 환공이 명재상 관중과 대부 습붕을 대동하고 고죽국 정벌에 나섰다. 그런데 전쟁이 의외로 길어지는 바람에 그해 겨울에야 끝이 났다. 혹한 속에 지름길을 찾아 귀국하려던 군대는 길을 잃고 오도 가도 못하는 진퇴양난에 빠졌는데, 그때 관중이 나서 말했다. "이런 때는 늙은 말의 지혜가 유용합니다." 관중의 말에 따라 늙은 말 한 마리를 길잡이로 풀어놓고 전군이 그 뒤를 따라 행군하니 머잖아 큰 길이 나타났다고 한다.

또 한 번은 산길을 행군하다가 식수가 떨어져 전군이 갈증에 시달렸다. 그러자 이번에는 습붕이 말했다. "개미는 원래 여름에는 산 북쪽에 집을 짓고 살지만 겨울에는 산 남쪽 양지 바른 곳에 집을 짓고 사는 습성이 있습니다. 흙이 한 치쯤 쌓인 개미집이 있으면 그 땅속 일곱 자 쯤 되는 곳에 물이 있을 겁니다." 그 말에 군사들은 산을 온통 뒤져 개미집을 찾아냈고, 그곳을 파 내려가자 과연 샘물이 솟아났다.

하찮은 늙은 말과 개미조차 스승으로 삼는 것을 부끄러워하지 않았던 관중과 습붕의 지혜가 참으로 감탄스럽다. 그런데 이 고사성어를 달리 해석하면, 경험 많은 사람의 말을 듣는 것이 유익하다는 의미로도 받아들일 수 있다. 이를 직장생활에 적용해보면 경험 많은 상사는 늙은 말이고, 어려움에 처한 군사는 경험이 적은 신입사원이나 경력 초보 직장인이라고 할 수 있다.

| 상사를 멘토로 삼아라 |

성공적인 직장생활과 사회생활을 위해서는 자신을 후원하고 코칭해줄 멘토가 필요하다. 직장인에게 가장 이상적인 멘토는 직속상사일 가능성이 높다. 왜냐하면 같은 공간에서 하루 중 가장 많은 시간을 함께 보내는 사람이 상사이고, 자신을 가장 잘 파악하고 있는 사람도 상사인 경우가 많기 때문이다.

그런데 초보 직장들인 가운데 자신을 뛰어난 인재라고 착각해 "주변에 나를 코칭해줄 만한 멘토감이 없다"라고 말하는 사람이 있다. 분명한 사실은 상사가 그 위치까지 올라가고 지금껏 살아남은 것은 그만한 능력을 소유하고 있기 때문이라는 점이다. 회사는 그렇게 물렁하지 않다. 상사의 단면만 보고 그의 모든 것을 안다고 생각하는 것은 오산이다. 말이 좀 어눌하고, 엑셀 사용법을 잘 몰라서 매번 부하직원에게 시킨다고 해도 상사한테는 당신에게 없는 결정적 한방이 있다. 줄을 잘 서는 것도 능력이다. 실세 파악은 아무나 할 수 있는 게 아니다. 이처럼 직장생활에서는 업무능력보다 업무 이외의 능력이 더 중요하게 작용하는 일이 비일비재하다. 그러니 업무능력만 보고 상사를 판단한 뒤 왈가왈부해서는 안 된다.

상담을 받으러 왔던 출중한 능력을 가진 젊은 중역 가운데 자기 눈에 무능하게 보이는 상사와 대치하다가 몰락한 안타까운 사례가 있었다. 그는 지난 일을 후회하며 앞으로 어떻게 해야 좋을지 물어왔다.

그의 상사는 퇴직이 얼마 남지 않은 상태였고, 그는 앞으로 수십 년은 왕성하게 사회생활을 할 수 있는 나이였다. 문제는 신규 사업으로 중국에 대단위 공장을 지으려는 데서 불거졌다. 퇴직이 얼마 남지 않은 상사는 새로운 사업을 벌이기보다는 현재 사업의 내실을 다지고자 했고, '젊어서 고생은 사서도 한다'는 주의를 가진 그는 위험을 감수하더라도 신규 사업을 단행하고자 하다가 충돌을 빚었다. 당분간 준비기간을 갖는다는 생각으로 기반을 더 탄탄하게 닦았으면 좋았으련만 그는 상사를 무능하고 무사안일주의 인물로 취급해버렸다. 그러다 보니 감추려 해도 상사를 무시하는 태도가 은연중에 드러났고, 그가 상사 탓을 하고 다닌다는 소문이 퍼지자 상사는 그를 한직으로 발령 냈다. 한순간의 잘못된 판단으로 든든한 지지대가 될 수 있었던 상사를 걸림돌로 만든 것이다. 더욱이 그 사업은 상사의 의견 하나로 좌우되는 게 아니라 회사 차원에서 단행되었기 때문에 중국으로 파견 나가 일하고 싶어 했던 그로서는 더 없이 좋은 기회를 놓친 꼴이 되고 말았다.

상사의 의견이나 업무추진 방법이 불만스럽다고 뒷담화를 하거나 푸념을 하고 다니는 것은 자기 무덤을 파는 행위다. 설령 상사가 능력에 비해 운이 좋은 경우라고 해도 멘토로서는 전혀 손색이 없다.

대부분의 사람들은 훌륭한 멘토를 얻기 위해 성공한 사람을 찾아다닌다. 하지만 때로는 실패하고 좌절했던 경험을 가진 사람이 더 좋은 멘토가 되는 경우도 있다. 좋은 멘토는 머리로 코칭하는 사람이 아니라 가슴으로 코칭하는 사람이기 때문이다. 실패하고 좌절한 경험을 가진 사람은 타인의 상황에 대한 이해도가 다른 사람들보다 높기 때문에 언어가 아니라 가슴으로 조언해줄 수 있다. 감정적인 연대감을 형성하는 것도 보다 수월하다. 게다가 돈을 주고도 살 수 없는 실패와 좌절이라는 값비싼 경험을 공짜로 들을 수 있는 절호의 기회다.

상사가 두 번 사면 한 번은 사는 시늉이라도 하라

상사들은 부하직원들이 생각하는 것보다 기억력이 좋다. 가끔은 할리우드 액션을 취하는 부하직원들이 귀엽고 사랑스럽다. 그러므로 두 번 사주면 한 번은 자신이 사겠다고 말이라도 하는 것이 좋다. 상사도 직장인이라는 것을 잊지 마라. 계속 얻어먹는 후배를 보면 어느 순간 손해 보는 기분이 든다.

지금 사무실에서 함께 일하는 후배 직원은 그런 면에서 참 현명하다. 비싸지 않은 식당에서 점심을 먹게 되면 어김없이 자신이 돈을 낸다. 액수가 얼마 되지 않아도 나로서는 참 부담스럽다. 그래서 잊지 않고 그보다 비싼 음식을 사주게 된다. 곰곰이 생각해보면 내 쪽에서 살 때가 절대적으로 많음에도 후배가 사면 왠지 부담스럽다. 그래서 잊어버리지 않게 된다.

이는 내 경우만 그런 게 아닐 것이다. 대부분의 상사들은 부하직원이 사는 시늉이라도 하면 마음 한편으로 부담이 되어 잘 기억한다. 현명한 부하직원이 되고 싶다면, 상사에게 말해보라. "오늘은 제가 내겠습니다"라고 말이다.

물론 꼭 밥을 사라는 의미가 아니다. 상사와 좋은 관계를 맺는 부하직원들의 유형 중 하나가 바로 상사에게 도움을 줄 수 있는 사람이다. 물론 당연한 이야기다. 부하직원이 상사에게 도움이 된다는 의미는 단순히 일을 덜어주어 돕는 것만을 의미하지 않는다. 때로는 상사가 하지 못하는 일을 부하직원이 해줄 수 있어야 한다. 그러려면 상사에게 도움을 줄 수 있는 필살기가 필요하다.

| 상사를 위한 나만의 필살기를 개발하라 |

잠깐 대학 친구의 얘기를 소개하겠다. 이 친구는 무역회사에 근무하는데 상사가 일본에 출장 갈 때면 꼭 데려간다고 한다. 상사가 잘 모르는 부분을 그 친구가 아주 잘 알고 있기 때문이다. 그 친구는 입사 후 상사의 업무가 상당 부분 일본과 관련이 있다는 것을 알고 나서 휴가 때나 해외로 나갈 일이 생기면 일부러 일본을 선택해 맛집부터 시작해 세세한 정보까지 메모해두었다고 한다. 그러다 보니 그 상사는 일본 출장 때 내 친구를 데려가는 것이 여러모로 편했을 것이다. 알아서 척척 맛집으로 모시고, 일본에 대한 세세한 정보를 알려주기 때문이다.

한마디로 가이드 역할까지 해주는 것이다.

  상사와 좋은 관계를 유지하는 부하직원들은 대개 상사가 가려워하는 곳을 잘 긁어준다. 아무런 도움도 되지 않는 부하직원을 상사가 좋아할 리가 있겠는가? 업무에서 도움을 줄 수 없다면 업무 외적인 취미에서라도 상사한테 도움을 줄 일이 없는지 살펴보라. 어떤 일로든 상사의 필요를 충족시키면, 나중에 그 이상의 도움을 줄 것이다. 묵묵히 열심히 일하는데도 상사가 왜 자신을 미워하는지 고민스럽다면, 지금 당장 상사의 취미가 무엇이고 무엇에 관심 있는지 살펴볼 일이다.

대하기
어려운 상사일수록
도움을 요청하라

● 상사 앞에서는 아는 체하는 것보다 차라리 백지 상태로 있는 것이 좋다. 아는 체하는 부하직원에게 자신의 노하우를 전수해줄 상사는 없다. 아직 부족한 점이 많고 모르는 것투성이라는 사실을 솔직히 인정하고, 백지 상태로 상사에게 가르침을 구할 때 상사는 그동안 꼭꼭 숨겨두었던 진짜 노하우의 보따리를 풀게 된다. 상사들은 부하직원이 자신의 의견을 묻지 않은 채 일이 상당 부분 진행된 상태에서 조언을 구하면 실로 난감해한다. 부하직원의 생각이 가득 찬 그 기획안이나 의견서에는 상사의 노하우를 집어넣을 자리가 전혀 남아 있지 않기 때문이다.

또한 부하직원이 "부장님, 이런 일이 생겼는데 어떻게 처리하면 좋을까요?"라고 의논해오면, 상사로서 자신을 믿고 신뢰하는 직원이라고 인식하게 되어 더 신경 쓰고 챙기게 된다. 설령 일이 잘못되었다고 해도 상사 선에서 방어막을 쳐주기도 한다. 도움을 제공한 사람이 도움을 요청한 사람한테 호의를 느끼게 되는 것은 심리학에서도 이미 밝혀진 사실이다. 이런 현상을 '벤저민 프랭클린 효과'라고 한다. 벤저민 프랭클린 효과가 낯선 독자들을 위해 이민규 교수의 『실행이 답이다』에 나오는 일화를 소개하겠다.

벤저민 프랭클린이 펜실베이니아 주의 의회 서기로 출마했을 때 일이다. 한 의원이 라이벌 후보를 옹호하면서 프랭클린을 비방하는 연설을 했다. 그 의원이 지지한 후보가 낙선하고 플랭클린이 당선된 이후로 두 사람의 관계는 갈수록 나빠졌다.

프랭클린은 그와의 관계를 개선하고 싶었지만 비굴하게 아첨하면서까지 상대의 호감을 사긴 싫었다. 그러던 중에 "사람은 친절을 받은 사람보다 친절을 베풀었던 사람을 더 좋아한다"라는 속담이 떠올라 이를 실험해보기로 했다. 프랭클린은 그 의원에게 '매우 진귀한 책을 소장하고 있다는 소문을 들었는데, 미안하지만 그 책을 며칠만 빌려줄 수 있겠습니까?'라고 정중하게 부탁하는 편지를 보냈다. 그 의원은 즉시 플랭클린에게 책을 보내주었다.

그 후 두 사람은 친구가 되었으며, 죽을 때까지 그 우정이 지속되었다고 한다.[주23] 지금 관계를 개선하고 싶은 상사가 있다면, 관계 개선을 위해 상사한테 먼저 조언을 구해보라.

자신이 상사보다 더 뛰어난 인재라고 자부하더라도 상사의 생각과 노하우를 받아들일 수 있는 공간은 마련해두고 일을 시작하는 것이 좋다. 그보다 더 좋은 것은 일을 시작하기 전에 상사의 노하우와 자신이 준비한 정보로 큰 밑그림을 그린 뒤 자신의 열정으로 채워나가는 것이다. 그렇다고 해서 오늘도 내일도 백지 상태로 상사의 조언만 구한다면 그건 더 큰 문제다. 처음에는 백지 상태로 가서 상사의 조언을 받았다면, 그다음에는 밑그림 정도는 그려가는 것이 바람직하다.

부리기 쉬운 부하직원이 사랑받는다

앞서 말한 백지 상태로 있으라는 의미에는 상사한테 부리기 쉬운 부하직원이 되라는 뜻도 포함되어 있다. '부린다'라는 단어에 반감이 일 수도 있다. 하지만 부린다는 의미를 부정적으로만 봐선 안 된다. 한번 상사의 뒷모습을 보라. 나이가 들수록 힘은 빠지고 가정에서나 직장에서나 여유보다는 책임감이 어깨를 짓누르는 상사를 위해 꾹 참고 한번쯤 그를 호강시켜주는 건 어떨까? 나라도 그렇게 하지 않으면 상사가 어디 가서 그런 대접을 받겠는가? 한번은 상사가 자신을 마음껏 부려먹도록 해보라. 양심 있는 상사라면 어떤 식으로든 그 이상의 보답을 해줄 것이다. 상사를 위해 즐거운 가방모찌가 되어보는 것은 어떨까?

가방모찌란 '가방'에 '책임을 짐(負擔)'이란 뜻의 '모찌(もち)'를 붙인

일본어로, 상사의 가방을 들고 수행하는 비서를 일컫는다. 직장인에게 가방모찌가 된다는 의미는 두 가지로 해석할 수 있다. 하나는 상사를 편하게 해주라는 의미고, 다른 하나는 상사가 부리기 쉬운 부하직원이 되라는 의미다.

상사한테서 이런 말을 들은 적이 있을 것이다. "내가 대리 시절에는…" "내가 신입사원 시절에는…"이라는 말을 다른 말로 바꾸면 '나도 너 같은 시절이 있었으니 지금은 좀 편해지고 싶다'라는 뜻이다.

이때는 상사가 지위를 누리고 싶어 한다는 사실을 그냥 깨끗하게 인정해주라. 그리고 상사가 편해질 수 있는 방법을 찾는 것이 현명한 부하직원의 자세다. 상사를 편하게 해준다는 의미는 업무적인 부분과 업무 외적인 부분으로 나눌 수 있다. 업무적인 부분은 다시 시간적인 부분과 업무의 질적인 부분으로 나눌 수 있다. 시간적인 부분을 달리 표현하면 상사의 시간을 아껴주라는 의미다. 상사가 좀 더 시간을 갖고 현안을 제대로 판단하도록 부하직원으로서 기한 이전에 정보를 충분히 제공하는 것이 매우 중요하다. 더 나아가서 중간보고를 일목요연하게 하여 상사가 빠르게 현안을 파악하도록 하는 게 부하직원의 첫 번째 덕목이 될 것이다. 아울러 업무의 질을 높여 실수를 최소화해 상사의 검토 시간을 줄여주는 것은 뛰어난 부하직원이 되기 위한 필수요건이다.

한편 업무 외적인 부분을 한마디로 표현하면, 상사가 일을 맡기고 편한 마음으로 퇴근하도록 부하직원이 도와주어야 한다는 것이다. 달리 말하면 현명한 부하직원은 상사를 빨리 퇴근시키는 직원이라고 할 수 있다. 만약 상사가 빨리 퇴근하면서도 미안해하지 않고 자기가 아니어도 일이 깔끔하게 마무리될 거라고 믿으며 편하게 퇴근할 수 있다면 그야말로 그 부하직원은 100점짜리 인재가 될 것이다.

반면 상사가 부하직원에게 일을 맡긴 뒤 불안해서 퇴근을 하지 못하는 상황이라면 일단 반성해야 한다. 자신의 일처리가 미숙해 상사가 퇴근하지 못하는 상황임에도 자신은 정시에 퇴근했다면 더욱 반성해야 한다. 상사를 일찍 퇴근시키고 불평을 늘어놓는 부하직원이 되는 편이 훨씬 더 낫다.

앞서 얘기했지만, 삼성그룹을 비롯한 대기업의 조직개편과 승진 소식이 들려올 때마다 비서실 출신들이 요직에 등용된다. 왜일까? 아마도 다른 사람들보다 기업의 핵심 전략을 잘 파악하고 있을 뿐 아니라 충성심까지 더해져 그런 것이라고 생각한다. 하지만 달리 생각하면 오너의 가방을 기꺼이 들고 궂은일을 마다하지 않았기 때문일 것이다.

김앤장 법률사무소도 그런 경우가 아닐까 생각된다. 내가 듣기로는 현재의 파트너급 변호사들은 모두 대표변호사의 가방을 들고 도제식으로 노하우를 전수받은 사람들이라고 한다.

어느 조직이든 간에 가방모찌는 인정받게 되어 있다. 그렇다면 즐거운 마음으로 상사의 가방모찌가 되어보는 건 어떨까?

상사와의
끈을
놓지 마라

● 직장인들을 상담하다 보면 자신의 의지나 행동에 상관없이 직장을 떠나야 하는 안타까운 경우를 보게 된다. 그중 가장 흔한 이유는 '상사와의 마찰'이다. 그동안 잘 지냈다고 믿었는데 어떤 사건을 계기로 감정의 골이 깊어진다거나 새로 부임해온 상사의 눈에 들지 못해 자의반 타의반으로 등 떠밀리듯 나가야 하는 상황이 벌어지는 등 직장생활을 하다 보면 예기치 않은 상황에 부딪히게 된다. 그런데 이럴 때마다 왜 항상 악역으로 등장하는 대상은 '상사'인 걸까?

마음에 들지 않는 동료나 후배가 있다고 해도 감정적인 고달픔은 따를지언정 결정타를 날리진 못한다. 하지만 상사와 맞짱을 뜨게 되면 예외 없이 케이오당할 것을 각오해야 한다. 왜냐하면 상사를 제치고 그 부하직원의 손을 들어줄 회사는 그 어디에도 없기 때문이다.

상사와 직접적인 충돌이 없더라도 눈치가 없거나 눈치를 너무 보지 않아 미운털이 박히는 경우가 종종 있다. 이런 직원들의 특징은 상사가 지속적으로 못마땅한 눈초리를 보내는데도 여간해서는 눈치를 채지 못한다는 것이다. 만약 합당한 이유 없이 인사고과가 현저히 낮게 나온다거나 직급에 비해서 직무 가치가 낮은 업무를 지속적으로 떠맡게 된다면, 최우선적으로 상사의 눈 밖에 난 것은 아닌지 점검해봐야 한다.

| 상사의 그림자 맨 끝에 서서 얘기하라 |

개업한 후 후배를 채용하여 함께 일하면서 느낀 점이 있다. 일을 하다 보면 눈 밖에 나는 직원이 생기는데, 한번 눈 밖에 난 직원은 웬만해서는 다시 신임하기가 어렵다. 이런 상황에서 그 직원이 자신의 처지를 이야기하며 다가오는 경우가 있는데, 너무 가까이 다가오면 오히려 반감이 생긴다. 그렇다고 해서 너무 거리를 둔 채 이야기하면, 그것 역시 원하는 결과를 얻기 어렵다.

　이 거리는 단순히 물리적인 거리만을 의미하지 않는다. 심리적 측면에서 보면 직원이 관리자의 영역에 너무 가까이 접근하려고 하면 무의식중에 밀쳐내게 된다.

　직원이 너무 가까이 다가와서 구구절절 사연을 늘어놓으면 부담스럽기도 하고 자신이 가진 모순을 들킬 것 같은 생각이 들어 인정할 부분도 인정하고 싶지 않을 때가 있다. 한마디로 직원이 너무 도전적으로 느껴진다는 것이다. 반면에 너무 멀찌감치 물러나서 이야기하면 그 절박함에 공감할 수가 없다. 그래서 한 귀로 듣고 한 귀로 흘리게 된다. 물리적인 거리만큼 마음의 거리도 멀어지는 것이다.

만약 당신이 상사의 눈 밖에 나서 인재(人災), 즉 인간재앙으로 분류되었다면 앞서 말한 것처럼 관계 회복이 급선무다. 하지만 관계를 회복하려면 상사한테 적절하게 자신의 처지를 어필할 필요가 있다. 상사들은 자신이 부하직원을 인재(人災)로 분류한 이유가 합당한지 부당한지 여부를 잘 알고 있다. 만약 상사가 불합리함을 알고도 부하직원을 그렇게 분류했다면, 상사를 찾아가서 구구절절 억울함을 토로해봤자 아무 소용이 없다. 도움의 손길은커녕 상사의 내면적 반발만 일으키게 된다. 게다가 상사를 대면한 상태에서 직접 그의 결정을 비난한다면, 인정해줄 부분도 인정하지 않게 만들 수 있다. 따라서 자신이 부당하게 인재(人災)로 분류되었다면, 상사와의 적정한 거리를 찾는 것이 급선무다.

나는 그 거리를 비유적으로 그림자의 맨 끝이라고 표현하겠다. 이를 풀어 말하면 그림자는 상사의 심리적인 영역으로, 즉 상사로서 지키고 싶은 자존심의 영역이다. 다시 말해 상사가 지키고 싶어 하는 자존심의 끝자락에 서서 조심스러운 줄타기를 해야 한다. 그런데 이때 애매한 것이 자존심의 끝자락이 도대체 어디인가 하는 부분이다.

경험상 자존심의 끝자락은 상사의 권한과 결정이 걸린 부분이다.

결론적으로 말하면 상사의 권한과 결정을 잘못됐다고 얘기하면서 그 안으로 들어가지 말아야 한다. 일단 상사의 권한과 결정을 인정하고, 상사가 스스로 수정해줄 때까지 그 선의 경계에 서서 기다리면서 자신의 처지를 지속적으로 어필해야 한다는 뜻이다.

평소 친하게 지내는 박 차장의 이야기다. 직장에서 불편한 관계에 있던 상사가 어느 날 자신을 불러놓고 갑자기 "왜 보고하지 않습니까?"라고 화를 냈다고 한다. 무슨 이유인지 몰라 어리둥절해하는데, 지난주에 오늘까지 거래처 변경사항을 정리해 보고하라고 했는데 이를 지키지 않았다는 것이다. 분명 지난주에 보고하라는 지시를 받은 적이 없었던 박 차장은 어떻게 말해야 할지 난감했다고 한다. 순간적으로 화가 나기도 했지만, 그런 지시를 받은 적이 없다고 상사한테 따지듯 말하면 서로 얼굴만 붉히게 된다는 것을 이미 경험으로 잘 알고 있어 별다른 말 없이 "네, 죄송합니다. 빨리 파악해서 정리해 보고하겠습니다"라고 대답할 수밖에 없었다고 한다.

그러고는 며칠 뒤 보고를 마무리하고 점심을 같이하면서 상사한테 슬쩍 이렇게 말했다. "최 이사님, 요즘 제 기억력이 안 좋아졌나 봅니다. 솔직히 이사님이 보고하라는 지시를 받은 기억이 없거든요." 그러자 상사는 "그때 바빠서 나도 기억이 가물가물하네…"라며 말끝을 흐렸다고 한다. 박 차장은 예전에 한 번 당한 적이 있어 대처법을 알았던 것이다. 만약 그 자리에서 지시를 받은 적이 없다고 말했으면 상사인 최 이사는 과거처럼 지시한 사실을 기억조차 못한다고 더욱 화를 냈을 것이다. 그런데 두 번째 일이 있고 나서는 오히려 이전보다 최 이사와의 관계가 개선되었다고 한다.

직장인들 가운데 상사에게 부당한 지시를 받았을 때 그 앞에서 바로 진위를 가리려는 모습을 보이는 사람이 꽤 있다. 그렇게 되면 대부분 업무뿐 아니라 그 관계마저 꼬이게 되는 경우가 많다. 이때는 일단 참고 박 차장처럼 지시를 이행한 후, 기회가 있을 때 사실관계를 전달하는 게 좋다. 상사도 외계인이 아닌 이상 자신한테도 잘못이 있음을 깨닫고 예전보다 부드럽게 대할 것이기 때문이다. 또한 이를 계기로 업무적으로나 사적으로 관계가 개선되는 경우도 종종 있다.

| 상사와 자주 대화하라 |

열심히 일했음에도 불구하고 인재(人災)로 분류된 경우 다시 인재(人材)로 복귀할 수 있을까? 참 어려운 문제다. 왜냐하면 한번 직장상사의 눈 밖에 나면 쉽게 이미지가 개선되지 않기 때문이다. 특히 사내정치에서 밀려났거나 업무 외적인 이유로 한직으로 물러난 경우에는 자신이 노력한다고 해서 쉽게 해결될 문제가 아니다.

중견기업에서 마케팅 팀장으로 근무하던 함 차장은 다른 동기들보다 빠르게 승진했고, 상사나 동료로부터 두터운 신임도 받았다. 그런데 부서개편에 따라 상사가 교체되면서 함 차장의 앞길이 꼬이기 시작했다. 무슨 영문인지 지방 영업소인 한직으로 발령이 났고, 곧 본사로

발령을 내겠다고 하던 상사의 말은 지켜지지 않았다.

나중에 알게 된 사실이지만, 새로 부임한 부장이 그가 너무 앞서나가는 것을 못마땅하게 여겨 의도적으로 한직으로 보낸 것이다.

평범한 직장인이라면 상사의 치졸한 처사에 비분강개하며 동료들과 모여 술 한잔 하며 뒷담화로 화를 풀었을 것이다. 하지만 함 차장은 남들과 다르게 처신했다. 2년 가까이 지방 영업소에 근무하면서 그 누구도 원망하지 않았다. 자신을 한직으로 쫓아낸 상사를 비난하는 대신 열심히 일하면서 본사에 있는 동료들이나 상사들과 주기적으로 안부연락을 주고받았다.

그런 노력의 결과인지 정확하게 2년 6개월 만에 사내추천을 거쳐 다시 본사의 요직으로 발령받았다. 어떻게 본사로 복귀할 수 있었는지 물어보자 그는 "전 상사가 현재의 상사를 계속적으로 설득한 것도 한몫을 했지만, 꾸준히 현재의 상사에게 연락해 관계가 개선되도록 노력한 결과, 상사가 다른 직무에 사내추천을 해준 것이 결정적이었다"라고 대답했다.

그의 현명한 처신에 감탄할 수밖에 없었다. 부당한 인사 조치에 분노해 법적인 대응을 해봐야 마음만 더 상하고 회사와도 돌이킬 수 없는 관계로 치닫게 된다. 설사 법정까지 가서 이긴다고 해도 껄끄러운 상황 때문에 오래 버티기가 어렵다. 법적인 부분보다 직장 내 인간관계의 회복이 우선이라는 점을 잊어서는 안 된다.

상사의
정서적 허점을
노려라

- 종일 잠잠하다가 퇴근 시간만 되면 긴급회의를 소집하는 상사, 회식을 업무의 연장선으로 보는 상사, 야근은 필수고 주말에도 사무실을 지켜야 한다고 생각하는 상사는 기피대상 1순위다. 상사가 자신만 워커홀릭(workaholic)인 것으로 끝나지 않고, 부하직원까지 워커홀릭으로 만들어야 직성이 풀리는 스타일이라면 앞날이 캄캄하다. 자신만 열심히 하면 상관없는데 이런 사람들은 꼭 부하직원까지 워커홀릭으로 만들어야 직성이 풀린다. 그래서 꼭 퇴근 무렵이 되면 급한 일이라면서 새로운 일거리를 던져주곤 한다. 로펌에서 일할 때 퇴근 시간이 다가오면 미팅을 하자고 이메일을 보내는 상사 때문에 곤혹스러웠던 경험이 있다. 오후 5시가 넘으면 이메일을 확인하지 않으려고 온갖 술수를 쓴 적도 있다. 이메일을 확인하지 못했을까 봐 친절하게

전화까지 해주는 상사 덕분에 피해갈 수 없었지만 말이다. 만약 워커홀릭 상사를 만났다면 어떻게 대처하는 것이 좋을까?

| 상사를 공부하라 |

내 경험상 워커홀릭 상사들은 일에서 자신의 존재감을 확인하려고 하는 외로운 사람인 경우가 많다. 특히 40~50대에 포진해 있는 상사들은 인생의 가을, 즉 가장 외로운 시기를 걷는 사람들이다. 업무상 임원들을 만나 얘기를 나누다 보면, 부하직원들이 생각하는 것보다 더 많이 외로움을 느낀다는 걸 알 수 있다. 특히 직급이 올라갈수록 정서적으로 교류할 수 있는 동기들이 조직 내에서 하나둘 사라지고, 그 자리가 업무적인 관계로만 채워지게 된다. 사소한 발언조차 회사 전체로 번지기 때문에 툭 터놓고 대화할 상대도 없고, 최종 결정도 혼자 내려야 한다. 사장이나 다른 임원들의 동정도 늘 주시해야 하고, 사내정치에 무심해서도 안 된다. 강한 척, 아무렇지도 않은 척하지만 팀원들의 뒷담화도 은근히 신경 쓰인다. 가정에서도 자녀들이 성장한 관계로 딱히 공감대를 형성할 부분이 없고, 친구들을 만나도 보이지 않는 사회적 지위 등으로 정서적 갈증을 채우기가 쉽지 않다.

2008년 매경이코노미와 매경리서치가 공동으로 조사한 '직장인의 행복지수'의 결과를 보면 실로 흥미롭다. 임원 단계에 가면 부장급보다 행복지수가 현격하게 떨어진다. 임원의 행복지수는 68.1점으로

70.8점인 부장급보다 2점 가까이 낮은 점수를 보인다.[주24] 이는 조직에서 더는 올라갈 곳이 별로 없기 때문에 느끼는 불안감, 기댈 곳이 없다는 외로움에서 비롯되었다는 생각이 든다. 그래서 일에 더 매달리게 되는 것이다.

지금 눈앞의 직장상사가 빈틈 없어 보인다면 그건 업무적인 시각에서 보았기 때문이다. 조금만 다른 각도에서 상사를 관찰해보라. 그러면 그동안 보지 못했던 상사의 뒷모습을 보게 될 것이다.

그러면 남는 것은 당신의 정서적인 커뮤니케이션 능력이다. 내 경우에도 눈 밖에 난 직원이라고 할지라도 겸손한 자세로 조언을 구하면 다시금 귀를 기울이게 된다.

만약 상사와 지금 어려운 관계에 있다면 뻣뻣하게 서서 얘기하지 말고 저녁에 휴대전화로 상사가 좋아하는 음악이라도 선물해보자. 만약 상사가 좋아하는 음악이 뭔지 모른다면 아직 상사와 얘기할 준비가 되어 있지 않은 것이다. 상사가 미울수록 상대의 사소한 부분까지 알려고 노력해야 한다. 그래야 수월하게 대화의 물꼬를 틀 수 있다.

| 잘 노는 사람이 일도 잘한다 |

국내 최초로 여가학 석사 과정을 개설한 김정운 교수는 『노는 만큼 성공한다』에서 직장에서 성공했다고 여겨지는 일중독자일수록 수많은 걱정거리로부터 자유롭지 못하다고 했다.

"일중독자들은 본인이 일주일에 70시간 이상을 일한다고 생각하지만 실제로 일하는 시간은 30시간에 지나지 않는다. 나머지 40시간은 일하는 데 보내는 것이 아니라 일에 대해 걱정하는 데 시간을 보내는 경우가 많다."

이들은 끊임없는 인수·합병, 퇴직에 대한 지속적인 압박, 조직의 변화에 대한 소문 등 오버싱킹(over thinking)의 나락에서 허우적거린다. 오버싱킹이란 부정적인 생각이 꼬리에 꼬리를 물고 이어지는 현상으로 일어나지 않은 일에 대한 걱정, 이미 내뱉은 말에 대한 후회, 다른 사람에 대한 근거 없는 의심, 지나가면서 던진 동료의 한마디에 도무지 끝이 나질 않는 추측 등 생각이 지나치게 많아 부질없는 걱정이 떠나지 않는 것을 일컫는다. 그런데 재미있는 사실은 오버싱킹에 사로잡힌 사람들은 끊임없이 남과 자신을 비교한다는 것이다. 이를 직장생활에 대입해보면 일중독에 빠진 사람은 자신의 업무성과와 타인의 업무성과를 비교하며 불안해하고, 그러다 보니 더욱 박차를 가해 일해야 조직에서 살아남을 수 있다고 믿는다. 이런 이유로 이들은 결코 행복해질 수가 없다.

김정운 교수는 이런 사람들한테 진짜 걱정해야 하는 상황과 불필요한 오버싱킹을 구별하는 능력을 기르라고 조언한다. 구별법은 의외로 간단한데, 오버싱킹의 대부분은 '만약'이란 가정을 포함하고 있다.

"오버싱킹에서 벗어나고 싶다면 정말 중요한 일에 몰입해야 한다. 여기서 정말 중요한 일은 자기가 정말 재미있어 하는 일을 뜻한다. 삶의 가장 중요한 목적은 내가 행복해하고 재미있어 하는 일을 발견하는 것이다. 그런데 이렇게 말하면 당황하는 사람이 많다. 자기가 정말 재미있어 하는 일이 무엇인지 모르고 살아가는 것이다."[주25]

걱정과 근심이 많은 워커홀릭 상사한테 또 다른 즐거움이 있다는 사실을 알려주는 것은 어떨까? 오죽하면 일을 통해서만 자신의 존재를 입증하려고 하겠는가? 물론 일이 정말 좋아서 일만 하는 상사도 있겠지만 일과 행복을 잘 조율하는 상사들은 대부분 부하직원들이 모르는 은밀한(?) 취미 하나 정도는 갖고 있다. 요즘은 골프 치는 사람도 많지만, 색다른 취미로 스트레스를 조절하는 사람도 늘고 있다. 내가 아는 한 외국계기업의 상무는 부하직원들 몰래 댄스학원에서 춤을 배우면서 스트레스를 날려버린다고 한다. 건강한 취미활동은 직장생활에서 발생하는 스트레스를 해소하는 데 큰 역할을 한다. 일도 중요하지만 일 역시 행복한 생활을 위해 존재하는 것이다. 그러니 취미생활 하나쯤은 무기로 남겨두라.

업무로
감동시킬 수 없다면
마음이라도 납치하라

외국계기업에 다니는 40대 초반의 김 차장은 요즘 들어 부쩍 고민이 늘었다. 기획부서에서 일한 지 올해로 15년이 되었다. 직장을 다닌 지도 꽤 오래되었고, 회사 내에서도 어느 정도 위치를 잡았다고 생각하는 시기지만 신입사원 시절보다 상사와의 마찰이 더 잦아졌다.

일도 손에 익고 이 정도면 제 역할을 톡톡히 해내고 있다고 자부하는데 올해도 승진에서 누락되자 상사가 원망스럽기도 하고 자신의 능력에 대한 회의감마저 들었다. 더군다나 상사가 내년 상반기 중요업무를 과장급에 맡기자 자신을 무시한다는 생각마저 들었다. 그래서인지 그는 "이참에 회사 때려치우고 더 늦기 전에 장사나 할까?"라는 말을 입에 달고 산다. 한 직장에서만 15년을 다녀 퇴직하면 퇴직금도 꽤 넉

넉해 장사 밑천을 마련할 수 있을 것 같았다. 하지만 한 가정을 책임져야 할 가장에게 성급한 창업만큼 위험천만한 일도 없다. 장사에 대한 기본 마인드와 철저한 준비 없이 현재 상황을 벗어나려는 탈출구로 섣불리 퇴직을 선택했다가는 자신뿐 아니라 가족의 기반마저 흔들릴 수 있다.

직장상사와의 갈등으로 위기에 처한 직장인들한테 몇 년 전 친구가 들려준 이야기를 하려고 한다. 그 친구가 이 책을 볼 것 같아 조심스럽기는 해도 직장인들한테 참고가 되겠기에 양해를 구하고 소개하겠다. 친구는 상사와 성향이나 일을 추진하는 방식이 맞지 않아서 여러모로 고생했다고 한다. 그로 말미암아 다른 동료들에 비해 실적이 나쁘지 않았음에도 인사고과 점수가 기준보다 낮아 서면경고를 받기도 했다. 그래서 상사를 설득하기 위해 때로는 선물도 하고 술자리도 같이해 봤는데 좀처럼 관계가 개선될 기미가 보이지 않았다. 그래서 이직을 심각하게 고민하게 되었는데, 마땅한 자리가 없어 오랫동안 속앓이를 한 모양이었다.

결국 친구는 생각 끝에 자신의 생활과 가정형편을 상사한테 있는 그대로 보여주고, 그래도 안 되면 사직서를 내야겠다고 결심했다.

그는 마지막이라는 생각으로 상사를 자신의 집으로 초대했다. 상사는 이런저런 핑계를 대며 초대를 거절했지만, 친구는 좋은 술집이 있다며 반강제적으로 택시에 태워 자기 집으로 상사를 모셨다. 그리고 아내가 정성스럽게 준비한 음식을 대접하고 자신이 사는 모습을 보여주었다. 그 친구가 하는 말이 상사가 아이들을 보면서 표정이 미묘하게 흔들렸다고 한다. 그 일이 있고 나서 상사의 태도는 조금씩 달라졌고, 친구에게 교육의 기회를 주는 등 관계가 개선되어 지금도 직장생활을 잘하고 있다.

당시 이 이야기를 들을 때 친구가 참 대단하다는 생각이 들었다. 물론 그만큼 절박했을 거라는 생각이 들어 한편으로는 측은한 마음이 들기도 했다. 생각해보면 상사도 사람인지라 자신을 위해 음식을 준비한 부하직원의 아내와 자녀들을 본 이상 그 직원을 독하게 내치기는 쉽지 않았을 것이다. 여간 냉철한 사람이 아니라면 한 번이라도 끌어주려고 하지 않겠는가. 물론 이는 극단적인 사례다.

상사와 불편하게 지내는 것보다 차라리 속 시원하게 자신을 드러내 보이는 것도 좋은 방법이라는 이야기를 하고 싶었다.

창업보다 상사 열 명 모시기가 백 배 쉽다

이렇게까지 해서 직장생활을 해야 되겠느냐고 반문하는 사람한테는 다음 이야기를 들려주고 싶다. 나 역시 같은 생각을 했던 때가 있었다. 나는 추진력이 있는 편이라서 과감하게 직장생활을 그만두고 내 사업을 차렸다. 상상만 하던 일을 현실로 옮긴 것이다. 처음에는 그렇게 속이 편하고 좋을 수가 없었다. 그런데 시간이 얼마 지나지 않아 조금 다른 시각으로 보게 되었다.

간단히 말해 직장 밖으로 나와 내 사업을 시작하고 보니 이전에 상사에게 굽실거리던 것은 일도 아니었다!

직장이라는 울타리를 벗어나는 순간부터 코가 땅에 닿도록 나 자신을 숙여야 할 일투성이었다. 지금 상사 때문에 자존심이 크게 상해 있다면, 예방접종을 맞았다고 생각하라. 우리 안에 있을 때는 호랑이 상사만 상대하면 되지만 우리 밖으로 나가면 정글이 펼쳐진다. 상사보다 심한 강적이 여기저기 깔려 있다.

또 이직한다고 해서 지금 상사보다 더 좋은 상사를 만난다는 보장도 없고, 더구나 창업하게 되면 자존심 자체를 버려야 할 일이 정말 많다.

이는 비단 나 혼자만의 일이 아니다. 주변에 직장을 떠나 창업하거나 이직한 사람들과 이야기하다 보면 이런 말을 하는 경우가 많다.

"그나마 예전에 나를 괴롭히던 상사는 양반이에요. 그때는 참을 인(忍) 하나면 넘어갈 수 있었는데, 이직하고 나서는 참을 인 두 개가 필요합디다. 그런데 내 일을 하려고 창업한 뒤에는 참을 인 세 개로도 부족하더군요."

아직 참을 인(忍) 하나 정도라면 버티는 것이 정석이 아닐까?

업무적으로 상사의 스타일에 맞추고 개선을 위해 아무리 노력해도 안 되면, 결국 인간적으로 풀어야 하는데 그것마저 여의치 않을 때가 있다. 그때는 내가 마지막으로 조언해주는 내용을 떠올려보라. 이것도 저것도 안 되면 한국인의 정서에 기댈 수밖에 없는데 "저는 이런저런 이유로 직장에 꼭 다녀야 하니 도와주십시오"라고 읍소해보라. 만약 이렇게까지 했는데 상사의 태도가 변함없다면 뒤도 돌아보지 말고 접으라고 말해주고 싶다. 그 정도의 노력이라면 어디를 가도 반드시 성공적인 삶을 살 것으로 믿기 때문이다.

성격 유형에 따라
갈등을
관리하라

● 찰리 채플린의 명언 가운데 "인생은 가까이서 보면 비극이지만, 멀리서 보면 희극이다"라는 말이 있다. 인간관계도 멀리서 보면 평온해 보이지만, 가까이서 보면 갈등관계로 얽혀 있다는 의미와 일맥상통한다. 직장생활의 경우엔 더욱 그렇다. 멀리서 바라보면 아무런 문제도 없는 평온한 상태로 보이지만, 가까이서 보면 정도의 차이는 있을지 몰라도 개개인의 필요와 욕구가 다르다 보니 첨예한 갈등이 존재하게 마련이다.

한 취업사이트에서 실시한 설문조사에 따르면 직장인 10명 중 절반 이상은 회사에서 어색하게 지내는 선·후배나 동료가 있다고 한다. 이들 중 85퍼센트 이상은 어색한 관계가 직장생활에 영향을 미친다고 말했다. 또한 직장에서 직원들 간에 갈등이 생기는 원인으로는 '업무

분담의 불균형, 의견 불일치 등 업무적 이유'를 꼽은 직장인이 67.2퍼센트로 가장 많았다. '무시하거나 험담하는 등 감정적 이유'라는 응답이 22.1퍼센트를 차지해 그 뒤를 이었다. 특히 직장 내의 허리 역할을 담당하는 과장급의 70.5퍼센트가 '갈등관계인 사람이 있다'고 답해 중간관리자들의 인간관계 부담이 가장 심한 것으로 나타났다.[주26] 샌드위치맨인 중간관리자들의 스트레스가 가장 심하다는 결과는 카라섹 교수의 주장과도 일치한다.

미국 매사추세츠대학교의 카라섹 교수는 "직장인의 스트레스는 업무량과 강도를 나타내는 '직무요구도'와 일의 재량권을 나타내는 '직무자율성'의 정도에 따라 결정된다"고 말했다.[주27] 기업이나 직종에 따라 다르기는 하겠지만 일반적으로 중간관리자의 스트레스가 가장 심한 것은 일은 가장 많은 반면 재량권이 적기 때문이다. 그에 따르면 스트레스를 적절하게 해소하지 못하는 직급도 중간관리자다. 평사원은 아직 젊은데다가 취미생활로 스트레스를 풀 수 있고, 경영자는 심적·경제적 여유가 있지만 중간관리자는 여기에도 저기에도 속하지 않는다.

실제로 소화기질환, 두통, 만성피로감 등 스트레스 때문에 생긴 병으로 병원을 찾는 사람들 중 대다수가 40대인 중간관리자라고 한다. 따라서 직장 내에서 갈등관계가 형성되는 경우 어떻게 풀어나갈 것인지 여부는 직장생활에서 무엇보다 중요하다. 우선 갈등을 관리하려면 갈등 상황에 직면했을 때 자신이 어떤 유형인지부터 파악해야 하므로 갈등관리 유형에 대해 먼저 설명하겠다.

| 토머스-킬먼의 다섯 가지 갈등관리 유형 |

『협상의 전략』의 저자 리처드 셸이 소개한 토머스-킬먼(Thomas-Kilman)의 갈등관리 유형검사를 살펴보면, 갈등관리에는 다섯 가지 유형이 있다. 첫째 경쟁형, 둘째 타협형, 셋째 협력형, 넷째 회피형, 다섯째 양보형이다.[주28]

우선 첫째 유형인 경쟁형을 살펴보면, 갈등관계에 있을 때 반대의 입장을 고려하지 않고 자신의 입장만 내세우는 유형을 말한다. 경쟁형은 강한 자기중심성과 약한 타인수용성을 보이는 것이 특징이며, 이기기 위해 자신의 권리를 옹호하거나 권력을 이용하는 경우가 많다. 특히 자신의 이익을 위해선 상대방한테 손해를 끼치더라도 관철시키는 스타일로, 조직 내에서 갈등의 중심에 서는 경우가 많다. 하지만 의사결정이 어려운 순간 결단력 있게 강한 리더십을 발휘하는 경향이 강하다. 만약 상사나 동료가 경쟁형이라면 업무진행 시 의견이 다르더라도 일단 공식적인 자리에서는 의견을 수용하는 형식을 취하면서 비공식적인 자리에서 설득하는 형태가 바람직하다.

둘째, 타협형은 갈등관계가 형성되면 서로의 중간지점을 발견하고자 노력하는 스타일이다. 즉 다른 사람들의 의견을 만족시키기 위해 어느 정도 자신의 관점을 보류하거나 포기하는 유형이다. 따라서 적정 수준의 중간지점에서 갈등관계의 해법을 찾으려는 경향이 강하다. 만약 상사나 동료가 타협형이라면 상사가 수용할 수 있는 범위가 어디까지인지 확인한 뒤 자신의 의견을 개진한다면 일을 효과적으로 수행하는 데 도움이 된다.

셋째, 협력형은 양쪽 제안을 모두 만족시키려고 노력하는 유형이다. 따라서 협력형은 갈등관계가 형성되면 자기주장도 강하지만 타인수용성도 강한 특징을 가진다. 만약 상사나 동료가 협력형이라면, 자신의 의견을 과감하게 주장하는 것이 유리한 경우가 많다. 이런 유형의 상사는 자신의 주장이 명확한 만큼 상대방의 주장 역시 명확하기를 요구하는 경향이 강하기 때문이다.

넷째, 회피형은 갈등관계가 형성되면 현실 자체를 회피하기 위해 자기주장도 하지 않고 타인의 주장도 수용하지 않는 특징이 있다. 즉 이런 유형의 사람들은 자신의 주장에 대한 책임을 지고 싶어 하지 않으며, 타인의 주장 역시 책임문제가 발생할 수 있어 수용하고 싶어 하지 않는다. 만약 상사가 회피형이라면, 일단 자신의 주장을 내세우지 말고 상사의 결정을 기다리는 것이 현명하다. 왜냐하면 이런 상사는 부하직원이 강하게 의견을 개진할 경우 회피할 명분을 찾기 위해 주장의 타당성 자체를 묵살할 가능성이 높기 때문이다. 다만 동료가 회피형이라면 얘기는 조금 달라진다. 동료가 업무를 회피할 경우 그의 몫만큼 내 일이 늘어날 수 있으므로, 일단 동료한테 자신의 의무사항을 회피하지 못하도록 업무진행에 있어 그의 역할과 범위를 분명하게 알려준다.

다섯째, 양보형은 갈등관계가 형성되면 다른 사람의 관심을 만족시키기 위해 자신의 관심을 보류하는 특징이 있다. 즉 양보형은 자신의 주장을 관철하기보다는 타인의 주장을 수용함으로써 자신의 지위를 보전하려는 경향이 강하다. 만약 상사가 양보형이라면, 당신의 의견을 받아들이도록 주장의 세부적 근거와 논리를 제시하는 것이 좋다. 이런 상사는 부하직원의 논리를 빌려 자신의 업무를 처리하는 것을 즐기는 유형이기 때문이다. 다만 동료가 양보형인 경우 사안에 따라 책임 소재가 뒤따를 수 있으므로, 상호동의 하에 업무가 진행된다는 점을 분명히 해두어야 한다.

저작권 문제로 갈등관리 유형 검사지를 예시로 제시할 수는 없지만, 직장인들은 상사나 동료가 앞서 언급한 유형 중 어디에 해당되는지를 파악하는 것이 좋다. 특히 상사와의 갈등관계에 있다면 반드시 그렇게 하길 바란다. 직장인들의 경우 상사나 동료와 언제든 갈등관계를 빚을 수 있으므로, 이러한 갈등 상황에서 상사나 동료가 어떤 유형에 속하는지 미리 체크해 놓고 그에 맞는 행동 방법을 찾아야 한다.

3

회사는 결코
당신을 지켜
주지 않는다

"구조조정은 무능하거나 운이 없는
직장인한테만 닥치는 날벼락이 아니다"

구조조정, 누구에게나 닥칠 수 있다

● 직장인의 입장에서 또 다른 변수는 구조조정이다. 원래 구조조정의 의미는 경영합리화를 위해 사업방향과 조직 등을 조정하는 개념이다. 그러나 현실적으로 구조조정을 함에 있어 인력구조조정을 수반하는 경우가 많으므로, 이 책에서는 편의상 구조조정을 인력구조조정의 의미로 사용하겠다.

구조조정은 크게 3가지 형태로 나눠볼 수 있다. 첫째는 회사의 경영상황이 악화되거나 경영합리화 차원에서 정리해고와 같은 구조조정을 하는 경우다. 둘째는 시장의 변화에 대응하기 위해 경영전략 차원에서 부서 간 통폐합을 하면서 구조조정을 하는 경우다. 셋째는 회사 간 합병 이후 구조조정을 하는 경우다.

우선 회사 간 합병의 경우를 살펴보자. 노동조합이 합병에 반대한다는 기사를 신문이나 뉴스를 통해 본 적이 있을 것이다. 내용을 들여다보면 합병 자체의 타당성 여부 때문인 경우도 있지만, 무엇보다 가장 큰 원인은 합병 이후 닥칠 구조조정에 대한 불안감 때문이 아닐까 싶다.

노동조합의 한 간부는 "인위적 구조조정은 없다고 하지만 명예퇴직 등의 방법을 시도할 수 있다. 특히 감원뿐 아니라 인사상의 차별도 우려되는 부분이다"라고 말했다.

실제로 합병 이후 일정 기간을 거치고 나면, 업무 중복 등을 이유로 조직개편과 그에 따른 상시적 구조조정 프로그램 혹은 명예퇴직을 실시하는 경우가 많다. 이때 합병을 주도한 회사와 합병을 당한 회사 사이에는 미묘한 신경전이 벌어진다. 일부 회사의 경우 주로 피합병을 당한 회사 직원을 상시적 구조조정 프로그램 혹은 명예퇴직 대상자로 선정하기도 한다. 이외에도 합병은 직장인한테 여러 가지 고민거리를 가져다준다. 지금부터 소개하는 상담 사례도 이 같은 연장선상에서 생각해볼 수 있다.

| 인수·합병에 따른 구조조정, 그리고 그 후의 이야기 |

30대 중반의 한 과장은 10년 가까이 관리부서에서 근무했다. 한 과장이 다니던 회사는 지난해 말부터 합병 이야기가 슬슬 흘러나오더니, 올해 초에 합병되었다. 그리고 얼마 지나지 않아 피합병 회사를 중심

으로 명예퇴직이 실시되었다. 한 과장의 이야기를 들어보자.

"작년 내가 다니던 회사에 합병이 있었습니다. 아니 정확하게 말하면 우리 회사가 다른 회사에 흡수된 거죠. 아무튼 우리 회사 직원에 대한 명예퇴직이 실시되었습니다. 여러 날 고민하다가 남기로 결정을 내렸습니다. 여길 나가서 특별히 할 만한 일도 없고, 이 회사에 신입사원으로 들어와서 10년 가까이 다니다 보니 다른 곳으로 옮기기도 싫더군요. 그래서 명예퇴직 신청을 하지 않았습니다."

한 과장의 사례는 합병 이후 흔히 일어나는 일이다. 이후로 일이 어떻게 진행될지 대충 머릿속으로 그려지겠지만, 한 과장의 억울한 사연을 계속해서 들어보도록 하자.

"그 후 우리 부서가 흡수한 회사의 한 부서로 통합되면서 새로운 팀장이 저를 엄청 힘들게 했습니다. 처음에는 돌려서 사직을 권유하다가 도무지 먹혀들지 않자 일을 몰아주더군요. 양도 양인데, 업무진행을 하나하나 체크하니 죽을 맛이더라고요. 그래도 처자식을 생각하며 그냥 꾹 참았지요. 그런데 몇 달 전부터 회사 차원에서 상시적 구조조정 프로그램이 도입된 겁니다. 회사는 기다렸다는 듯 저를 업무능력 부진자로 선정했고요."

그래도 열심히 하면 어떻게든 길이 열릴 거라고 믿었던 한 과장은 묵묵히 맡은 일에 최선을 다했다고 한다. 그러던 어느 날 아침 팀장이 호출하더니 이렇게 말하더라는 것이다.

"한 과장, 당신은 업무능력이 부족하고 개선의 기회를 줬음에도 전혀 개선된 게 없더군. 조만간 인사위원회에 회부될 것 같으니, 그리 알고 있게."

신입사원으로 입사해 10년 가까이 궂은일도 마다하지 않고 최선을 다해 왔던 그는 순간 하늘이 노랗게 보였다고 한다.

"회사가 합병되기 전에는 우수사원 표창까지 받았습니다. 그런데 난데없이 인사위원회에 회부되다니요. 참나! 그 순간 내 신세가 처량해서 견디기가 힘들더군요."

잠깐 부연설명이 필요할 듯하다. 회사는 한 과장을 곧바로 징계위원회에 회부하지 않고 대기발령을 낸 후 사직을 유도하였다. 그러나 한 과장이 사직을 계속 거부하자 팀장은 한 과장을 인사위원회에 회부할 것이라고 말했다. 팀장의 말대로라면, 한 과장은 조만간 인사위원회에 회부될 것이다. 하지만 아무리 회사라고 해도 우수사원 표창까지 받은 한 과장을 쉽게 해고하지는 못할 것이다. 그렇다면 회사는 한 과장의 사직을 유도하기 위해 두 번째 카드로 '압박'을 가했던 것이다.

압박은 단순히 사직을 권유하는 의미뿐 아니라 시점에 따라서는 다른 의미를 지닌다. 초기에 사직을 권유했을 당시 회사는 자신감이 넘치지만, 대기발령을 내린 뒤 회사는 소송가능성에 대해 우려하기 시작하고, 인사위원회 회부를 전후로 압박해올 때는 패소가능성에 대한 걱정이 묻어 있다는 것이다.

인사위원회는 직원들의 인사 조치, 특히 징계하기 위한 절차에 해당한다. 즉 대부분의 회사는 사규에 징계하기 위한 절차를 규정하고 있다. 주로 회사의 대표와 인사 팀장 그리고 해당 직원의 상사로 인사위원회를 구성한 뒤 해당 직원을 인사위원회에 출석시켜 징계 사유에 해당하는 행위의 사실관계를 물어보게 된다. 하지만 대다수의 경우, 인사위원회 이전에 이미 징계 여부와 징계 수위가 결정된 상황일 때가 많고, 인사위원회 개최는 단지 절차를 이행하기 위한 목적일 때가 많다.

그렇다면 한 과장이 받는 심리적인 압박감 못지않게 회사도 시간이 흐를수록 대안이 없다는 점과 패소가능성 등이 염려되어 압박 강도를 높이게 된다. 결국 예상대로 한 과장이 버티자 회사는 그에게 명예퇴직금에 준하는 8개월 치의 급여를 제시했고, 이를 수용하지 않을 경우 해고하겠다는 통보를 해왔다.

이제 한 과장은 두 가지 선택의 기로에 서게 되었다. 하나는 명예퇴직금을 받고 사직하는 것이고, 다른 하나는 회사가 해고할 경우 정당성을 다투는 것이다.

| 함부로 소송을 말하지 마라 |

한 과장처럼 구조조정에 내몰린 직장인이 찾아오면 나는 최대한 객관적인 정보를 주려고 노력한다. 왜냐하면 그 누구도 다른 사람의 인생을 책임질 수 없기 때문이다. 한 과장이 나를 찾아온 이유도 위로금을 받고 퇴직할 것인지, 아니며 해고통지를 받고 소송할 것인지에 대한 판단이 서질 않았기 때문이다.

실제로 한 과장은 "지금까지는 오기로 버텼는데 앞으로는 어떻게 하는 게 좋을지 판단이 서질 않습니다. 그래서 지금 사직하는 것과 부당해고로 다투는 것, 양자 간의 득실을 비교해보고 싶습니다"라며 조언을 구했다.

그렇다면 최대한 객관적인 눈으로 한 과장의 상황을 살펴보자.

우선 한 과장이 사직을 선택할 당시부터 살펴보자. 이 경우 회사가 제시한 8개월 치의 월급과 실업급여, 회사의 협조 하에 퇴사 일자를 조정한 만큼의 급여를 받을 수 있다.

반면 해고통지를 받고 노동위원회나 법원에 구제신청을 하게 되면 절차가 좀 복잡해진다. 우리나라는 사실상 5심제를 취하고 있다. 즉 해고를 당한 뒤 가장 먼저 지방노동위원회(구제 신청일로부터 3개월 정도 걸리는 경우가 많음)에 구제신청을 하고, 그 결과에 이의가 있는 경우 중앙노동위원회에 재심을 신청할 수 있다.

또한 중앙노동위원회의 재심결정(재심 신청일로부터 3개월 정도 걸리는 경우가 많음)에 이의가 있는 경우 행정법원(소송을 제기한 날로부터 6개월 정도 걸리는 경우가 많음)에 소송을 제기할 수 있고, 행정법원 다음에는 고등법원(소송을 제기한 날로부터 8개월 정도 걸리는 경우가 많음), 그다음에는 대법원(소송을 제기한 날로부터 약 10개월 정도 걸리는 경우가 많음)에 각각 이의제기를 할 수 있다.

만약 대법원까지 가게 되면, 최종 판결까지 2년 넘는 시간을 회사와 싸워야 한다. 그만큼 정신적·경제적 어려움을 겪게 된다.

그리고 현실적으로 회사를 상대로 부당해고를 제기한 경력을 가진 직장인은 이직할 때 불리하게 작용하는 경우도 있으므로 고민할 수밖에 없다. 이제 누구도 소송을 부추기는 말을 해서는 안 되는 이유를 알았을 것이다. 그러면 좀 더 체계적으로 이해하도록 다음과 같이 구분해 설명해보겠다.

① 사직을 선택한 경우

지난번 명예퇴직한 직원들한테 적용했던 위로금(8개월 치 급여) + 실업급여 + 퇴사 일자 조정 일수만큼의 급여

② 해고를 다툴 경우: 승소 전제

우선 지방노동위원회에서 승소한 뒤 복직하는 경우를 생각해볼 수 있다. 이 경우의 득실 비교는 다음과 같다.

[해고 예고 수당(1개월 통상임금) + 실업급여(복직 시 반환해야 함) + 해고일로부터 복직일까지의 임금 상당액 + 복직] − [회사가 제시한 위로금(8개월 치 급여) + 퇴사 일자 조정 일수만큼의 급여 + 노무사나 변호사 선임비용(선택사항) + 패소에 대한 부담감 + 이직할 때 평판조회에서 불리하게 작용할 수 있음 + 복직되더라도 정상적인 직장생활이 어려운 경우가 많음]

근로자가 승소하더라도 회사가 이의를 제기하며 계속 소송을 진행할 수도 있다. 회사가 중앙노동위원회, 행정법원, 고등법원, 대법원에 이의를 제기한 경우 해고일로부터 복직되는 날까지의 임금 상당액이 늘어나는 것 이외에는 위에서 설명한 득실 비교와 동일하다.

한편 직장인이 이직을 선택한 경우 가장 고민되는 부분 중 하나가 바로 평판조회일 것이다. 헤드헌터마다 약간씩 의견이 다르지만 80퍼센트 이상의 헤드헌터는 이직할 때 평판조회를 하는 경우 불리하다고 말한다. 즉 회사를 상대로 고소나 소송을 한 경력을 가진 사람에 대해 우호적이지 않은 경우가 많다는 것이다.

실제 평판조회를 하는지, 만약 한다면 어떻게 하는지는 뒤쪽에 나오는 이직에 관해 설명한 부분을 참고하기 바란다. 또한 승소한 뒤 복직했을 때 불이익이 없는지도 궁금할 것이다. 솔직히 말해 승소한 뒤 복귀하고 나서 그 직장을 5년 이상 다닌 직장인을 거의 보지 못했다. 회사가 원직이 아닌 한직에 배치하는 경우도 많고, 추가 징계를 하는 경우도 제법 있기 때문이다. 그래서 관련법을 개정하면서 근로자에게 선택권을 주게 된 것이다. 즉 노동위원회에서 승소할 경우 근로자는 복직을 선택하거나 복직을 선택하지 않고 위로금을 청구할 수 있다.

③ 해고를 다툴 경우: 패소 전제

직장인의 입장에서는 생각하고 싶지 않겠지만, 패소하는 일이 벌어질 수도 있다. 이런 경우 정신적으로나 물질적으로 상당한 타격을 입게 된다. 특히 노무사나 변호사 선임비용 외에도 사직을 거부하는 데 따른 기회비용(회사가 제시한 위로금)이 있다는 점을 고려할 필요가 있다. 이를 요약하면 다음과 같다.

[해고 예고 수당(1개월 통상임금) + 실업급여] − [회사가 제시한 위로금(8개월 치 급여) + 퇴사 일자 조정 일수만큼의 급여 + 노무사나 변호사 선임비용(선택사항) + 패소에 대한 부담감 + 이직 시 평판조회에서 불리함 + 복직되더라도 정상적인 직장생활이 어려운 경우가 많음]

더구나 중앙노동위원회, 행정법원, 고등법원, 대법원까지 계속 패소해 이의를 제기한다면, 노무사나 변호사의 선임비용은 이의제기를 할 때마다 늘어나 근로자 입장에서는 부담스러울 수밖에 없다.

| 승자도 패자도 없는 싸움 |

한 과장은 회사의 제안을 거부하는 것으로 가닥을 잡았다. 이후 회사에서 해고통지서를 받고 서울지방노동위원회에 부당해고 구제신청을 제기했다. 예상대로 노동위원회 심판회의 과정에서 공익위원들은 2년 전에 우수사원 포상까지 받은 한 과장을 근무성적불량자로 분류한 이유가 설득력이 없다는 점과 회사 측의 평가 규정과 평가 기준이 명확하지 않다는 점을 이유로 들어 부당해고 판정을 내렸다.

부당해고 판정을 받은 회사는 일단 한 과장을 원직에 복귀시키기로 결정했다. 패소한 뒤 자문 노무사와 변호사가 재심을 청구해도 결과는 달라지지 않을 거라는 의견을 낸 것 같았다.

복귀를 며칠 앞두고 한 과장과 저녁식사를 같이했다. 그리고 현재 그가 어떤 심정인지 듣게 되었다. 한 과장은 예상 밖으로 회사 결정과 팀장의 행동을 이해하는 마음을 가지고 있었다. 이유를 들어보니 가장 큰 이유는 팀장 때문이라고 했다. 노동위원회에서 부당해고 결정이 내려지고 이틀 후에 한 과장의 집 앞으로 팀장이 찾아왔고, 두 사람은 허심탄회하게 대화를 나눴다고 한다.

팀장: 일단 축하하네. 내가 자네를 찾아온 것은 소송을 취하하라는 말을 하려고 온 게 아니네. 그리고 그런 말을 할 입장도 아니고…. 사실 오늘 아침에 대구 영업소로 발령이 났어.

한 과장: 대구 영업소요? 거기에는 직원이 세 명밖에 없잖아요.

팀장: 지금에 와서 하는 얘기지만, 합병된 후 우리 팀 인원을 줄이라는 부사장님의 지시가 있었어. 자네도 알다시피 우리 팀원들의 나이가 전반적으로 많잖나. 그래서 자네는 그나마 나이도 젊고 능력도 있어 퇴사해도 재취업이 가능할 것 같아 명예퇴직 명단에 올린 걸세.

한 과장: 그 얘기를 왜 지금에 와서야 하는 겁니까?

팀장: 미안하다는 말을 하고 싶어서 그러네.

한 과장: 혹시 이번 건이 패소해서 대구 영업소로 발령이 난 것은 아니지요?

팀장: 그건 아니고… 혹시 그거 아냐? 새로운 상무님 오신 거 말이야? 그분이 나보다 아마 몇 살 어릴 거야. 구조조정 전문가라고 하던데 여하간 나이 많은 팀장들 중 여러 명이 옷 벗고 나갔다네.
한 과장: "…."
팀장: 직장생활이 뭐 그런 거지. 여하간 축하하고 다음에 기회가 되면 술이나 한잔 하세.

한 과장은 팀장의 뒷모습을 보며 이런 생각을 했다고 한다.
'그분도 직장에 매인 몸이니 그렇게 할 수밖에 없었을 거야. 차라리 마음 놓고 미워할 만큼 나쁜 사람이었다면 좋았을 것을….'
한 과장의 이야기를 듣고 난 뒤 이렇게 조언해주었다. "복직을 하든 이직을 하든 간에 새로운 도전 앞에 서게 될 것입니다. 이번 기회를 계기로 자신에게 부족한 부분이 있지 않았는지 반성해보는 시간을 가져보는 것도 도움이 될 것 같습니다. 그리고 이를 바탕으로 더 높이 날아오를 수 있었으면 좋겠습니다."

한 직장에 오래 근무하다 보면 상황이 갑작스럽게 변해 회사를 떠나야 하는 경우가 발생할 수도 있다. 얼마 전 삼성의 이건희 회장이 젊은 삼성을 강조하자 나이 많은 부장급과 임원들이 좌불안석이 되었다는 기사를 본 적이 있다. 물론 검찰처럼 후배 기수가 자기보다 위의 직급으로 승진하면 용퇴를 선택하는 것이 관행화되어 있진 않지만, 직장인들도 자기보다 젊은 상사가 부임하면 마음이 편치 않은 것이 현실이다. 더구나 젊은 상사가 부임하면서 계속 눈치를 주는 경우 현실적으로 직장을 다니기가 만만치 않다.

부하직원의 해고를 주도한 상사도 직장 내에서 입지가 불안하기는 마찬가지다. 상사도 결국 조직의 지시에 따라 움직일 수밖에 없을 것이고, 언제 당신이 그 같은 처지가 될지 모르니 너무 미워하지 않는 것이 좋겠다.

때로는 이직이 답일 수 있다

● 공인노무사나 변호사가 웬만해서는 피하고 싶어 하는 이야기가 있다. 직장을 상대로 부당해고 구제신청을 하여 승소한 후 복직하여 과연 예전처럼 직장생활을 할 수 있을 것인가에 대한 부분이다. 현실적인 대답은 그리 녹록하지 않다는 것이다. 게다가 다음에서 설명하겠지만 헤드헌터들조차 전 직장을 상대로 소송을 건 직장인을 추천하기 꺼리는 것이 현실이다 보니, 소송 자체가 직장인들한테는 어려운 선택일 수밖에 없다.

상황에 따라 다를 수 있지만, 나는 현재 직장에서 더는 인재(人材)로 거듭날 수 없다고 판단된다면, 소송보다는 가급적 협의를 통해 이직 준비를 위한 정당한 비용을 얻을 수 있도록 만전을 기하라고 권유한다.

그럼에도 이직이 아니라 직장에서 복귀하여 다시 정상적으로 근무하길 원한다면, 무엇보다 인간관계 회복에 최선의 노력을 다해야 할 것이다. 이러한 노력에도 상사나 직장이 자신의 진정성을 몰라준다면, 그때는 이직을 준비하는 것이 현명한 방법이다.

| 나는 왜 이직하려고 하는가 |

나는 업무 특성상 기업의 인사부서와 주로 일한다. 이런 이유 때문인지 자주 해당 업무의 인재를 추천해달라는 요청을 받는다. 헤드헌터가 아니라서 전문적인 스킬은 없지만, 작년에도 내 추천을 통해 이직에 성공한 사람이 제법 있다. 이러한 경험을 바탕으로 이직을 준비하는 사람들에게 도움을 될 만한 조언을 하고자 한다.

최근 취업포털 사람인이 직장인 2,057명을 대상으로 설문조사를 벌인 결과에 따르면 응답자의 65.8퍼센트가 '이직한 적이 있다'고 답했으며, 직장을 떠나는 이유(복수응답)로는 응답자의 41.5퍼센트가 '연봉에 대한 불만'을 꼽았다. 이어서 '불안한 회사 비전' '열악한 근무조건' '상사 및 동료와의 갈등' 등의 답변이 나왔다. 이 설문 결과에 따르면 옮겨갈 회사를 선택할 때 가장 중요하게 고려하는 사항도 '연봉(30.7퍼센트)'이 1위를 차지했고, 그다음으로 '업무 적성' '기업문화와 조직 분위기' '야근 등 근무환경' '복리후생' 등을 살핀다고 답변했다.[주29] 결과를 종합해보면 연봉에 대한 불만과 불안한 회사의 비전이 이직하는 주된 사유인 것으로 나타났다.

그런데 작년 내가 추천하여 성공적으로 이직한 사람들을 살펴보면, 위의 설문 결과와는 조금 다른 것을 볼 수 있었다.

성공적인 이직이란 단지 조건이 더 좋은 다른 직장에 입사하는 것을 의미하지 않는다. 자신의 비전이나 업무 경력에 도움이 되지 않는 회사에 합격하는 것은 개인으로서나 회사로서나 불행한 일이다. 성공적인 이직이란 자신이 가진 능력을 십분 발휘할 수 있는 회사로 옮겨 그곳에서 가능성과 행복을 발견하는 것이 아닐까 생각한다.

작년에 내 추천으로 이직한 후 새로운 직장에서 자신의 능력을 발휘하는 사람들을 보면 한 가지 공통점이 있다. 더 나은 조건이나 연봉을 보고 움직인 사람들이 아니라 경력 개발에 도움이 될지를 보고 움직인 사람이라는 점이다. 반면 연봉을 우선적으로 선택한 경우나 기업에 대한 자세한 정보 없이 자신의 성향에 맞지 않는 조직문화를 가진 기업에 입사한 경우에는 얼마 지나지 않아 사직하거나 다시 이직하기 위해 전전긍긍할 수밖에 없다.

결론적으로 말하면, 이직에 성공한 사람들은 눈앞에 보이는 연봉이나 조건보다 좀 더 장기적인 관점에서 경력구조와 직무 경험을 통한 자기경쟁력 강화에 주안점을 두었다.

이직의 첫 번째 관문을 통과하고 나면, 이번엔 적응이란 두 번째 관문을 통과해야 한다. 그러므로 이직할 회사가 자신의 경력에 장기적 시각에서 도움이 될지를 보다 철저하게 따져봐야 한다.

퇴사 시기는
전략적으로
결정하라

● 직장인들이 궁금하게 여기고 자주 묻는 질문들 가운데 하나가 '퇴사 시기'다. 직장인들의 입장에서 보면 창업이건 이직이건 여러 가지 이유로 퇴사를 결정한 상황이라면, 언제쯤 퇴사하는 것이 유리한지 궁금할 수밖에 없다. 마음은 이미 콩밭(?)에 가 있는데, 계속 직장에 나가는 것도 결코 쉬운 일이 아니다. 이런 상황에서 어영부영 퇴사 시기를 늦추다 보면 눈에 보이지 않게 업무진행에 차질을 불러오게 되는데, 눈치 빠른 상사나 동료가 이런 사실을 모를 리 없다. 그렇게 되면 그동안 노력해서 쌓아두었던 신뢰마저 무너질 수 있으므로, 이미 마음속으로 퇴사를 결정했다면 그다음에는 적절한 퇴사 시기를 잡는 것이 중요하다.

| 받을 수 있는 건 다 받고 나가라 |

퇴사 시점에 따라 회사로부터 받을 수 있는 금액이 달라질 수 있으므로 이 부분을 가장 먼저 체크해야 한다.

첫째, 경영성과급이나 인센티브의 금액이 결정되어 지급되는 시기가 사규에 명시되어 있는 경우 이를 고려하여 퇴사 시기를 결정하는 것이 경제적으로 도움이 된다. 예를 들어 재직 중인 직원에 한하여 지급하는 것으로 사규에 명시되어 있는 경우, 퇴사일 며칠 차이로도 경영성과급이나 인센티브를 받지 못하게 될 수 있다.

둘째, 조직개편 등을 이유로 명예퇴직을 실시할 가능성이 있는지 체크해봐야 한다. 내가 아는 어떤 사람은 사직서를 내고 보름 후에 회사가 명예퇴직 공고를 내서 1년 치 연봉에 해당되는 명예퇴직위로금을 한 푼도 받지 못하고 퇴사하여 쓰린 속을 달래야 했다.

셋째, 연차휴가와 시간외 근무수당에 대한 부분이다. 연차휴가는 1년간 8할 이상 근무하면 발생하므로, 퇴사 시기를 연차휴가가 발생한 이후로 하는 것이 유리하다. 그리고 퇴직금은 퇴직 시점을 기준으로 이전 90일간의 임금총액으로 계산하기 때문에 시간외 근무수당을 많이 받은 달에 퇴사하는 것이 퇴직금을 좀 더 많이 받을 수 있다. 물론 퇴직금을 많이 받으려고 동료들과 협의하여 평소보다 시간외근무를 많이 하는 등 편법을 사용한다면 퇴직금에 반영되지 않는 경우도 있다.

넷째, 회사마다 기간은 다르지만, 교육과 연수를 받은 후 일정 기간 이내에 퇴사하는 경우 해당 비용을 상환하도록 하는 회사가 많다. 따라서 회사의 지원으로 교육 혹은 연수를 받았다면, 사규를 확인하여 상환의무가 발생하는 기간을 확인해둘 필요가 있다. 어떤 사람은 회사의 사규에 해외연수를 다녀온 후 1년 이내에 퇴사하면 해당 비용을 상환하도록 한 사규를 확인하지 않고 10개월 만에 퇴사해 억울하게 비용을 상환했다고 한다.

| 기본적인 도리는 지키고 나가라 |

다음으로 직장상사나 회사와의 관계를 고려해야 한다. 우선 창업이건 이직이건 방향이 결정되기 전까지는 직장상사나 동료들한테 말하지 않는 것이 좋다. 창업과 이직의 경우에는 결정되기 이전까지 다양한 변수가 발생할 수 있는데, 퇴사 시점을 늦춰야 할 수도 있고 여의치 않으면 계속해서 직장을 다녀야 하는 경우가 발생할 수도 있다. 따라서 직장상사나 동료들한테 퇴직의사를 섣불리 말하게 되면 언제든 회사를 떠날 수 있는 사람으로 찍혀 이후 직장생활이 어려워질 수도 있다. 특히 쿨하게 직장을 떠나야겠다는 생각 혹은 순간적인 감정에 치우쳐 이메일 등으로 퇴직의사를 문서화시키면 나중에 이러지도 저러지도 못하는 경우가 발생할 수 있다.

이직의 경우 자신이 이직하기로 결정한 회사가 경쟁업체인지 아닌지에 따라 커뮤니케이션하는 방법을 달리해야 한다. 특히 경쟁업체로 이직하는 것이 어느 정도 확정된 상태라면 직속상사한테는 미리 양해를 구해두는 것이 좋다. 대부분 동종 업체는 바닥이 좁기 때문에 이직이 확정되는 과정에서 직속상사도 알게 될 가능성이 높다. 따라서 직장상사가 다른 사람으로부터 이직에 관해 듣기 전에 솔직하게 먼저 말하는 것이 좋다. 왜냐하면 경쟁업체로 이직하는 과정에서 법적 문제가 발생할 경우 그나마 과거 상사가 당신을 지지해줄 가능성이 크기 때문이다. 물론 경쟁업체로 이직하는 경우 최소한의 신뢰를 깨지 않기 위해서라도 인수인계를 좀 더 적극적으로 해야 한다. 불필요한 오해를 사지 않도록 업무 관련 서류 등을 복사하거나 외부로 유출시키는 행동은 매우 조심해야 한다.

왜 기업들은
상시적 구조조정 프로그램을
도입할까

● 몇 해 전 정부에서 '제너럴 일렉트릭(GE) 따라하기' 열풍이 불어 세간의 관심과 우려를 한 몸에 받은 적이 있다. 이때 대표적으로 거론되었던 것이 국세청의 'GE 활력곡선(vitality curve)' 도입 검토였다. 이는 조직 구성원 가운데 상위 20퍼센트에 해당하는 핵심 인재에 대해서는 충분한 보상을 해주지만, 하위 10퍼센트에 대해서는 상시적으로 정리하는 시스템이다.

이런 상시적 구조조정 방식을 실질적으로 도입하여 적용한 사람이 바로 GE의 잭 웰치 회장이다. 세계 최대 제조업체 중 하나인 제너럴일렉트릭을 20년간 이끌며 경영혁신을 통해 놀라운 성공신화를 창조한 그는 '중성자탄(neutron)'이란 별명을 가졌다. 1982년 《뉴스위크》가 GE의 건물은 멀쩡한데 사람들은 조용히 죽어간다는 뜻으로 그한테

붙여준 별명이다. 그에 걸맞게 잭 웰치는 CEO로 있던 15년 동안 사업부와 생산라인 400여 개를 처분했고, 전체 직원 가운데 4분의 1에 해당하는 11만 2,000명을 해고했다.주30 인사관리를 철저히 해서 지속적으로 성과를 내지 못하는 무능한 직원들에 대해 상시적 구조조정을 단행한 것이다.

기업들이 이런 상시적 구조조정 프로그램을 앞다투어 도입한 이유는 무엇일까? 이유를 알고 보면 의외로 단순하다. 명예퇴직을 실시하면 대부분 이직 능력을 가진 우수한 직원들이 가장 먼저 나간다. 그런데 문제는 회사 사정이 좋아져 정상화되면 우수 인력이 다시 필요하게 된다는 것이다. 달리 말하면 명예퇴직금을 받고 나간 우수한 직원들의 빈자리가 더 크게 느껴진다는 것이다. 그렇게 되면 기업의 입장에서는 우수한 직원들을 다시 유치하기 위해 더 많은 비용을 들여야 할 수도 있다. 한마디로 말해 이중비용이 드는 것이다.

그래서 고심 끝에 도입한 제도가 상시적 구조조정 프로그램이다. 이 제도는 인재(人材)와 인재(人災)를 구분해 인재(人材)한테는 당근을 주고, 인재(人災)한테는 채찍을 통해 개선을 요청하기 위한 것이다.

상시적 구조조정 프로그램을 도입하는 기업이 점차 늘어나면서 이 프로그램의 기본 원리를 이해하는 것이 앞으로의 직장생활에 도움이 되겠기에 설명하고 넘어가겠다. 상시적 구조조정 프로그램은 크게 세 가지 유형으로 구분된다.

최근에는 각 기업마다 특성에 맞춰 세 가지 유형을 혼용하여 사용하는 경우가 많다. 그리고 공기업과 정부기관도 상시적 구조조정 프로그램을 도입하고 있는 추세다. 신문보도에 따르면 울산항만공사(UPA)는 올해 3진아웃제를 기본 골격으로 하여 다음의 두 가지 유형을 일부 혼합한 형태를 도입한다고 밝혔다. 즉 상반기와 하반기 연간 두 차례 인사평가를 통해 최하위 10퍼센트를 선정하여 1차 전환배치와 교육을 실시한 후에도 개선되지 않으면 2차 성과급 감액과 교육을 실시하고, 그래도 개선되지 않으면 아웃시키는 '3진아웃제'를 택하고 있다. 서울시가 도입하는 과정에서 저항에 부딪쳤던 3진아웃제도 울산항만공사와 비슷한 형태를 취하고 있다. 최근 들어 이런 성과부진 퇴출 프로그램이 보다 강화되고 있는 추세다. 석유품질관리원 등은 종전 3진아웃제를 2진아웃제로 수정하는 등 강력한 저성과 퇴출제를 도입하기로 했다고 한다. 물론 요즘에는 비리를 저지른 직원에 대해 3진아웃제가 아니라 원스트라이크 아웃제를 도입하려는 움직임도 가시화되고 있다.[주31]

  그러나 한 가지 비밀을 말하면 실제 이 프로그램을 적용시켜 해고를 결정하는 경우가 그리 많지 않다는 사실이다. 대부분 사직을 권유하는 것으로 마무리된다. 그 이유는 이 프로그램의 정당성에 대해 아직 법원이나 고용노동부의 유권해석이 거의 없기 때문이다.[주32] 달리 말하면 기업도 이 프로그램을 적용시켜 해고하는 것에 대해 상당한 부담을 가지고 있다.

① **선택형 프로그램**

세 가지 유형 중 현실적으로 직장인들이 적용받을 가능성이 높은 것이 바로 선택형 프로그램이다. 기업을 자문하는 입장이다 보니 비밀유지 의무가 있어 구체적인 회사명을 언급하기는 어렵지만, 대다수 글로벌 기업들과 국내 대기업이 이 방식을 채택한다고 보면 크게 틀리지 않을 것이다. 특히 상시적 구조조정 프로그램을 도입하려는 회사들은 대부분 이 유형을 선택하는 경우가 많다. 왜냐하면 선택형 프로그램은 퇴출의 목적도 있지만 그에 못지않게 직원들의 업무능력을 높이려는 목적이 포함되어 있고, 상대적으로 다른 유형보다 법적 안정성을 담보할 수 있기 때문이다.

선택형 프로그램은 직원들에게 선택의 기회를 주는 것을 목적으로 하되, 개선의 기회를 충분히 주었음에도 개선이 이루어지지 않으면 아

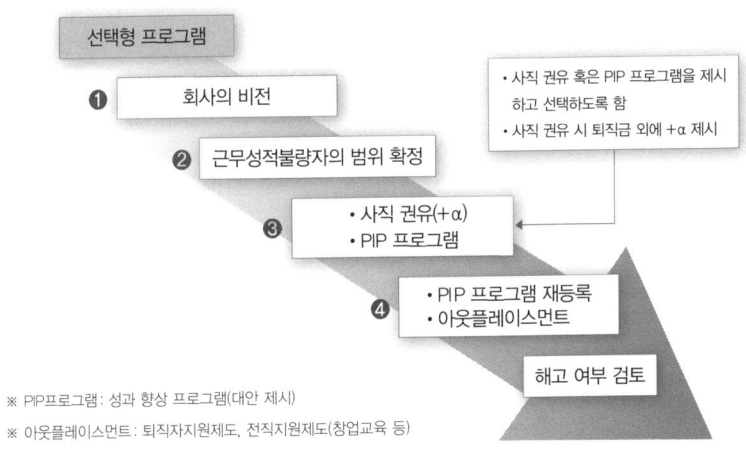

※ PIP프로그램: 성과 향상 프로그램(대안 제시)
※ 아웃플레이스먼트: 퇴직자지원제도, 전직지원제도(창업교육 등)

웃시킬 수 있다.

우선 회사의 비전과 시장환경, 인력 현황을 종합적으로 고려하여 근무성적불량자의 범위를 확정하게 된다. 앞서 잠깐 언급한 GE 방식의 경우에는 하위 10퍼센트를 대상으로 한다.

그다음으로 근무성적불량자로 선정된 직원들은 두 가지 중 하나를 선택할 수 있다. 하나는 일정한 위로금을 받고 사직하는 것이고, 다른 하나는 PIP(Performance Improvement Plan, 성과개선활동) 프로그램을 선택하는 것이다.

PIP 프로그램을 선택하게 되면, 프로그램에 따라 보통 업무개선계획서를 제출하고, 그 과정에서 지속적인 코칭을 받게 된다. 이 과정을 거친 후 다시 평가를 받게 되는데, 그때 회사가 정한 평가 기준에 미달되면 다시 두 가지 중 하나를 선택해야 한다. 하나는 해고도 감수하겠다는 각서를 제출한 뒤 PIP 프로그램을 다시 선택하는 것이고, 다른 하나는 아웃플레이스먼트(outplacement)처럼 전직지원서비스를 받고 사직하는 것이다.

만약 PIP 프로그램을 다시 선택하게 되면 다시 업무개선계획서를 제출하고, 그 과정에서 지속적인 코칭을 받게 되며, 재평가를 받게 된다. 그럼에도 평가를 통과하지 못하면 해고로 이어진다.

이 제도는 절차도 중요하지만 평가 자체가 얼마나 공정하게 이루어지느냐 하는 것도 대단히 중요하다. 이 제도에 대한 표를 살펴보면 다음과 같다.

② **직무조정형 프로그램**

기업이 가장 원하는 프로그램은 바로 직무능력에 떨어진다고 판단되는 직원에 대해 직무 레벨을 낮추고, 낮아진 직무 레벨에 맞춰 연봉을 삭감하는 직무조정형 프로그램이다. 하지만 연봉을 삭감할 경우 직원들의 반발이 거셀 수 있고, 직무 레벨에 따라 연봉을 삭감하는 것이 가능하다는 법원 혹은 고용노동부의 명확한 해석도 없는 상황이다 보니 이를 도입하는 것이 쉽지 않은 실정이다. 이런 이유로 직무조정형 프로그램 자체를 도입하는 것보다 다른 프로그램을 기본 골격으로 해서 이 프로그램의 일부를 적용하는 기업이 많은 것이 현실이다.

이 유형은 현재 맡겨진 직무를 제대로 수행하지 못하는 직원에 한해 직무 레벨을 낮추는 프로그램이다.

근무성적불량자의 범위는 앞서 설명한 선택형 프로그램과 동일하

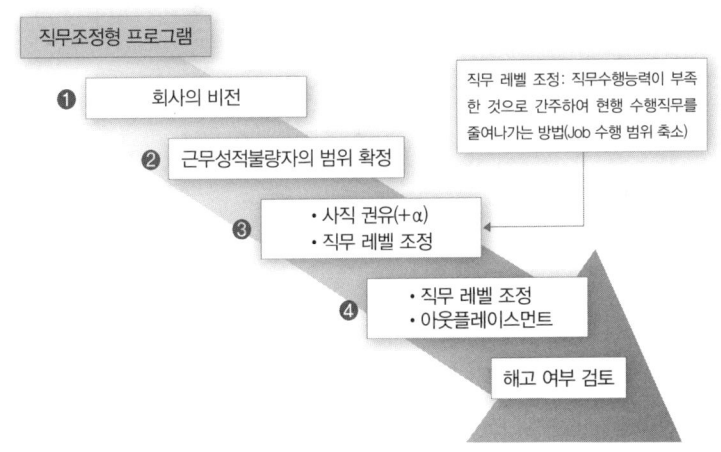

게 회사의 비전과 시장환경, 인력 현황을 종합적으로 고려하여 확정하게 된다. 이렇게 근무성적불량자로 선정된 직원들은 두 가지 가운데 하나를 선택할 수 있다. 하나는 일정한 위로금을 받고 사직하는 것이고, 다른 하나는 직무 레벨 조정을 선택하는 것이다.

만약 대상 직원이 직무 레벨 조정을 선택하게 되면, 낮아진 직무를 부여한 뒤 그 기준에 따라 다시 한 번 평가받는 것을 전제로 한다.

이런 과정을 거쳐 재평가를 받게 되는데, 이때 회사가 정한 평가 기준에 미달될 경우에는 또다시 두 가지 선택 가운데 하나를 선택해야 한다. 하나는 해고도 감수하겠다는 각서를 제출한 후 직무 레벨을 다시 조정하는 것이고, 다른 하나는 아웃플레이스먼트처럼 전직지원서비스를 받고 사직하는 것이다.

만약 직무 레벨을 다시 선택할 경우 다시 업무개선계획서를 제출하고, 그 과정에서 지속적인 코칭을 받고, 재평가를 받게 된다. 그럼에도 평가를 통과하지 못하면 회사는 그 직원을 해고할 수 있다. 이 과정을 표를 통해 살펴보도록 하겠다.

③ 3진아웃형 프로그램

이 유형은 국내 일부 대기업과 공기업이 채택하고 있는 방식이다. 특히 노동조합을 가진 회사에서 도입하는 경우가 많다. 앞서 잠깐 언급한 울산항만공사나 서울시도 이 유형을 기본 골격으로 삼고 있다.

이 유형은 다른 유형보다 프로그램 과정이 더 명확하다. 즉 인사고과에서 D를 3번 받으면 해고시키는 프로그램이다. 일명 3진아웃제라고 한다.

우선 앞서 언급한 것과 동일하게 회사의 비전과 시장환경, 인력 현황을 종합적으로 고려하여 근무성적불량자의 범위를 확정한다. 그다음으로 회사와 직원들이 평가 기준 등에 대해 합의한 후 인사고과에서 D를 받으면 1차 경고를 받고, 또다시 D를 받으면 2차 경고를 받게 되고, 3차로 D를 받으면 자동으로 해고되는 프로그램이다. 하지만 이 프로그램을 도입하여 적용하고 있는 회사의 인사 담당자와 대화를 나눠보면, 실제로 이 프로그램을 적용시켜 해고시키는 경우가 그리 많지 않다고 한다.

D를 연속으로 두 번 받으면, 상사가 그다음에는 D를 잘 주지 않는 이유도 있고, 3번째 D를 받을 것으로 예상되는 직원은 스스로 사직하

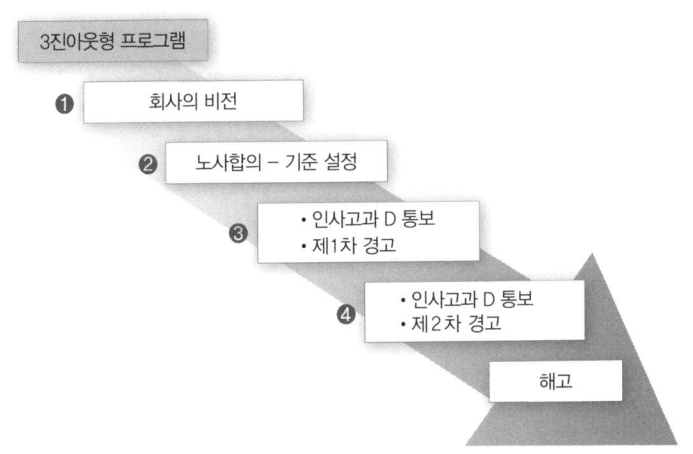

는 경우가 많기 때문이라고 한다. 이 과정을 표로 요약하면 다음과 같다.

앞서 살펴봤듯, 세 가지 유형은 모두 공정한 평가를 전제로 한다. 하지만 이런 프로세스에 대해 아직 법원이나 고용노동부의 해석이 없는 상황이다. 다만 법원은 평가의 공정성보다는 해당 근로자의 개선 의지와 성실함을 중요하게 본다.

따라서 자신이 가짜 인재(人災)로 분류되었다면 종전보다 성실하게 업무에 임해야 하며, 부족하다고 지적받은 사항에 대해 분명한 개선 의지를 보여주는 것이 중요하다.

인사 담당자들로부터 "이번에 본사로부터 GE 방식의 상시적 구조조정을 도입하라는 지시가 내려왔는데, 무엇에 주안점을 두어야 합니까?"라는 질문을 자주 받는다. 그때마다 나는 이런 답을 내놓는다.

"일단 법원은 평가보다 직원의 근태와 개선을 위한 노력을 중시합니다. 따라서 공정한 기준을 가지고 상시적 구조조정 대상자를 선정하고 나서 그들에게 개선의 기회를 준 뒤 개선 여부를 계속 평가하는 것이 중요합니다."

그러면 인사 담당자들은 다시 "개선 절차를 거친다고 해도 전혀 개선이 이루어지지 않으면 해고가 가능하지 않을까요?"라고 묻는다. 그런데 문제는 이 질문에 일률적으로 대답할 수가 없다는 것이다. 왜냐하면 아직 법원과 노동위원회의 선례가 충분하지 않은 상황이기 때문이다. 그래서 이 질문에 대해서는 이렇게 대답한다.

"해당 직원이 얼마나 성실하게 업무에 임했는지, 개선의 의지가 있는지 여부에 따라 구체적으로 따져봐야겠죠."

직장인의 입장에서 보면 상시적 구조조정 대상자가 되었더라도 의기소침해하지 말고, 개선 의지를 확실히 보여주어야 한다. 근태는 기본이고, 개선을 위한 노력으로 어떤 일들을 했는지 구체적으로 증거자료를 마련해두어야 다가올 해고에 대처할 수 있다. 또한 기업도 상시적 구조조정 프로그램을 해고를 위한 수단으로 여기지 말고, 직무에 대한 정확한 정의와 조직 구성원 간의 직무와 목표에 대한 합의, 공정한 평가 등을 전제로 해야 한다. 상시적 구조조정 프로그램을 처음 시행한 GE의 경우 무려 20~30년에 걸쳐 제도를 완성했다고 한다.

구자규 GE 헬스케어 아시아 총괄 사장은 한 인터뷰 기사에서 "한국 기업에서 구조조정통지서가 날아들면 해당 직원들은 '날벼락'을 맞은 것처럼 여기지만, GE 직원들은 당연하게 여긴다. 그만큼 구조조정이 자리를 잡은 것이다. 그런데 국내기업 가운데 일부는 GE의 조직관리 방식에 대해 오해하고 있는 것 같다. 구성원 간의 합의가 이루어지지 않은 상황에서 이런 제도를 도입할 경우 조직원들의 반발과 분열만 일으킬 수 있다"라고 말하면서 "GE는 직원의 성과가 미진한 이유에 대해 일단 해당 직원과 직무의 궁합이 맞지 않거나 직원에 대한 교육이 부족해서라고 본다. 따라서 실적이 미진한 직원에 대해서는 구조조정계획을 몇 차례 통지한 뒤 결국 '해도 해도 안 될 경우'에만 퇴출

시킨다"라고 밝혔다.주33

실제로 잭 웰치는 극한의 경영효율성을 추구했지만 직원이 실수를 저질렀다고 해서 무차별적으로 해고하지는 않았다고 한다. 한 가지 예로 5,000만 달러의 연구비가 투입된 환경친화적인 전구 개발이 실패했으나 관련자를 문책하지 않고 오히려 포상하고 승진시켰다. 큰 도전을 하다가 실패한 것은 기꺼이 용납했던 것이다.

PIP 프로그램의 대상이 되었을 경우 유의해야 할 다섯 가지 사항

상시적 구조조정 프로그램의 대상이 되었다면, 어떻게 대처하는 것이 좋은지 설명하겠다. 앞서 잠깐 말했듯 상시적 구조조정 프로그램은 PIP 프로그램의 개념이 주로 사용되므로, 이를 기준으로 살펴보겠다.

첫째, 대상자 명단에 올랐다고 해서 미리 체념하지 말고 자신을 돌아보는 계기로 삼겠다는 마음가짐이 필요하다. 개선하려는 노력 없이 체념부터 하게 되면 업무에 대한 의욕이 떨어져 그나마 있던 기회마저 잃어버릴 수 있기 때문이다.

직장인들을 상담하다 보면, 의외로 성급한 사람이 많다는 생각이 든다. 1차 PIP 대상이 되면 이미 회사로부터 찍혔으니 열심히 일해도 소용없다는 식으로 좌절하는 직장인이 많다. 좌절감으로 그치면 좋은

데 이런 생각이 업무 태도로 이어진다는 것이 문제다. 그런데 인사 담당자들과 얘기하다 보면, 1차 PIP 대상에 올랐다고 해도 자신의 잘못된 부분을 적극적으로 개선하면 다시 기회가 주어지는데, PIP 대상자가 되는 순간 업무 태도가 나빠지는 직장인이 대부분이라고 한다. 하지만 일단 기회는 남아 있으니 일단 마음을 다잡는 노력부터 하는 것이 정답이다.

둘째, 감정적으로 대처하지 말고 회사가 자신을 PIP 대상으로 선정한 이유를 인사팀이나 상사한테 자세히 물어본 후 앞으로 어떻게 개선해야 할지 코칭을 부탁해야 한다. 이미 대상자에 올랐다면 불평한다고 대상자에서 제외되지 않을 테니 불만보다는 현실을 먼저 받아들이는 것이 좋다.

자문하고 있는 회사의 인사 담당자도 같은 조언을 하는 경우가 많다. PIP 대상자가 된 후 상사에게 적극적으로 코칭을 부탁하고 개선하려는 노력을 보여주는 것이 중요함에도 일부 직원은 평가가 공정했는지 여부만 따지기 바쁘다는 것이다. 만약 평가의 공정성을 따지는 것이 자신한테 유리하다면 그렇게 하는 것이 옳겠지만, 내 경험상 그 시간에 개선하려는 노력을 보이는 게 훨씬 더 유리하다. 회사는 잘잘못을 따지는 직원한테 그리 관대하지 않기 때문이다.

셋째, 일단 지적받은 내용을 앞으로 어떻게 개선할 것인지에 대해 계획을 세우고, 상사나 인사팀에게 개선의 의지를 보여주어야 한다.

PIP 대상자로 선정되면 경고와 함께 경고 사유를 알려주는 경우가 보통이다. 만약 알려주지 않는다면 상사나 인사팀에게 반드시 물어보아야 한다. 그리고 그 이유에 대해 알았다면, 앞으로 어떻게 개선시킬 것인지 고민한 후 이를 일목요연하게 문서로 작성한다. 이 계획서를 상사나 인사팀에 제출한 뒤 계획서에 따라 개선되는 모습을 보이면 가장 효과적이다.

넷째, 개선의 의지가 있다는 점을 상사한테 지속적으로 어필하면서 업무충실도를 높여야 한다. 이를 위해서는 개선의 노력이 담긴 흔적을 이메일 등으로 남겨두는 것이 좋다.

그렇다면 어떻게 해야 개선 의지가 있다는 점을 상사나 인사팀에 적절하게 어필할 수 있을까? 간단하다. 이메일을 활용하는 것이다. 즉 '이런 부분에 대해 경고를 받았는데, 이렇게 개선하기 위해 노력하고 있으며 이 부분에서 실제로 이렇게 개선되었다'라는 내용의 이메일로 보낸 뒤 복사하여 보관해두는 것이 좋다. 왜냐하면 나중에 상사나 인사팀에 어필할 때 구두로만 할 경우 뜬구름 잡는 이야기가 될 수 있으므로, 보관한 이메일을 근거로 상사나 인사팀을 설득하는 것이 가장 효과적이다.

다섯째, 상사가 지시한 업무 가운데 특별히 기한이 정해진 업무의 경우에는 반드시 기한을 지키는 등의 성의를 보여야 한다. 2차 평가에서도 다시 대상자로 선정되는 이유는 대부분 기한이 정해진 업무를 그 시간 안에 해내지 못했기 때문이다.

알다시피 평가는 주관적인 요소가 개입되게 마련이다. 이런 점을 상사나 인사팀도 잘 알고 있다. 그래서 누구나 인정할 수 있는 기준을 갖고 평가하길 원한다. 업무 지시를 내릴 때 기한을 명시하는 것도 이런 이유에서다. 그렇다면 상시적 구조조정 대상 명단에 든 직장인이 할 수 있는 최대한의 노력은 바로 기한을 지키는 것이다.

최소한의 법 지식 다섯 가지는 알아두라

● 직장인들한테 조금 딱딱할 수 있지만 최소한의 법 지식을 알고 있는 것이 향후 직장생활을 하는 데 도움이 될 것 같아서 근로기준법상 해고에 관련된 조항을 살펴보겠다.

① 해고 등의 제한

해고로 어려움을 당한 직장인들을 상담하다 보면, 첫마디가 대개 억울하다는 하소연이다. 물론 억울해서 나를 찾아왔을 것이다. 그런데 합의를 주선하기 위해 인사 담당자와 통화하면 전혀 다른 이야기를 듣게 된다. 회사가 아무 이유도 없이 직원을 해고하지 않는다는 것이다. 그야말로 정반대의 시각을 가진 경우가 많다. 근로기준법상 해고에 관한 규정이 모호하다는 것 역시 하나의 이유가 될 수 있다.

근로기준법 제23조에는 "정당한 이유 없이 해고를 하지 못한다"라고 규정되어 있을 뿐 어디까지가 정당한 이유에 해당되는지 눈을 씻고 찾아봐도 없다. 그래서 해고를 당한 직장인은 해고 자체가 정당한 이유가 없다고 주장하게 되고, 기업의 인사 담당자는 해고가 정당하다고 서로 대립각을 세우게 된다. 그러면 해고 사유가 정당한지 아닌지는 어떻게 판단해야 하는 걸까?

사안에 따라 차이가 있긴 하지만 대개 '사실관계'를 기준으로 판단하는 것이 문제의 소지를 줄일 수 있는 가장 확실한 방법이다. 그러므로 회사에서는 이전의 법원 판례와 노동위원회의 재결례를 살펴보는 경우가 많다.

이 말을 뒤집어 해석하면 회사가 직원을 해고할 때 '명확한 기준'을 가진 경우를 찾기 어렵다는 의미로도 해석이 가능하다. 한마디로 말해 "이 정도는 정당하다" 혹은 "이 정도는 부당하다"라고 일률적으로 말하기가 어렵다는 것이다. 판례를 인용하면 '더 이상 근로관계를 유지하기 어려울 정도의 사유'가 분명히 있어야 한다.[주34]

여기서 더 이상 근로관계를 유지하기 어려울 정도의 사유는 직원과 회사의 신뢰관계 자체가 붕괴되어 근로관계를 유지하기 힘들 정도의 이유를 의미한다.

쉽게 말해 공금을 유용하거나 업무진행을 방해해서 회사에 손해를 끼쳤거나 자주 무단결근과 조퇴를 해서 일을 정상적으로 수행할 거라는 기대를 갖기 힘들다는 의미다. 이렇게 포괄적으로 설명할 수밖에 없는 이유는 사례가 너무 다양하기 때문이다.

근로기준법에 해고 사유를 사례별로 구분하여 명시하지 못한 것도 이런 이유 때문이다.

명확한 기준을 일률적으로 정하긴 어렵지만, 회사의 입장에서 냉정하게 생각해보는 게 대안이 될 수 있다. 만약 내가 사장이라도 '해고는 부당한 결정이다'라고 생각한다면, 해고의 정당성을 다툴 만큼 부당한 일에 얽혀 있을 확률이 높다.

문제는 '당신이 잘못하긴 했지만, 해고는 너무 가혹하다'라고 생각되는 경우다. 근로기준법 제23조를 보면 정당한 이유 없이 해고나 휴직, 정직, 전직, 감봉, 그 밖의 징벌을 하지 못하도록 규정하고 있다. 그런데 해고의 정당성은 어디까지가 정직이고, 어디까지가 감봉이라는 규정이 없기 때문에 결국 행위의 정도를 기준으로 판단할 수밖에 없다. 참으로 어렵다는 생각이 든다. 그래서 노무사나 변호사 같은 사람들이 밥을 먹고 사는 것이다.

참고로 근로기준법 제23조에 업무상 재해, 달리 말하면 산재 기간과 그 후 30일간 또는 산전(産前)·산후(産後)의 여성이 휴업한 기간과 그 후 30일 동안은 해고하지 못하도록 규정하고 있다. 이는 기본적으로 근로자를 보호하겠다는 취지를 갖고 있는데, 이 기간에는 회사의 인사 조치에 대해 방어하기 힘들기 때문에 법으로 보호하는 거라고 생각하면 된다.

> **Tip**
>
> 근로기준법 제27조(해고 사유 등의 서면 통지)
> ① 사용자는 근로자를 해고하려면 해고 사유와 해고 시기를 서면으로 통지하여야 한다.
> ② 근로자에 대한 해고는 제1항에 따라 서면으로 통지하여야 효력이 있다.

② 해고 사유의 서면 통지

근로기준법이 개정되면서 해고 사유를 서면으로 통지하도록 규정하고 있다. 근로기준법이 개정되기 전까지는 가끔 이런저런 해프닝이 발생하곤 했다. 예를 들어 회사는 해고한 적이 없다고 하는데 직원은 부당하게 해고당했다고 노동위원회에 구제신청을 하는 경우가 심심치 않게 있었다.

노동위원회 심판회의에서 직원은 회사가 해고했다고 주장하고, 회사는 해고한 적이 없다고 주장하는 장면을 상상해보면 조금 이상하다는 생각이 들 것이다. 그래서 해고 사유와 해고 시기를 서면으로 통지하도록 근로기준법을 개정한 것이다.

그렇다면 구두로 해고를 통보하면 근로자가 서면으로 달라고 하는 것이 옳은 걸까? 근로기준법은 사용자한테 서면으로 요청하도록 하고 있는데, 일단 회사가 서면으로 해고 통지를 할 때까지 출근하는 것을 원칙으로 한다.

그렇다면 회사에서 서면으로 해고 통지를 하지 않고 구두로만 해고

통지를 했다면 근로자는 어떻게 받아들여야 할까? 일단 근로기준법상 서면으로 통지하도록 되어 있으니, 사직을 권유하는 정도로 받아들여도 무방하다.

③ 해고의 예고

회사가 직원을 해고할 때는 30일 전에 해고 예고를 하거나 30일분 이상의 통상임금을 주고 즉시 해고할 수 있다. 그렇다면 해고 예고 수당을 지급하면 해고해도 되는 것일까?

> **Tip**
>
> **근로기준법 제26조(해고의 예고)**
> 사용자는 근로자를 해고(경영상 이유에 의한 해고를 포함한다)하려면 적어도 30일 전에 예고를 하여야 하고, 30일 전에 예고를 하지 아니하였을 때에는 30일분 이상의 통상임금을 지급하여야 한다.
> 다만, 천재·사변, 그 밖의 부득이한 사유로 사업을 계속하는 것이 불가능한 경우 또는 근로자가 고의로 사업에 막대한 지장을 초래하거나 재산상 손해를 끼친 경우로서 고용노동부령으로 정하는 사유에 해당하는 경우에는 그러하지 아니한다.
> 근로기준법 제35조(예고해고의 적용 예외) 제26조는 다음 각 호의 어느 하나에 해당하는 근로자에게는 적용하지 아니한다.
>
> 1. 일용근로자로서 3개월을 계속 근무하지 아니한 자
> 2. 2개월 이내의 기간을 정하여 사용된 자
> 3. 월급근로자로서 6개월이 되지 못한 자
> 4. 계절적 업무에 6개월 이내의 기간을 정하여 사용된 자
> 5. 수습 사용 중인 근로자

결론적으로 말해 그건 해고 사유의 정당성과는 아무런 관련이 없다. 해고하려면 최소한 30일 이상의 기간을 주거나 30일분 이상의 통상임금을 주라는 의미다.

그렇다면 수습 기간 중에는 해고 예고를 적용하지 않는다고 했는데, 수습 기간이 연장되면 어떻게 되는 것인가? 여기서 수습 기간이란 3개월을 의미한다. 따라서 수습 기간 3개월을 초과하면 해고 예고 기간 혹은 수당을 주어야 한다.

④ 해고 예고의 예외

다음을 보면 여러 유형의 근로자 귀책사유가 있다. 이 정도의 사유라면 해고 예고나 해고 예고 수당을 줄 필요가 없다는 의미다. 그렇다면 다음 사유에 해당되면 해고가 정당한 것이 되는 걸까? 해고 예고의 적용 대상이 된다는 것과 해고가 정당한 것과는 일치하지 않지만 다음의 사유라면 어느 정도 연관이 있다고 할 수 있다.

> 근로기준법 별표: 해고 예고의 예외가 되는 근로자의 귀책사유
> 1. 납품업체로부터 금품이나 향응을 제공받고 불량품을 납품받아 생산에 차질을 가져온 경우
> 2. 영업용 차량을 임의로 타인에게 대리운전하게 하여 교통사고를 일으킨 경우
> 3. 사업의 기밀이나 그 밖의 정보를 경쟁관계에 있는 다른 사업자

등에게 제공하여 사업에 지장을 가져온 경우

4. 허위 사실을 날조하여 유포하거나 불법 집단행동을 주도하여 사업에 막대한 지장을 가져온 경우

5. 영업용 차량운송수입금을 부당하게 착복하는 등 직책을 이용하여 공금을 착복, 장기 유용, 횡령 또는 배임한 경우

6. 제품 또는 원료 등을 몰래 훔치거나 불법 반출한 경우

7. 인사·경리·회계 담당 직원이 근로자의 근무 상황 실적을 조작하거나 허위 서류 등을 작성하여 사업에 손해를 끼친 경우

8. 사업장의 기물을 고의로 파손하여 생산에 막대한 지장을 가져온 경우

9. 그 밖에 사회통념상 고의로 사업에 막대한 지장을 가져오거나 재산상 손해를 끼쳤다고 인정되는 경우

⑤ 경영상 이유에 의한 해고

이번에는 경영상 이유에 따른 해고, 즉 우리가 흔히 얘기하는 '정리해고'에 대해 알아보자.

모두들 정리해고란 단어만 들어도 마음이 편하지 않을 것이다. 당사자는 말할 것도 없고, 기업을 자문하는 내 입장에서도 마음이 편하지 않은 것이 정리해고다. 두 아이를 둔 가장의 입장이 되고 보니 더욱 그렇다. 그래서 기업을 자문할 때도 정리해고보다는 명예퇴직을 하는 쪽으로 의견을 제시하고 있다. 다행스럽게도 기업들도 정리해고보다

는 명예퇴직을 우선적으로 고려하는 경우가 많다.

그런데 주위 사람이 정리해고 대상이 되었다면서 앞으로 어떻게 대처해야 하는지를 물어오면 솔직히 마음이 아프다. 마땅한 대안이 없기 때문이다.

구조조정 과정에서 사직을 권유받은 지인들이 문의해오면 "회사가

> **Tip**
>
> **근로기준법 제24조(경영상 이유에 의한 해고의 제한)**
> ① 사용자가 경영상 이유에 의하여 근로자를 해고하려면 긴박한 경영상의 필요가 있어야 한다. 이 경우 경영 악화를 방지하기 위한 사업의 양도·인수·합병은 긴박한 경영상의 필요가 있는 것으로 본다.
> ② 제1항의 경우에 사용자는 해고를 피하기 위한 노력을 다하여야 하며, 합리적이고 공정한 해고의 기준을 정하고 이에 따라 그 대상자를 선정하여야 한다. 이 경우 남녀의 성을 이유로 차별하여서는 아니 된다.
> ③ 사용자는 제2항에 따른 해고를 피하기 위한 방법과 해고의 기준 등에 관하여 그 사업 또는 사업장에 근로자의 과반수로 조직된 노동조합이 있는 경우에는 그 노동조합(근로자의 과반수로 조직된 노동조합이 없는 경우에는 근로자의 과반수를 대표하는 자를 말한다.
> 이하 '근로자대표'라 한다)에 해고를 하려는 날의 50일 전까지 통보하고 성실하게 협의하여야 한다.
> ④ 사용자는 제1항에 따라 대통령령으로 정하는 일정한 규모 이상의 인원을 해고하려면 대통령령으로 정하는 바에 따라 고용노동부장관에게 신고하여야 한다.
> ⑤ 사용자가 제1항부터 제3항까지의 규정에 따른 요건을 갖추어 근로자를 해고한 경우에는 제23조 제1항에 따른 정당한 이유가 있는 해고를 한 것으로 본다.

명예퇴직을 실시한다고 하면 일단 버텨라. 하지만 회사의 미래가 불투명하거나 이미 명예퇴직 대상자 등에 대해 노사 간의 합의가 이루어진 경우 등 상황이 여의치 않은 경우에는 명예퇴직금을 받고 이직 준비를 하는 것이 낫다"라고 말해준다.

직장인마다 처해 있는 제반 상황이 다르고, 회사의 진행방식도 다양하여 일률적으로 말하기는 어렵지만 이 같은 상황이라면 현실적으로 따져볼 때 그 편이 나은 경우가 많기 때문이다. 하지만 한치 앞도 모르는 것이 사람의 일이니 정리해고에 관한 법조항 정도는 알아두는 것이 여러모로 유용할 것이다.

우선 긴박한 경영상의 필요에 따른 경우를 살펴보면, 이때는 회사가 인력 감축을 해야 할 만큼 재정적으로 어려워야 한다. 최근에는 법원이 경영의 합리화를 위한 부분도 긴박한 경영상의 필요로 점점 더 넓게 인정해주는 경향이 있다.[주35]

기업들에서 정리해고보다 명예퇴직 이야기가 먼저 나오는 이유는 무엇일까? 앞서 살펴본 것처럼 근로자 대표와 협의해야 하고 절차도 까다롭기 때문이다. 그리고 향후 소송가능성도 있고 근로자들의 반발도 있어 정리해고가 쉽지 않기 때문이다. 게다가 정리해고 요건 가운데 중요한 부분이 바로 해고 회피 노력인데, 명예퇴직도 해고 회피 노력의 하나로 인정되기 때문이다.

그렇다면 앞서 언급한 절차만 밟으면 해고는 언제든 정당화될 수 있는 걸까? 이 문제는 결국 각각의 사안에 따른 판단의 문제라고 할 수 있다. 얼마나 긴박한가, 얼마나 성실히 협의했느냐, 얼마나 해고를 회피하기 위해 노력했느냐 등을 종합적으로 살펴보아야 할 것이다.

4

직장인을 위한
패자부활전,
회사의 속마음
을 파악하라

"회사는 강자, 직장인은 약자라는
고정관념을 깨면 탈출구가 보인다"

구조조정 대상이 되었다면, 먼저 회사의 입장에서 생각해보라

● 직업상 국내 대기업의 인사 담당 임원들을 자주 만난다. 그런데 그들과 이야기를 나누다 보면 공통적으로 하는 말이 있다. "신입사원 시절에는 두 눈을 감고 두 귀를 닫은 채로 직장생활을 하는 경향이 있다"는 것이다. 신입사원 시절에는 다른 사람은 물론이고 자신의 생각조차 제대로 파악하지 못한다. 그러다가 3~5년이 지나 대리 직함을 달고, 과장급이 되면 자기 자신은 보이는데 아직 다른 사람들의 생각을 잘 읽지 못한다. 그래서 이때가 가장 오해도 잦고 뒷담화도 많다고 한다. 부장급으로 올라가면 그때부터는 나 자신은 물론이고 다른 사람의 생각까지 읽을 수 있는 수준이 된다. 비로소 진정한 관리자로 거듭나는 것이다. 그 임원의 이야기를 듣는 동안 고개가 절로 끄덕거렸다. 내가 지금껏 만난 임원들은 하나같이 '사람 보는 눈'이 탁월했다.

첫인상만 보고도 '이 사람은 이럴 것이고, 저 사람은 저럴 것이다'라고 예상할 수 있다고 했다. 그리고 대부분의 경우 예상과 맞아떨어졌다고 한다. 직장생활을 오래해 경험이 많기 때문에 그렇기도 하지만 보다 본질적인 이유는 '보는 눈높이'가 달라졌기 때문이다.

신 이사는 전 직장에서 문제가 있어 고생하다가 과감하게 회사를 박차고 나와 자기 회사를 차린 사람이다. 처음에는 두 명의 직원으로 조촐하게 사업을 시작했지만, 런칭한 제품이 제법 성공을 거두면서 추가로 다섯 명의 신규 직원을 들였다고 했다. 그런데 새로 채용한 직원 중 한 명이 자기 역할을 제대로 못해 고민에 빠졌다. 신 이사 나름대로는 충고도 해보고 동기부여도 해봤지만 달라지는 것이 없었다.

새로운 사업을 런칭한 상황이라 한 사람 한 사람이 각자 자기 역할을 다해주지 못하면 회사가 제대로 굴러가기 어려운데, 새로 들어온 김 대리는 방전된 배터리처럼 무기력하고 의욕 없이 직장생활을 해서 보는 사람마저 맥 빠지게 만들었다. 처음 입사했을 때는 열심히 배우고 노력하는 모습에 기대가 컸던 직원인데, 요즘 들어 무슨 이유인지 '이래도 그만 저래도 그만'이라는 태도로 성의 없이 일했다. 신 이사는 김 대리를 불러놓고 이런저런 말로 타이르기도 했다.

"김 대리, 요새 회사에 무슨 불만이라도 있나? 일하는 태도가 예전 같지 않아."

"나름대로 열심히 한다고 생각하는데, 그렇지 않다고 느끼셨다면 죄송합니다."

대화를 나눈 뒤에 김 대리의 태도에는 전혀 변화가 없었다. 급기야 신 이사는 김 대리가 괘씸하다는 생각마저 들었고, 계속 이런 상태라면 더는 참기 어려울 지경에까지 이르렀다.

한편 김 대리는 이사님과 부장님이 자신에 대해 부당한 선입견을 가지고 있다고 생각했다. 하루 결근한 적이 있는 건 사실이지만 평소 성실히 일했는데, 그날 이후로 만년 근태불량 직원처럼 취급한다고 여긴 것이다. 또한 회사 정책도 일관성이 없다고 생각해 불만을 품고 있었다. 차별받고 있다고 생각하니 일에서 능률이 떨어지는 것은 당연한 일이었다. 면담을 통해 김 대리의 속마음을 알게 된 신 이사는 깜짝 놀랐다고 한다.

이런 문제는 비단 신 이사와 김 대리만의 문제가 아니다. 임원과 직원의 서로 상반된 평가는 자주 등장하는 골칫거리 중 하나다. 양쪽의 시각이 다른 것은 무엇 때문일까? 임원급으로 올라갈수록 숲을 먼저 보는 반면, 직급이 낮은 직원들은 나무를 보는 경향이 강하기 때문이다. 임원이 되면 개별적인 사안 하나하나보다는 전체적인 그림을 보게 된다. 그렇다고 해서 개별 사안을 보는 안목이 떨어졌다는 말은 아니다. 오히려 전체 맥락을 파악하고 보기 때문에 더 날카로운 눈썰미를 갖게 된다. 그래서 임원들은 직원들이 생각하는 것보다 더 정확하고 객관적으로 직원들의 업무 태도와 능력을 파악하고 있다.

한편 직원들은 자신이 담당하고 있는 직무 범위 내에서만 조직을 바라보기 때문에 자기 입장을 주관적으로 보는 경우가 많다. 특히 대리급에서 이런 경향이 두드러진다. 일한 지 3~5년차가 되면 보통 대리를 다는데 업무를 전반적으로 알고 있긴 하지만 어설프게 알고 있다. 그럼에도 자신이 '다 알고 있다'고 착각하는 경우가 많은데, 그런 이유로 유독 대리급 중에 자만심에 빠진 헛똑똑이가 자주 눈에 띈다. 과장이나 부장보다 자신이 더 잘할 수 있다는 자만심에 빠져 지내기 때문이다.

다시 김 대리의 이야기로 돌아가자. 나는 신 이사에게 업무와 코칭을 병행하면서 김 대리 스스로 개선할 수 있는 기회를 주는 것이 어떻겠느냐고 조언해주었다. 그리고 이주일이 지난 뒤 신 이사로부터 연락이 왔다. 그는 그동안 있었던 일들을 설명하면서 한참 하소연을 늘어놓았다.

"입장이 달라도 이렇게 다를 수가 있나요? 내가 김 대리를 평가한 부분과 김 대리 스스로 자신을 평가한 부분을 비교해보니 하늘과 땅 차이가 나더라고요. 그 친구는 지각 1~2번 정도하고, 업무 기한도 잘 지켰다고 생각하더라고요. 하지만 확인해본 결과 전혀 그렇지 않았어요. 직속상사인 박 과장을 통해 확인한 것만 해도 지각이 한 달에 5번이 넘고, 업무 기한을 지키지 못한 것도 수차례더군요."

그러고 나서 이런 말을 덧붙였다.

"이상하죠. 임원이 되고 팀원을 평가하는 입장이 되고 보니 말하지 않아도 김 대리가 어떤 생각을 하는지, 어떤 자세로 업무에 임하는지 그냥 느껴집니다. 출퇴근도 체크하려고 해서 한 게 아니라 가만 있어도 여러 통로를 통해 이야기가 내 귀에까지 들려옵니다."

나 역시 자주 경험하는 일이지만, 평가하는 사람과 평가받는 사람의 시각은 하늘과 땅만큼이나 차이가 난다. 결국 신 이사는 김 대리에게 지각하고 조퇴한 날짜를 기록한 박 부장의 노트를 보여주었다고 한다. 그러자 김 대리는 놀란 눈빛으로 기억이 나지 않는다며 발뺌을 했고, 이런 모습에 화가 난 신 이사는 김 대리를 징계 조치하는 것으로 결정을 내렸다.

혹시 회사가 당신의 성과나 근무 태도, 출퇴근 현황을 잘 모를 거라고 생각하는 사람이 있을지 모르겠다. 하지만 이제까지 만난 직속상사와 인사 담당자가 공통적으로 하는 이야기를 들어보면 이렇다.

"직원들은 회사가 자신을 몰라준다고 하는데, 그건 정말 잘못된 생각이다. 오히려 직원들 자신보다 회사의 상사나 인사팀은 당신의 근무 태도나 성실성, 업무성과를 더 잘 파악하고 있다. 그러니 잔꾀부리지 말고 성실하게 직장생활을 해야 한다."

결론적으로 말해 자기 자신은 속일 수 있을지 몰라도 상사와 인사 담당자는 속일 수 없다.

게다가 회사의 상사와 인사팀은 대체로 연차에 따른 경험이 축적되다 보니 부하직원의 생각과 업무에 대한 열정을 정확하게 파악하고 있는 경우가 많다. 특히 규모가 작은 중소기업의 경우 더욱 그렇다.

특히 인사팀을 이끄는 사람은 다른 부서 팀장들의 평가내용을 공유하는 관계로 개개인의 직무능력과 업무성과를 정확히 파악하고 있어 회사가 잡아야 할 핵심 인재와 퇴출시킬 인재(人災)를 구분해놓고 있는 경우가 많다. 핵심 인재의 경우 따로 분류하여 그들의 장래 발전가능성에 무게를 두고 지속적으로 관리하는 반면에 인재(人災)도 목적만 다를 뿐 지속적으로 관리한다.

그리고 이런 정보를 바탕으로 인사 조치 등을 하는 데 있어 직장인이 생각하는 것보다 세밀하게 미리 계획을 세워 분쟁에 대비한다. 한마디로 말해 상사와 인사 팀장은 직원들의 행동을 유심히 관찰하면서 그들의 움직임을 예상해보기도 한다.

그런데 직원이 예상과 달리 법적으로 이의제기 등을 언급하면 회사도 생각이 달라지는 경우가 있다.

나는 기업에게 조언을 해주건 근로자에게 조언을 해주건 하나의 원칙을 지키려고 노력한다. 노동위원회나 법원을 통해 해결하기에 앞서 당사자끼리 최선을 다해 협의하고 또다시 협의해보라고 조언한다. 물론 협의가 되지 않은 경우 법적 절차에 따라 근로자는 당연히 보호를 받아야 한다고 생각한다. 하지만 법적 절차는 말 그대로 최후의 단계다. 법적 대응에 앞서 우선 회사의 인사 조치에 대해 자기 자신을 되돌아보는 시간을 갖길 권한다. 이때는 자신이 사장이라고 생각한 뒤 자신의 직장생활을 되돌아보는 시간을 가져라. 그런 시간이 갖고 나서 회사와 다시 대화를 시도했음에도 합의점에 도달하지 못한다면, 소송을 부추기는 누구의 말도 듣지 말고 눈을 감은 후 자기 자신에게 무엇을 원하는지 묻고 행동해야 한다.

| 회사의 인사 조치에는 그 나름의 이유가 있다 |

동창 모임에 나가면 친구들이 은근슬쩍 물어오는 단골 질문이 있다. "직원은 아무 잘못도 없는데 회사가 직원을 권고 사직시키려는 경우가 많이 있어?" "특별한 이유도 없이 갑자기 해고당하는 경우도 있지?"

마흔 고개를 넘어가면서 이런 종류의 질문이 부쩍 늘었다. 코앞에 닥친 일이 아니더라도 주변에서 심심치 않게 이런 일을 목격한 뒤 불안한 마음이 들어 물어보는 것이다. 이때 너무 솔직하게 말하면 기분이 상할 것 같아서 대충 얼버무리고 넘어갈 때가 많다.

그런데 솔직히 말하면 회사가 직원을 아무 이유 없이 해고하거나 사직을 권유하는 경우보다는 직원한테 문제가 있어 해고하거나 사직을 권유하는 경우가 많은 것이 현실이다. 다만, 직원이 가진 문제가 해고를 하거나 사직을 권유할 정도로 중대한 것인지 여부가 저마다 다를 뿐이다.

경영진의 교체 등에 따라 자신의 능력과 무관하게 사내정치의 희생양으로 조직을 떠나야 할 처지가 되는 경우도 있고, 자신의 잘못이 아님에도 누군가 총대를 짊어져야 하는 상황도 발생한다. 하지만 상황이야 어찌 되었든 간에 자신을 되돌아보는 기회로 활용하는 것이 앞날을 위해서도 더 이득이다.

가끔 지인들을 통해 상담을 요청해오는 직장인이 있다. 그들의 억울한 사연을 듣다 보면 안타까운 마음이 앞선다. 하지만 10년 넘게 이일을 하면서 느낀 점은 회사로부터 인사 조치를 받은 대다수의 직장인은 경중의 차이는 있을지 몰라도 어느 정도의 문제가 있었다는 것이다. 그래서 상담을 마칠 때쯤 이런 말을 덧붙인다.

"억울한 생각이 들긴 하겠지만, 이번 기회를 통해 직장생활을 한번 되돌아보는 것도 좋을 것 같습니다. 그리고 억울한 부분에 대해서는 회사와 다시 한 번 협의해보십시오. 모든 노력을 다했음에도 안 되면 그때 가서 법적인 부분을 검토해보겠습니다."

억울하다는 것과 반성한다는 것은 별개의 문제다. 자신에게 불이익을 가져다주는 인사 조치가 있었다면, 일단 억울하다고 울분만 토해낼 것이 아니라 미래의 직장생활을 위한 반성의 기회로 활용해보자. 그리고 곰곰이 생각해본 뒤 자신한테도 일부 잘못이 있었다면 개선의 의지를 적극적으로 어필하는 것이 좋다. 작심하고 내보내려고 했던 게 아니라면 회사에서도 다시 한 번 기회를 줄 것이다. 최선을 다해 개선하려는 노력을 보였음에도 이를 인정해주지 않거나 아예 개선의 기회조차 주지 않는 회사라면 심각하게 이직을 고려해보아야 한다.

변심은
빠를수록 좋다

● 직장생활을 하면서 여러 가지 이유로 자신의 노력과 행동에 관계없이 인재(人災)로 찍혀 어려움을 겪을 수도 있다. 이때는 다음 이야기를 기억해둘 필요가 있다. 〈라이언 일병 구하기〉는 영화 제목이다. 이 영화는 전장 속에 있는 라이언 일병을 구해 집으로 돌려보내는 것을 주요 내용으로 하고 있다. 좀 다른 경우지만, 어려움에 처해 있는 직장인을 라이언 일병으로 명명하여 그 사람을 구해내는 일을 한번 가정해 보기로 하겠다.

여자의 변신은 무죄라고 한다. 때로는 직장인의 변심도 무죄(?)인 경우가 있다. 특히 감정적으로 사직서를 낸 경우가 그렇다. 여러 가지 이유로 가슴에 품었던 사직서를 제출하고 나면 처음에는 속이 후련할지도 모른다. 하지만 가족들의 얼굴이 머릿속에 떠오르는 순간 돌연 후회가 물밀듯 밀려올 수 있다. 만약 그렇다면 회사가 사직서를 수리했다고 통보하기 전에 재빨리 사직서를 철회하겠다고 선언하는 것이 좋다. 최근에 상담했던 사례를 보면서 왜 그렇게 해야 하는지 깨닫게 되길 바란다.

중견 IT 업체에서 비서로 일하던 30대 초반의 이 대리는 몇 달 전에 회사로부터 3개월 치의 위로금을 받고 사직서를 냈다. 두 달 전에 사장이 교체되었는데, 그는 전 사장의 비서였던 이 대리와 일하는 걸 껄끄러워했다고 한다. 이 대리 역시 새로운 사장의 속마음을 눈치 채고는 있었지만 서른이 넘는 나이에 비서로 재취업하기가 어려울 거라고 생각해서 그냥 모른 척했다. 한 달쯤 기다려 봐도 이 대리가 알아서 나갈 낌새를 안 보이자 인사부서에서 조용히 이 대리를 불렀다. 3개월 치 위로금을 챙겨줄 테니 이쯤해서 그만 정리하라는 이야기였다. 이 대리는 억울해서 그렇게는 못 하겠다고 버텼다. 그날 이후로 파란만장한 직장생활이 펼쳐졌다.

"며칠까지 이거 해라 저거 해라 아주 작정을 하고 피를 말리더라고요. 밤을 새서 업무를 기한 내에 끝내면 딱히 무엇이 잘못되었다는 말도 없이 그냥 다시 해오라고 하더군요. 결국 버티는 데도 한계가 있어 오늘 인사 팀장한테 전화를 걸어 잠깐 얘기 좀 할 수 있겠느냐고 했어요. 30분 정도 지나 회의실에서 만났는데, 너무 화가 나서 꼭 이렇게까지 하셔야 했느냐고 따지다가 갑자기 '그만두겠다'라는 말이 튀어나와 버렸어요. 원래 그런 말을 하려던 게 아닌데…."

이 대리의 경우처럼 직장인들을 대상으로 상담하다 보면 너무 쉽게 포기한다는 생각이 들 때가 많다. 물론 작정하고 괴롭히는 상사 아래 있으면 하루가 일 년처럼 생각될 정도로 힘들겠지만 감정적으로 대응하고 회사를 나온다고 해서 뾰족한 수가 있는 것도 아니다. 잠깐 동안이야 속이 시원하겠지만 그건 잠깐이고, 후회는 길다.

대다수의 직장인은 이런 상황에 부딪치면 이 대리처럼 감정적으로 대응한다. 인사 담당자가 노리는 것도 바로 이런 것이다. 순간적으로 감정에 치우쳐 "이놈의 회사 그만두겠어"라고 말하길 기다리는 것이다. 이 대리는 그렇게 내뱉고 나서 '아차' 했다고 한다. 그 소리가 나오자마자 인사 팀장이 기다렸다는 듯 바로 사직서를 들이민 것이다.

이미 내뱉은 말이라 번복하자니 우스운 사람처럼 보일 거고, 그 순간만큼은 회사에 오만정이 떨어져 바로 사인했다는 것이다. 하지만 이 때 이 대리가 놓친 중요한 사항이 있다. 바로 사직서에 사인하는 순간, 이 대리의 권리도 사(死)직하게 된다는 것이다. 사직서를 쓰고 나면 설령 법원이나 노동위원회에 부당해고라고 주장하더라도 승소가능성이 상당히 낮아진다. 그것도 현저히 낮아진다. 달리 말하면 사직서에 사인하는 순간 회사의 승소가능성이 높아진다. 그것도 상당히 높아진다.

그래서 이 대리한테 부당하다고 생각했다면 왜 사직서를 철회하지 않았느냐고 물어보았다. 이 대리의 대답은 이랬다.

"인사 팀장이 나한테 고마워하라고 하더군요. 정말 어렵게 3개월 치 월급을 회사에서 얻어낸 거라고 하면서요. 듣고 보니 이왕 나가게 된

거 3개월 치라도 받아가니 다행이다 싶어 바보처럼 고맙다고까지 했어요. 그리고 집으로 가는 도중 인사 팀장한테서 사직서가 수리되었다는 문자가 오더라고요."

여기서 하나 더 짚고 넘어갈 사항이 있다. 왜 인사 팀장은 서둘러서 사직서가 수리되었다고 문자를 보냈을까? 그렇다. 사직서의 효력은 사직서를 제출한 시점이 아니라 사직서가 수리되었다는 통보를 받은 시점이기 때문이다. 이 대리는 이 문자를 받기 전까지는 사직서를 철회할 수 있었다. 그것도 합법적으로 말이다!

그렇다면 이 대리에게 필요했던 것은 무엇일까? 바로 인사 팀장보다 빠른 문자 스피드!!

당신은 여기서 회사가 숨기고 싶은 불편한 진실을 하나 더 알게 되었을 것이다. 직장인의 빠른 변심은 무죄라는 것을…. 사직을 강요받아 어쩔 수 없이 사인하고 나서 후회된다면, 회사가 사표를 수리하기 전에 일단 철회부터 하고 봐라. 그래야 구제할 수 있는 길도 생긴다.

| 뒷주머니에 넣어둔 사직서보다 마음속 사직서부터 찢어버려라 |

직장인은 하루에도 몇 번씩 사직서를 쓴다고 한다. 그리고 사직서를 품에 안고 다닌다고 한다. 정말 그런가? 그렇다면 당장 그 사직서를 찢어버려야 한다. 그것도 지금 당장 말이다!

그 이유가 뭔지 모르겠다면, 이 대리의 이야기를 좀 더 들어보자. 나는 이 대리한테 7년 넘게 다녔는데 왜 3개월 치의 위로금밖에 못 받느냐고지 물었다. 그러자 이 대리의 대답은 이랬다.

"그게… 사직서를 내고 나니깐 이제 끝났구나 하는 생각이 들어서 더 말할 기분이 안 들더라고요."

위로를 받아도 모자랄 이 대리를 탓해서 뭐하겠는가. 그 마음이 어땠을지 충분히 이해된다. 그런데 이것 하나는 잊어선 안 된다. 사직서는 정말 최후에 던져야 한다. 왜냐하면 사직서를 내는 순간, 대부분의 직장인은 더 이상 협상할 수 없을 정도로 포기 상태에 들어가는 경우가 많기 때문이다.

여기서 하나 더 생각해볼 사항이 있다. 이 대리가 사직서를 내지 않았을 경우와 사직서를 낸 경우를 비교할 때 어느 쪽이 합의금을 더 많이 받아낼 수 있을 것 같은가? 사직서를 내지 않은 경우가 사직서를 낸 경우보다 훨씬 더 많은 액수의 합의금을 받을 수 있다.

비단 이 대리뿐 아니라 직장인이라면 누구나 하루에도 몇 번씩 사직서를 쓴다고 한다. 그만큼 스트레스가 심한데, 때로는 상사나 동료와의 갈등으로 입술이 터질 정도로 입을 악물어야 한다. 그래서 사직서를 쓴 뒤 뛰쳐나가고 싶다는 생각이 간절하다. 하지만 가족들 얼굴이 떠오르고 생활도 걱정되고… 이런저런 이유로 차마 제출하지 못할 뿐이다.

이런 마음을 상사가 모를 거라고 생각하는가? 그도 그런 과정을 수십 번 겪었을 것이다. 그런데 문제는 사직서를 뒷주머니가 아니라 마음에 두고 직장을 다니는 사람들이다. 인사를 담당하는 한 임원이 한 말이 생각난다. 핵심 인재로 분류된 직원이 회식자리에서 사직서를 쓰겠다고 해서 간신히 뜯어말려 실제로 사직서를 쓰는 사태까지 가지 않았다고 한다. 그런데 그날 이후로 그 직원은 조금만 힘들면 회사를 그만두겠다는 소리를 달고 살더라는 것이다. 화가 난 임원은 그를 불러 한마디 했다고 한다.

"회사는 한 번은 잡지만 두 번은 잡지 않네. 회사에서 핵심 인재로 계속 성장하고 싶다면 절대 하지 말아야 할 소리가 있는데, 바로 그만두겠다는 말이라네. 그 소리는 절대적으로 마이너스이니 다시 할 생각이면 이번엔 진짜로 사직서를 내고 다른 회사로 가게. 회사에서 성공하고 싶은 사람은 마음속 사직서부터 찢어야 하네. 그 정도로 회사에 대한 비전이 없다면 차라리 깨끗하게 떠나게. 사직서를 마음에 담고 어떻게 제대로 일을 할 수 있겠나?"

그 후로 그 직원은 회사를 그만두겠다는 소리를 절대 입 밖으로 내지 않았다고 한다. 마음속 사직서를 써서 다니는 순간부터 직장생활은 생지옥이 된다. 그럴 바에는 사직서를 종이에 써서 뒷주머니에 넣고 다니는 것이 낫다. 가상으로 사직서를 써보면서 자신이 처한 상황을 객관적으로 생각해볼 기회가 가질 수 있고, 그 과정을 통해 사직서를 찢어버리고 새롭게 마음을 다잡든 회사에 제출하든 양자 간에 결정을 내릴 수 있기 때문이다. 마음속 사직서는 그저 아까운 시간만 허비할 뿐이다.

| 세상에 쿨한 사직은 없다 |

다시 이 대리의 이야기로 돌아가보자. 나는 이 대리한테 사직서가 수리된 상황에서 부당해고 구제신청을 하기 어렵다는 점을 말해주면서 사직서를 제출한 이후 어떻게 행동했는지를 물어보았다. 사직서를 제출한 것이 회사의 강요에 따른 것인지, 이 대리의 의사에 따른 것인지를 입증하는 데 사직서 제출 후의 행동이 중요한 증거자료가 되기 때문이다.

이 대리는 사직서를 제출하고 나서 '모든 게 끝났구나'라는 생각이 들었지만 직장동료들한테는 쿨한 모습을 보이고 싶어 사무실에 잠깐 들렀다고 한다. 그리고 사무실에 도착하자마자 동료들에게 작별인사를 이메일로 멋지게 작성해 보냈다.

> 그동안 짧지 않은 기간 직장생활을 하는 데 많은 도움을 주셔서 감사드립니다. 저는 새로운 기회를 찾아 회사를 떠납니다. 여러분과의 추억을 잊지 않고 마음에 간직하겠습니다. 그리고 한 가족이었다는 사실을 자랑스럽게 여기며 살겠습니다. 그동안 부족한 저를 보살펴주셔서 감사드립니다. 한 분 한 분 찾아뵙고 인사드리고 싶지만, 사정이 여의치 않아 이메일로 감사의 마음을 전하는 것을 양해해주시기 바랍니다. 그동안 감사했습니다.

쫓겨나는 마당이지만 감사의 이메일을 보내고 멋지게 퇴장하는 이 대리의 모습은 참으로 쿨했다! 그런데 만약 나라면 이런 이메일은 절대 보내지 않았을 것이다. 강요에 따른 사직서를 낸 경우라면, 이런 이메일은 절대 보내선 안 된다. 불행하게도 이 대리의 경우, 이미 사직서가 수리되었고 큰 금액은 아니지만 위로금까지 받아서 법적인 이의제기를 하더라도 승산이 없어 다행(?)이지만, 그런 상황이 아니라면 이런 이메일은 독약이나 마찬가지다.

퇴직 후 시간이 흐르면서 이성적으로 생각하게 된 이 대리가 억울함을 호소하기 위해 노동위원회에 부당해고를 주장한다고 가정해보자. 노동위원회는 가장 먼저 사직이 강요에 따른 것인지를 주요 쟁점으로 살펴볼 것이다. 그리고 머지않아 이 대리는 회사 측에서 제출한 입증 서류를 보고 부당해고 구제신청을 접어야 할 것이다. 도대체 무슨 서류냐고?

회사는 사직이 강요에 따른 것이 아니라 이 대리의 자유의사에 따른 것이라는 점을 입증하기 위해 이메일을 입증서류로 제출할 것이다. 그것도 친절하게 '저는 새로운 기회를 찾아 회사를 떠납니다'라는 내용에 밑줄까지 쳐서 말이다.

| 사직을 권유받았다면, 이제부터 시작이다! |

결국 이 대리는 회사를 떠나게 되었지만 여기서 우리는 당시의 상황을 좀 더 면밀히 살펴볼 필요가 있다.

왜 인사 팀장은 이 대리한테 3개월 치의 합의금을 제안했을까? 잘 모르겠다면 시간을 돌려서 이 대리가 다녔던 회사의 대표이사 방으로 잠입해보자.

대표이사: 같이 일을 못 하겠다고 여러 번 알아듣도록 얘기했는데… 내 말을 듣고도 별 반응이 없어. 인사 팀장, 자네가 알아듣도록 얘기 좀 해보게.

인사 팀장: 요즘 취업하기도 어렵고, 그 친구도 생각이 복잡할 겁니다. 얼마라도 줘서 내보내야 할 것 같습니다.

대표이사: (잠시 침묵이 흐른 뒤) 어느 정도를 줘야 하는 건가?

인사 팀장: 그래도 7년 이상 일했으니 6개월 치는 줘야 하지 않을까요? 어차피 1개월 치는 법적으로 해고 예고 수당을 주는 것이니 사실상 5개월 치의 월급을 더 주는 셈이죠.

대표이사: (결정하기 어려운 듯) 꼭 그렇게 줘야 하나?

인사 팀장: 나중에 직원이 강요에 따른 사직이었다고 노동위원회나 법원에 구제신청이라도 하게 되면, 위로금을 준 사실이 법적으로도 유리합니다.

대표이사: 법적으로도 유리하다고? 그건 왜 그런 건가?

인사 팀장: 사직이 강요에 따른 것이 아니라는 것을 추정하도록 하기 때문입니다. 달리 말하면 본인이 합의금을 받고 퇴사하는 것이 유리하다고 판단해 사직을 선택한 것으로 회사가 주장할 수 있다는 겁니다.

대표이사: 그래? 그렇다면 어쩔 수 없지. 아까 6개월 치라고 했지? 여하간 인사 팀장이 잘 얘기해서 그 범위는 넘지 않게 해봐.

인사 팀장: 알겠습니다. 일단 3개월 치부터 시작해보겠습니다. 물론 6개월

은 넘지 않도록 하겠습니다. 그 친구가 나중에 법적으로 이의를 제기하면 그걸 막는 데 이 정도 이상의 돈은 듭니다.

대표이사: 알았어. 그렇게 하라고. 그리고 철저히 보안을 유지하게. 나중에 다른 직원들이 알면 회사의 좋지 않은 선례를 남기게 되니까 말이야.

대부분의 직장인은 회사가 제안한 합의금의 성격을 잘 모른다. 당신은 어떠한가? 앞의 대화에서 회사가 제시하는 합의금의 성격을 조금은 짐작할 수 있을 것이다.

그렇다. 회사는 자선단체가 아니다. 회사가 당신한테 합의금을 제안하는 데는 분명한 이유가 있다.

회사가 제시한 합의금의 성격 = 해고 예고 수당(1개월) + 당신이 법적으로 이의를 제기할 경우의 방어비용 + 사직이 회사의 강요가 아니라는 것을 입증하는 부담감 + 법적 방어를 위한 번거로움

나는 이 대리한테 가정한 내용이지만 이 이야기를 들려주었다. 물론 그래선 안 되겠지만 새로운 직장이라고 이런 일이 없으리라는 보장이 없기 때문이다.

그러자 이 대리는 "냉정했으면 좀 더 받을 수 있었다는 얘기네요. 인사 팀장이 나를 위해 회사를 설득해 간신히 3개월 치를 얻어낸 것이라고 생각했는데 말이죠. 그중 1개월 치가 해고 예고 수당이라면, 결국

겨우 2개월 치 더 받은 거네요. 참나!!"라며 땅을 쳤다.

　안타까운 이야기지만 이 대리의 경우 합의금을 받는다는 전제하에 사직서를 제출했고, 수리까지 끝난 상황이므로 뒤늦게 노동위원회나 법원에 이의를 제기한다고 해도 승소가능성은 10퍼센트도 채 되지 않는다. 모르면 눈뜨고도 코 베어 가는 세상이지만 알면 대처할 방법이 보인다. 그러니 회사가 아무리 치사하게 나온다고 해도 감정적으로 대처하지 말고 여러 방안을 강구해본 뒤 신중하게 움직여라.

| 직장인은 스스로 무너진다 |

상담해준 지 한 달이 지난 어느 날, 이 대리와 점심식사를 할 일이 생겼다. 혹시나 했는데 역시나, 이 대리는 구직사이트를 뒤지며 왜 그렇게 빨리 사직서를 냈는지 한숨을 쉬고 있었다. 이 대리가 다시는 그런 실수를 하지 않도록 여러 가지 상황에 대해 조언을 해주었다. 앞으로 다른 직장에 다니더라도 같은 실수를 하지 저지르지 말라는 의미에서 과거 어떤 상황이었는지 경험에 비춰 설명해주었다. 특히 감정적으로 사직서를 내기 바로 전 상태를 가정하여 이 대리가 잘못된 선택을 했음을 알려주었다. 내 경험상 이 대리가 사직서를 제출하기 전에 이런 상황이었을 것이다.

대표이사: 해고도 안 된다. 3개월 치 월급도 싫다. 대체 어떻게 하겠다는 거야?

인사 팀장: 압력을 가하면 알아서 그만둘 겁니다. 일단 최악의 경우 해고까지 생각해보아야 하니, 기한을 정해 일을 주고 기한이 조금이라도 늦으면 경고하십시오.

대표이사: 매일 얼굴을 보면서 일하는데 어떻게 볼 때마다 경고를 주나? 좀 더 현실적인 대안은 없나?

인사 팀장: 모든 지시와 경고를 이메일로 하시면 됩니다. 나중에 그것은 입증서류가 되기도 하고요. 하지만 압력을 가하기 시작하면 대개 스스로 정리합니다.

대표이사는 이 대리의 사직을 유도하기 위해 기한이 빠듯한 업무를 수시로 부여하고 기한을 조금이라도 어기면 이메일로 경고했다.

'오늘 오전까지 지시한 사항을 고의적으로 어기고 직무를 태만하게 했으므로 서면경고합니다. 내일 오전까지 다시 제출하기 바랍니다. 만약 이번에도 기한을 어기면 부득이하게 인사 조치를 할 수밖에 없습니다.'

어차피 기한을 맞춘다고 해도 이 대리는 다음과 같은 이메일을 받게 될 것이다.

'리포트 내용이 너무 부실합니다. 성의 없는 리포트는 업무 지시 불이행에 해당합니다. 개선하지 않으면 인사 조치하겠습니다.'

이쯤하면 웬만한 직장인은 '더럽고 치사해서 나가주마' 하고 사직서를 꺼낸다. 심리적으로 코너에 몰리면 직장인은 스스로 무너진다. '회사가 작정하고 저런 식으로 나오는데 힘없는 직장인이 별수 있나요?'라고 생각하는 순간 와르르 무너지는 것이다. 그거야말로 회사가 원하는 바다. 회사가 원하는 대로 끌려가지 않고 협상하려면 상황을 인식하는 방법부터 바꿔야 한다. 스트레스 상황으로 자신을 몰아넣지 말고 협상할 절호의 기회라고 생각을 바꿔보라. 내 일이라고 생각하면 불가능하지만 제3자에게 닥친 일이라고 생각하면 객관적인 눈으로 관찰할 수 있다. 그러면 회사가 왜 '해고'란 단어를 쓰지 않고 '인사 조치'란 단어를 썼는지 주목하게 될 것이다.

어차피 직장생활은 정도만 다를 뿐 어딜 가나 스트레스의 연속이다. 가고 싶은 곳은 많은데 오라는 곳이 없다면 한 번쯤 버텨봐야 하지 않겠는가?

이 대리에게 또다시 이런 상황이 닥치면 이렇게 답신을 보내라고 조언했다.

존경하는 대표이사님! 제가 최선을 다했는데 내용이 조금 부족했나 봅니다. 내용이 조금 부족하더라도 사회 경험으로나 인생 경험으로나 대선배님인 대표이사님이 저를 잘 가르쳐주십시오. 열심히 배우겠습니다. 그리고 제가 회계 부분이 조금 약합니다. 가능하시다면 이 부분을 보강하기 위해 직무교육을 받을 수 있도록 기회를 주시면 감사하겠습니다.

그러면 대표이사는 "강적이네…"라며 혀를 내두를 것이다.

이 이야기를 들은 이 대리는 지금껏 자신에게 어떤 점이 부족했는지 알겠다며 결의를 다졌다. 이 글을 읽는 당신도 같은 생각일 거라고 믿는다.

마지막으로 사직서를 내기 전에 반드시 숙지해야 할 사항을 다시 한 번 정리해보자.

첫째, 너무 쿨하게 사직하지 마라. 일부 직장인은 사직서를 제출하고 잠시 홀가분한 마음에 상사와 동료들한테 이메일 등으로 멋지게 작별인사를 하는 경우가 있다.

보기에는 쿨하고 멋있을지도 모른다. 그런데 문제는 혹시라도 사직서를 철회하기로 마음먹는 순간 이런 이메일이나 작별인사가 올가미로 변한다는 것이다. 사직서가 수리되기 전이라면 이런 이메일이나 작별인사는 유보하라. 사직서가 수리되어 모든 것이 끝난 시점에서 멋지게 인사말을 남겨도 늦지 않는다. 우선 자신의 마음을 알아줄 것 같은 직장 내 동료나 상사와 사직에 대해 이야기를 나눈 후 다시 생각해볼 수 있는 냉각 기간을 가져라.

둘째, 사직서를 내려는 이유부터 점검하라. 사직서를 내려는 이유가 지금 닥친 힘든 상황을 벗어나기 위한 것이라면 다시 생각해볼 필요가 있다. 업무의 비전도 안 보이고 성장가능성도 없다면 이직을 고려하는 것이 좋겠지만, 단지 현 직장에서의 어려움을 피하는 수단으로 사직을 선택할 경우 시간이 지나면 대개 후회한다. 내 경험상 이직하더라도 비슷한 어려움을 겪게 되는 경우를 많이 보았다. 달리 얘기하면 장소를 바꿔도 비슷한 상황이 대개 반복되므로, 그 상황을 어떻게 극복할 것인가 하는 것은 본인의 문제라는 것이다. 게다가 다른 직장으로 옮기는 것이 아니라 창업할 경우 더 큰 어려움이 기다리고 있다. 사직서를 내기 전에 자신의 인내력에 문제가 있는 건 아닌지 곰곰이 생각해볼 필요가 있다.

셋째, 사직서를 내고 후회되면 재빨리 철회하라. 자기감정에 매몰되어 주변 상황을 고려하지 않고 사직서를 제출한 경우라면 회사 측에 양해를 구하고 철회할 수 있음을 기억하라. 사직서를 제출했더라도 회사로부터 수리 통보를 받기 전에는 법적으로 철회가 가능하다. 사직서를 제출한 것이 후회스럽다면 상사한테 재빨리 말해야 한다. 그동안 상사 혹은 회사와 신뢰관계를 잘 맺었다면 사직서를 제출했다고 해도 좀 더 생각해볼 시간을 갖도록 수리를 유보해줄 것이다.

회사는
당신이 생각하는 만큼
우위에 있지 않다

박 과장은 대기업 자회사인 유통업체에 근무하는 30대 중반의 직장인이다. 그는 회사가 통폐합되면서 여러 가지 문제로 어려움을 겪었다. 1년 전에 조직개편이 단행되면서 그가 속해 있던 영업1팀이 다른 영업팀과 함께 영업전략팀에 통폐합되었다. 영업전략 총괄팀장은 영업2팀의 팀장이 맡았고, 영업1팀 팀장은 회사를 떠났다. 문제는 이후 총괄팀장이 박 과장을 보이지 않게 왕따시킨다는 것이었다.

더군다나 이 회사는 PIP 프로그램에 따라 인사고과에서 D를 두 번 받으면 서면경고를 받는데, 새 팀장은 1분기 평가에서 박 과장한테 D를 주었다. 앞으로 한 번만 더 D를 받아 서면경고를 받으면 매달 업무개선계획서를 팀장에게 제출해야 한다. 그리고 책정된 목표를 달성하지 못할 경우 다시 경고를 받게 된다. 이렇게 총 3회 이상 경고를 받으면 자동 해고하도록 규정되어 있다. 박 과장은 자신이 D를 받을 만한 이유가 없다고 생각해 팀장을 찾아가 항의했다. 그러자 팀장은 한심하다는 듯 이렇게 말했다.

"알다시피 평가에는 여러 가지 요소가 있지 않은가. 박 과장은 팀원 간의 의사소통과 협력 부분에서 최저점이 나왔고, 영업실적도 팀원 평균보다 좋다고 말할 수 없어 D를 줄 수밖에 없었네."

총괄팀장의 말처럼 박 과장의 영업실적이 썩 좋지 않은 것은 사실이었다. 하지만 그럴 만한 이유가 있었다. 상반기에 박 과장이 맡은 영업 구역이 변동되었는데, 새로운 지역이라 익숙하지 않은데다가 유동인구가 다른 구역에 비해 적은 곳이다 보니 실적 올리기가 어려웠다. 그리고 아무리 생각해도 팀원 간의 의사소통에 문제가 있다는 건 동의할 수가 없었다. 박 과장의 항의에도 팀장은 아랑곳하지 않고 말을 이었다.

"박 과장이 말하고자 하는 것이 무엇인지 잘 알겠네. 하지만 팀원들의 생각은 좀 다른 듯하네. 다들 박 과장을 그렇게 평가하고 있어 내가 뭐라고 할 말이 없네. 아무튼 열심히 해서 다음 평가에서는 좋은 결과가 있기를 바라네."

팀장과 상담하고 나오면서 박 과장은 참담한 기분이 들었다. 나름 열심히 뛰어다녔는데 D를 받고 나니 의욕도 꺾이고, 실력대로 공정한 평가를 받는 게 아니라는 의구심이 들자 아무리 열심히 해도 소용없을 것만 같았다. 이직을 생각해보지 않은 건 아니지만 결혼한 지 얼마

되지도 않았는데 아내가 걱정할 것을 생각하니 어떻게든 버텨야겠다는 생각이 들었다. 하지만 2분기 평가에서 박 과장은 또다시 D를 받았다. 결국 PIP 프로그램의 대상이 되었고, 매달 업무개선계획서를 제출해야 했다.

앞서 설명한 것처럼 어떤 상황이 되더라도 이성을 잃어선 안 된다. 냉정하게 PIP 프로그램의 대상자가 된 것을 받아들이고 이 상황을 어떻게 타개할지 고민해야 한다. 우선 적극적으로 팀장에게 어필할 필요가 있다고 생각한 박 과장은 실망하지 않고 더 열심히 일하는 모습을 보여주었다. 야근도 평소보다 더 많이 하고 회의에서 의견도 더 많이 내놓으려고 했다. 하지만 상황은 더욱 악화되었다. 하루는 팀장이 그를 불러 느닷없이 "다른 직장을 알아보는 게 좋겠네"라고 단도직입적으로 말했다. 박 과장이 거부하자 며칠 후 대기발령을 냈다. 오기가 생긴 박 과장은 이왕 이렇게 된 거 버텨보자고 독하게 마음먹었다. 대기발령 기간 중에 팀장이 전화를 걸어 버텨봤자 PIP 규정에 따라 해고될 수밖에 없으니 이쯤에서 정리하는 게 박 과장을 위해서도 좋을 거라고 설득했지만 의사를 굽히지 않았다. 과연 박 과장은 PIP 규정에 따라 해고되었을까?

그로부터 3개월 후 박 과장은 원래 자리로 복귀했다. 회사는 왜 대기발령을 해제하고 복귀를 결정했을까? 첫째는 박 과장이 버텨줘야 하는 시기에 잘 버텨주었기 때문이고, 둘째는 회사가 상시적 구조조정 프로그램의 하나인 PIP 프로그램을 적용하여 해고하는 것에 대해 상당한 부담감을 갖고 있었기 때문이다. 그것도 아주 많이 말이다! 그래서 대부분의 회사에서는 사직을 유도하기 위해 대기발령부터 낸다. 그런데 박 과장이 꿋꿋하게 버텨내자 별다른 대안이 없었던 것이다.

　대기발령 기간에 급여를 어떻게 지급해야 하는지에 대해서는 여러 가지 견해가 있으나, 고용노동부는 '사규에 정한 바를 기준으로 하되, 징계성 대기발령이 아니라면 평균 임금의 70퍼센트 이상을 기준으로 해야 한다'라는 입장이다.^{주36} 알다시피 회사는 자선단체가 아니므로 대기발령 상태에서 하는 일도 없이 언제까지 급여를 지급할 수는 없다. 그렇다 보니 끝까지 버티면 결국에는 복귀시키는 경우가 많다.

　참고로, 일부 회사의 경우 대기발령 기간 중에 대기발령 사유가 해소되거나 개선이 안 되면 퇴직 처리한다는 규정을 가지고 있으나, 법 해석상 이 규정을 적용하여 퇴직 처리하기가 어렵다. 왜냐하면 이 규정을 적용하여 퇴직 처리하는 것은 해고에 해당되며, 단순히 대기발령 사유가 해소되지 않았다거나 개선되지 않았다는 이유로 해고하는 것은 부당해고에 해당될 가능성이 높기 때문이다.^{주37} 그래서 이러한 규정을 가진 회사의 경우에도 실제로 이 규정을 적용하여 퇴직 처리하지 않는 것이 일반적이다.

| 시간은 당신 편이다 |

회사 차원에서 박 과장을 내보내기로 결정했음에도 서면경고와 업무

개선계획서 등으로 적지 않은 시간을 들인 데는 여러 가지 이유가 있다. 박 과장의 직속상사인 영업전략 팀장과 인사 팀장의 대화를 통해 그 이유를 살펴보자.

영업전략 팀장: 4개의 영업팀을 영업전략팀으로 통폐합하면서 몇 명은 쇄신 차원에서 물갈이가 필요할 것 같은데요. 윗선에서도 그걸 원하고….

인사 팀장: 기준은 가지고 있습니까?

영업전략 팀장: 일단 영업실적을 기준으로 하기야 하겠지만 나머지 기준이야 뭐 귀에 걸면 귀걸이고 코에 걸면 코걸이죠, 뭐….

인사 팀장: 팀장님도 해고가 어렵다는 것을 아실 테니 시간을 갖고 해결해 보도록 하죠. 일단 PIP 규정에 따라 대상자 명단을 올리시고, 압박해서 스스로 정리하도록 해야죠. 저도 인사 팀장을 그만할 때가 되었나 보네요. 이젠 이런 일에 회의감마저 들어요.

영업전략 팀장: 뭐 저희만 살자고 하는 일인가요? 다 회사를 위해 하는 일이죠…. 그나저나 박 과장이 문제입니다. 그 친구가 언변도 좋고 주변 사람들한테 신망도 두터워 쉽지 않겠어요. 그 친구를 따르는 사람이 너무 많아서 팀장인 제 입장도 좀 그렇고, 경영진에서도 그리 좋게 보고 있지 않습니다. 그 친구가 뭐랄까 선동가 기질이 좀 있거든요. 이참에 내보내고 싶은데 만약 끝까지 버티면 어떻게 하죠?

인사 팀장: 좀 더 생각해봐야죠.

영업전략 팀장: 해고할 방법이 없을까요?

인사 팀장: 근로기준법상 엄격하게 제한되어 있어 해고가 쉽지 않아요. 결국 그 친구가 어떻게 나오느냐에 달려 있죠.

위의 대화를 보면 짐작할 수 있듯 회사는 직장인들이 생각하는 것만큼 우위에 있지 않다. 대다수의 직장인은 회사가 강자고, 협상에서도 절대우위를 차지한다고 생각한다. 회사가 작정하고 나오면 힘없는 직장인은 꼼짝없이 당하는 수밖에 없다고 생각해 무슨 일이 생기면 "절이 싫으면 중이 떠나야지"라고 금세 체념하고 만다. 하지만 이것은 큰 착각이다. 대기발령을 냈던 박 과장을 복직시킨 것만 봐도 알 수 있다. 회사가 1차전에서 고개를 숙인 이유는 무엇 때문일까?

박 과장을 해고할 만한 결정적이고 중대한 문제점을 찾을 수 없었기 때문이다. 그런데 여기서 짚고 넘어가야 할 것이 있다. 회사의 운명을 좌우하는 큰 거래를 망쳤다거나 금전적 손실을 입히는 것만이 중대한 실수가 아니라는 점이다. 한 달에 서너 번 지각하고, 한두 번 마감을 지키지 못했던 사소한 일들이 결정적인 순간에 치명적인 칼날이 되어 돌아올 수 있다. 회사의 입장에서 보면 '기본을 지키지 못하는 사람은 큰일을 해낼 수 없다'고 생각하는 게 당연하다.

이런 근태와 마감 기한 엄수는 어떤 상황에도 불구하고 적용된다는 공통점이 있다. 구조조정 대상이 되어도 예외가 없다. 그럴수록 더 칼같이 출근시간을 지켜야 한다. 밤늦도록 술을 마시면서 신세 한탄을 하다가 다음날 지각이라도 하게 되면 더 깊은 수렁으로 자신을 몰아

넣게 된다. 회사에 당신의 잘못을 입증할 수 있는 '명분'을 제공하는 것이기 때문이다.

상황이 안 좋게 돌아가도 협상이 진행되고 있다는 것을 잊지 말아야 한다. 회사는 협상의 관점에서 접근하고 있는데, 당신은 협상이 아닌 감정으로 맞서게 되면 결코 회사와 대등하게 협상을 벌일 수 없다. 또한 감정이 앞서면 결코 협상에서 이길 수 없다.

그럼 다시 박 과장의 복귀 후 상황으로 떠나보자.

3개월 만에 회사로 복귀한 박 과장은 이제부터 또 다른 전쟁이라고 마음을 다잡았다. 호락호락 당하지 않으리라고 다짐했지만 상상 이상으로 힘들었다. 팀장은 아예 그를 투명인간 취급했다. 또한 박 과장의 업무는 팀장이 아닌 인사 팀장이 맡아 수시로 관리했다. 빈틈을 보이지 않는 박 과장한테 트집 잡을 일이 생기지 않자 인사 팀장이 그를 호출했다.

인사 팀장: PIP 규정에 따라 3번의 서면경고가 있으면, 바로 해고된다는 사실을 알고 있습니까?

박 과장: 구체적인 것은 잘 모르지만 대략 감은 잡고 있습니다. 그런데 아무리 생각해도 제가 서면경고를 받을 만한 일을 했는지 알 수가 없습니다.

인사 팀장: 참 말귀를 못 알아들으시네. 조금 있으면 4분기 평가 시기가 돌아와요. 박 과장은 벌써 D를 2번이나 받았고, 이번에 그렇지 않으리라는

보장도 없는데…. 또다시 D를 받아 서면경고에 들어가면 박 과장만 손해예요. 모두 박 과장을 생각해서 하는 말입니다. 자진 사직하면 회사 측과 협의해서 배려해줄 수 있는 부분은 최선을 다해 협조할게요. 만약 D를 세 번 연달아 받아 자동 퇴사하게 되면 더 챙겨주고 싶어도 못 한다고요. 일주일을 줄 테니 잘 생각해봐요.

박 과장: 저는 이 회사를 사랑하고, 아직도 여기서 열심히 일하고 싶습니다. 제가 회사에서 능력을 발휘할 수 있도록 인사 팀장님이 좀 도와주시면 안 되겠습니까? 도와주십시오.

인사 팀장: ….

왜 인사 팀장은 꿀 먹은 벙어리처럼 아무 말도 하지 못했을까? 사실 인사 팀장도 버티는 사람한테는 뾰족한 수가 없기 때문이다. 다시 한 번 강조하지만 회사는 당신이 생각하는 것만큼 우위에 있지 않다!

| 결국은 심리전이다 |

박 과장이 예상외로 강하게 버티자 인사 팀장은 노무사와 변호사한테 조언을 구하기로 했다.

인사 팀장: 오늘 노무사님과 변호사님을 뵙자고 한 것은 박 과장 때문입니다. 메일로 이미 PIP 규정과 그동안의 경위 등에 대해 자료를 보냈으니 사

실관계는 잘 알고 계실 거라 생각하고 질문을 드리겠습니다. 내일이면 제가 박 과장에게 준 일주일의 마지막 날인데 어떻게 해야 할까요? PIP 규정을 적용하여 해고해도 되겠습니까?

노무사: PIP 규정을 적용하여 해고한 사례가 별로 없어 확정적으로 말씀드리기가 어렵습니다. 하지만 충분히 기회를 주었음에도 개선의 여지가 보이지 않는 경우 이론상으로는 해고도 가능할 것으로 보입니다.

인사 팀장: 이 정도면 충분히 개선의 기회를 준 것 아닙니까?

노무사: 결국 입증의 문제입니다. 그런데 영업실적을 보니 평균치보다 나쁜 것도 아니고, 근태에도 문제가 없기 때문에 좀 더 신중하게 접근하는 것이 좋을 것 같습니다.

인사 팀장: 변호사님의 생각은 어떻습니까?

변호사: 노무사님 말씀처럼 아직 PIP 규정과 같은 프로그램을 적용하여 해고한 사례가 별로 없고, 특별히 근태나 업무지시 불이행과 같은 사실관계가 없으면 쉽지 않을 것 같습니다.

인사 팀장: 그러면 내일이 박 과장에게 말한 마지막 기일인데, 어떻게 하면 좋겠습니까?

변호사: 좀 더 지켜보는 것이 좋지 않을까요?

인사 팀장: 결국 두 분 다 해고하기 어렵다는 말씀이죠?

노무사: 해고가 '된다' '안 된다'라고 일률적으로 말하기 어려운 부분이 있습니다. 입증할 수 있느냐 없느냐의 문제인데, 어제 보내주신 서류만으로는 판단하기 어려운 측면이 있습니다.

변호사: 결국 입증의 문제이니 증거가 될 만한 부분을 좀 더 챙기는 것이 좋을 듯합니다.

당신은 여기서 조금 이상한 생각이 들 것이다. 소위 말해 전문가들이 박 과장 한 명을 어떻게 못 할까 하는 생각이 들 수도 있다. 당신은 노무사와 변호사가 그 분야에 정통하다고 생각해 그들이 모든 사안에 대해 확실한 결론을 갖고 있다고 믿는 경향이 있다. 과연 그럴까? 아직도 감이 오지 않는다면, 인사 팀장을 대책 없게 만든 노무사와 변호사의 앞선 대화 내용을 생각해보라.

당신이 기억하는 데 도움이 되도록 그동안 설명했던 내용을 심리전과 연계하여 요약해보겠다. 앞의 사례를 읽었다면 실제로 회사가 해고하는 경우가 드물다는 사실을 알았을 것이다. 왜냐하면 패소에 대한 부담도 있고, 쟁송 시 이를 방어하기 위한 비용도 고려하다 보니 직원에게 중대한 비위행위가 있지 않는 한 가급적 해고하지 않으려는 경향이 있다. 따라서 대부분 해고할 수 있다는 압박과 회유를 통해 사직을 권유하는 형태를 취하게 된다.

그렇다면 결국 사직서를 받으려는 회사와 사직서를 내지 않으려는 직장인 사이에 심리전이 전개된다. 문제는 대부분의 직장인이 심리전에 약하다는 점이다. 회사로부터 사직을 권유받거나 인사 조치를 받으면 평정심을 잃고 감정적으로 대응하는 경우가 많다. 그러다 보니 무단결근이나 마감 시한 연장, 업무지시 불이행 등으로 이어지고 이로써 입지가 더욱 좁아지는 악순환이 되풀이된다. 일단 사직 권유를 받거나 인사 조치를 받았다면, 평정심을 유지한 채 평소와 다름없이 표정을 관리하고 업무에 매진해야 한다.

특히 회사와 대등한 위치에서 심리전을 펼치려면 '회사가 직원보다 우위에 있지 않다'는 점을 염두에 둘 필요가 있다. 상대방이 자신보다 모로 보나 확실히 우위에 있다고 판단되면 주눅이 들어 움츠러드는 게 인지상정이다. 하지만 앞의 사례에서도 알 수 있듯 회사도 확실한 방법이 없는 경우가 많다. 그렇다면 시작도 하기 전에 심적으로 지고 들어갈 필요가 없다는 얘기다.

마지막으로 대등하게 심리전을 치르려면 조급하게 행동하지 말고, 시간을 잘 활용해야 한다. 잠시 생각해보자. 사직을 권유한 회사는 이미 사직을 제안했기 때문에 직원이 이에 응하지 않을 경우 시간에 쫓기게 된다. 대부분 상사나 인사 팀장은 경영진한테 언제까지 사직을 처리하겠다고 보고했을 가능성이 높은데, 이런 이유로 사직서를 내지 않는 한 시간은 오히려 직원 쪽에 유리하게 돌아간다. 따라서 심리전에서 시간을 활용할 수 있는 측은 회사가 아니라 직원이 될 수 있다는 점을 떠올리며 차분하게 대처하라.

직장인에게 근태는 생명줄이다

● 상사가 바뀌면서 주변에 어려움을 겪는 직장인이 의외로 많다. 작년에 상담했던 김 차장의 경우에는 직속상사가 바뀌면서 어려움을 겪었다. 김 차장은 평소 인사고과도 좋고, 동료들과의 관계도 원만해서 상사가 바뀌어도 크게 걱정하지 않아도 될 거라고 방심했다. 이전 상사는 일을 믿고 맡기는 스타일이라서 최종보고만 받았지만, 새로운 상사는 하나하나 중간보고를 받았다. 김 차장은 새로운 상사의 업무방식을 파악하지 못한 채 종전처럼 일을 진행했고, 소위 말해 찍히게 되었다. 결국 인사고과에서 최하위를 기록했고, 급기야 상사로부터 사직을 종용받았다.

대다수 직장인은 관성의 법칙에 따르듯 기계적으로 일하는 경우가 많다. 상사가 바뀌면 이전 상사에게 맞춰져 있던 업무방식부터 체크하고 재빨리 바꿔야 한다. 그렇지 않으면 '굴러들어온 돌이 박힌 돌 빼는' 상황이 연출될 수도 있다. 새로운 상사의 업무방식을 파악하는 것은 기본이고, 가능하다면 상사가 무엇을 좋아하고 싫어하는지, 어떤 생각을 가졌는지까지 알아야 한다.

특히 새로 온 상사가 자신만 부임한 것이 아니라 예전에 함께 일하던 부하직원을 데려오는 상황이라면 각별히 주의를 기울여야 한다. 단순히 오랫동안 호흡을 맞춰 일해온 직원이라 손발이 잘 맞기 때문일 수도 있지만, 바꿔 말하면 기존에 있던 직원들과 일하는 것이 껄끄럽기 때문일 수도 있다. 이런 경우는 생각보다 상황이 심각하게 돌아갈 확률이 높다. 노력해도 안 되는 경우가 생길 수 있다는 얘기다. 대부분 결론이 좋지 않기 때문에 상사가 오기 전에 다른 부서로 옮겨줄 것을 요청하거나, 이직을 생각해보는 것이 현명할 수도 있다. 만약 이런 상황임에도 끝까지 버텨보겠다면 지금부터 내가 상담한 사례를 참고하기 바란다.

외국계기업에 다니는 40대 중반의 최 부장은 영업부장으로 잔뼈가 굵은 사람이다. 최근에 그는 한국 지사장이 교체되면서 큰 어려움을 겪고 있다. 나를 찾아온 최 부장은 자리에 앉자마자 한숨부터 내쉬더며 넋두리를 늘어놓았다. "대체 뭐가 잘못된 걸까요? 불과 몇 달 전만 해도 승승장구했는데 순식간에 아무것도 할 수 없는 존재로 전락하고 말았어요. 지금 그만두면 딱히 갈 곳도 없지만, 이처럼 지저분하게 끌

거라면 차라리 깨끗하게 위로금을 주고 끝내자고 하면 좋겠어요."

최 부장은 외국계기업에 근무하는 관계로 한국 지사장과 아시아 지역 책임자한테 보고해야 하는 경우가 많았다. 이런 보고 라인의 특성으로 한국 지사장과 아시아 지역 책임자가 교체되면 상호간 이해관계에 따라 미묘한 신경전이 일어나는 경우가 종종 있었다고 한다. 최 부장은 이전 한국 지사장과 함께 오래 근무한 관계로 그의 심복이라고 할 수 있었다. 그런데 아시아 지역 책임자가 그 한국 지사장과 앙숙관계였다. 이런 상황이 유지되다가 최근 아시아 지역 책임자와 긴밀한 관계에 있는 사람으로 한국 지사장이 교체되었다. 그때부터 최 부장의 파란만장한 직장생활이 펼쳐졌다. 최 부장의 얘기는 이렇다.

"새로 부임한 한국 지사장이 갑자기 출장비와 식사비 청구로 문제를 삼더군요. 경비처리 규정에 30만 원이 넘으면 사전에 지사장한테 결제받도록 되어 있는데 왜 결제를 받지 않았느냐고 따지는 거예요. 그래서 한국에서 이 정도는 관행적으로 부서장이 결제했다고 했더니, 말도 안 되는 규정 위반이라며 시말서를 써서 내일 오전까지 제출하라는 거예요. 하루 이틀의 일도 아니고 다 알고 있는 관행인데⋯ 참 어의가 없기도 하고 너무 화가 나서 경위서를 쓰다가 말고 사직서를 쓸까 생각해봤어요."

여기서 잠깐! 한국 지사장은 왜 시말서를 쓰라고 요구했을까?

분명히 새로 부임한 한국 지사장도 회식자리를 함께한 적이 있어 그것이 한국 지사의 관행이라는 점을 잘 알고 있으면서 왜 시말서를 요구한 걸까? 그 이유는 최 부장이 앞서 했던 말에서도 충분히 짐작할 수 있다.

시말서를 쓰게 되면 대부분의 직장인은 심리적으로 불안정한 상태가 된다. 회사로부터 심리적으로 기선제압을 당해 현명한 판단을 내릴 수 없는 상태가 되는 것이다. 일부 직장인은 시말서 대신에 충동적으로 사직서를 쓰기도 한다. 여기서 꼭 당부하고 싶은 말이 있다. 회사가 시말서를 쓰라고 요구하거든 시말서로 답해야지 사직서로 웅대하면 안 된다!

흥분해서 씩씩거리는 최 부장의 마음을 가라앉히고 사직서를 던지고 나왔는지 물었다. 다행히 사직서를 쓰지 않았다고 하니 최 부장의 사연을 좀 더 들어보겠다.

간신히 마음을 추스른 최 부장은 시말서를 제출하고 나왔다. 하지만 또 다른 시련이 그를 기다리고 있었다. 금주에 예정된 영업전략 회의의 준비 상황을 체크하려고 이메일을 열어본 순간 또다시 눈앞이 깜깜해졌다. 한국 지사장으로부터 장문의 이메일이 도착해 있었다. 이메일에는 그가 전임 한국 지사장과 함께 일했던 내용이 빼곡하게 적혀있고, 규정대로 하지 않은 사항에 대해 소명하라고 쓰여 있었다. 이메일의 말미에는 그에 대한 개선책을 내일 오후까지 제출하라는 명령도 빼놓지 않았다. 시말서 때문에 낙심했던 최 부장은 지사장의 이메일에 폭발하고야 말았다. 이렇게 당할 수만 없다는 생각에 치를 떨었다. 결국 본사에 있는 총책임자한테 부당한 처사에 대한 항의성 이메일을 보냈다고 한다. 여기까지 쉴 새 없이 토해놓았던 최 부장은 의기양양한 미소를 지어 보였다.

"최 부장님, 왜 그렇게 하셨어요. 그전에 전화라도 한 통 주시지 그랬어요?"

예상치 못한 내 반응에 최 부장은 깜짝 놀랐는지 토끼눈처럼 눈을 동그랗게 치켜떴다.

"보고 라인을 무시하고 본사 총책임자한테 바로 항의성 이메일을 보낸 것은 최 부장님이 실수하신 겁니다. 그 자체로 징계사유가 될 수도 있습니다. 보고 라인을 무시하고 사내질서를 해친 것으로 해석될 수도 있다는 말씀입니다."

부당함을 말하고 싶다면 일단 직속상사한테 이메일을 보내는 것이 옳다. 상사가 자신의 편이 아니더라도 단계를 뛰어넘어 윗선에 직접 이메일을 쓰게 되면 그 글을 쓴 당사자한테만 불이익이 돌아갈 수 있다.

풀이 죽은 최 부장을 다독여 다음날 회사에 소명서와 개선계획서를 제출할 것을 권했다.

며칠 후에 최 부장이 다시 나를 찾았다. 최 부장은 시킨 대로 소명서와 개선계획서를 제출했다고 한다. 직접 찾아가서 전달할까 생각해보았지만 얼굴을 마주치기가 싫어 이메일로 보냈다고 했다.

"잘하셨습니다. 그런데 얼굴이 이상하게 어두우시네요. 혹시 다른 문제라도 생긴 건가요?"

최 부장은 멋쩍은 표정으로 말을 이었다.

"제가 또 실수를 저지르고 말았습니다. 소명서와 개선계획서를 제출하고 나오긴 했는데 마음이 무겁고, 나 자신이 너무 초라하게 느껴지더군요. 그래서 바로 처리할 특별한 일도 없고 해서 머리도 식힐 겸해서 회사를 나와 조금 걸었습니다. 핸드폰은 받기 싫어서 꺼두었고요. 두 시간 정도 걸으며 마음을 다잡고 사무실로 복귀했더니 그새 한국 지사장의 이메일이 와 있지 뭡니까?"

이메일의 내용은 이랬다.

수신: 최 부장

발신: 한국 지사장

일시: 2010년 5월 12일

제목: …

최 부장, 근무시간 중에 자리를 마음대로 비우는 건 무단 근무지 이탈이라는 거 모르십니까? 그건 그렇고 시말서를 읽어보니 내가 파악하고 있는 것과 상당히 다릅니다. 규정을 위반한 사실이 명확한데 모두 관행이었다고 변명하고, 진실성은커녕 최소한의 반성도 없네요. 변명은 그만하시고 다시 한 번 이런 일이 반복될 경우 회사를 떠나야 할 것입니다.

최 부장의 얘기를 들어보니 문제는 지금부터다. 최 부장은 너무 기가 막혀 퇴근 후 술을 거하게 한잔했다고 한다. 그리고 필름이 끊겨 오전 11시가 돼서야 출근했는데, 어김없이 한국 지사장의 이메일이 도착해 있었다. 이번에는 한술 더 떠서 최 부장을 징계위원회에 회부하겠다는 통보였다.

수신: 최 부장

발신: 한국 지사장

일시: 2010년 5월 13일

제목: 인사위원회 출석 통보서

다음과 같이 인사위원회를 개최하오니 참석하기 바랍니다. 만약 참석하지 않을 경우 소명권을 포기한 것으로 간주하겠습니다.

1. 일시: 2010년 5월 19일
2. 장소: 회사의 대회의실
3. 인사위원회에서 다루어질 내용:
   1) 무단 지각과 무단 조퇴 각 2회
   2) 근무지 이탈 각 2회
   3) 경비처리 규정 위반

○○○코리아 지사장 ○○○

이 인사위원회 출석통지서를 보면 특이한 점이 한 군데 눈에 띈다. 새로 부임한 한국 지사장이 그렇게 강조하던 규정 위반 부분보다 근태와 관련된 부분이 위에 올라와 있다. 여기서 순서의 의미는 생각보다 크다.

징계를 검토할 때 근태만큼 확실한 것이 없다는 점이다! 경비처리 규정 위반은 최 부장만의 문제가 아니며, 전임 지사장의 동의 혹은 묵인 아래 관행적으로 이뤄졌다면 징계 사유로 채택하기에 약하다. 하지만 근태 문제는 다르다. 일단 출퇴근카드 체크로 정확하게 입증할 수 있는 문제다. 더구나 근태는 직장인으로서 기본 중 기본이다. 이를 소홀히 한다면 절반은 지고 들어가는 것이다.

근태는 직장생활에서 절대 놓지 말아야 할 생명줄임을 명심 또 명심하길 바란다.

5

이직으로 날개를
다는 직장인,
이 직 하 고
후회하는 직장인

"성공적인 이직 뒤에는 치밀한 전략이 존재한다"

이직 전에 반드시 체크해야 할 사항

● 요즘 뉴스나 신문을 보면, 핵심 기술을 해외로 빼돌리거나 경쟁업체에 팔아넘기는 과정에서 적발되어 검찰에 구속되는 사람들의 기사가 종종 나온다. 기업의 입장에서 보면 몇 년에 걸쳐 막대한 돈을 투자해 얻은 원천 기술이 해외나 경쟁업체로 빠져나갈 경우 엄청난 손해를 입게 된다. 이로써 최근 영업비밀약정서를 직원들로부터 받는 회사가 늘고 있는 추세다.

최근 기업체로부터 자주 받는 질문 가운데 하나가 경쟁업체로 가는 직원들을 제재할 수 있는 방법이 없는가 하는 것이다. 상담하다 보면 연구개발인력 이외의 사무직이나 영업직의 경우에는 대부분 해당 직원에 대한 인간적인 배신감이 내포되어 있는 경우가 많다. 예컨대 해당 직원을 믿고 회사의 영업망을 넘겨주었더니 경쟁업체로 이직했거나, 회사의 핵심 인재로 키우기 위해 교육과 연수의 기회를 주었더니 경쟁업체로 이직한 경우에 해당된다.

그러나 연구개발 이외의 직종은 아직 소송까지 간 사례가 많지 않은 것이 현실이다. 손해배상액을 산정하기 어려울 뿐 아니라 영업비밀을 침해했다고 말하기도 모호한 측면이 있기 때문이다. 회사 측도 이런 사실을 잘 알고 있기 때문에 해당 직원이 큰 미움을 사지 않은 한 소송을 제기하지 않는 것이 보통이다. 물론 핵심 인재에 해당되는 경우에는 사직서를 수리하지 않거나, 이직을 막기 위해 소송을 제기하는 경우가 발생할 수도 있다.

자신이 회사의 핵심 인재인지 궁금하다면, 사직서를 제출해보는 것이 가장 확실한 방법이다. 물론 농담이다. 대부분의 경우 사직서가 수리되므로 회사를 시험에 들게 하지 마라.

만약 더 좋은 조건을 제시하는 회사가 있어 이직하려고 하는데 회사에서 사직서를 수리해주지 않으면 어떻게 해야 할까? 행복한 고민이겠지만 실제로 이런 상황이 닥치면 당황스럽다. 새 직장에 출근하기로 한 날짜는 계속 다가오고 마무리를 잘해놓고 나가려고 하는데 사직서가 수리되지 않으면 인수인계도 할 수 없기 때문이다.

이런 상황에 처하게 되면 고민하지 말고 상사한테 양해를 구해야 한다. 상사도 직장생활을 오래했으므로 인생의 선배로서 지금 이직하는 것이 바람직한지 솔직하게 조언해줄 것이다.

그래도 사직서를 수리해주지 않으면 어떻게 해야 할까?

> **Tip**
>
> **민법 제2조 (신의성실)**
> ① 권리의 행사와 의무의 이행은 신의에 좇아 성실히 하여야 한다. ② 권리는 남용하지 못한다.
> **민법 제660조 (기간의 약정이 없는 고용의 해지 통고)**
> ① 고용 기간의 약정이 없는 때에는 당사자는 언제든지 계약해지의 통고를 할 수 있다. ② 전항의 경우에는 상대방이 해지의 통고를 받은 날로부터 1월이 경과하면 해지의 효력이 생긴다. ③ 기간으로 보수를 정한 때에는 상대방이 해지의 통고를 받은 당기후의 일기를 경과함으로써 해지의 효력이 생긴다.

이 글을 읽고 나면 마음이 한결 가벼워질 것이다. 제출한 사직서는 제출 시점으로부터 한 달이 지나면 회사의 의지와 상관없이 효력이 발생한다. 달리 말하면 사직서를 제출한 시점으로부터 한 달이 지나면 법적으로 아무런 제약 없이 새로운 직장으로 갈 수 있다.

그렇다고 해서 한 달 동안 일을 대충 처리하고 마냥 기다리는 것은 도리가 아니다. 그 한 달은 업무를 인수인계해야 하는 기간이기 때문이다. 유종의 미를 거두기 위해서라도 성실하게 이 기간에 업무 인수인계를 해주어야 한다.

| 동종 업체로 이직이 가능할까 |

최근 대기업 기술개발부에 근무하는 김 연구원은 큰 고민에 빠졌다.

지금 다니는 직장에 비해 30퍼센트가 많은 연봉을 제시받고 회사를 옮기려고 하는데, 부장이 태클을 걸고 나온 것이다. 이직하지 못하도록 한 설득이 통하지 않자 하루는 퇴근 후 밤늦은 시간에 전화해서 "경쟁업체 혹은 동종 업체로 취업했다면 이를 묵과하지 않겠다. 그리고 서약서를 근거로 민형사상 책임을 물을 것이다"라고 협박까지 했다. 머릿속으로 이미 새로운 직장에서의 성공 스토리를 그리고 있는데, 이런 일이 터지자 골치가 아팠다. 입사할 때 서명했던 서약서 때문에 회사를 옮기는 게 불가능한가 싶기도 했지만, 벌써 이직 소문이 돌아 그냥 있기도 곤혹스러웠다. 동료들 사이에서는 쉬쉬하고 있지만 타 경쟁업체로 이직할 거라는 소문이 돌면서 그를 보는 눈길이 예전같지 않다. 그는 이러지도 저러지도 못한 채 살도 빠지고 무척 수척해 보였다. 과연 그는 어떻게 해야 되는 걸까?

① **영업비밀 보호를 위한 약정서에 동의했는지 여부를 확인하라**

김 연구원은 자신이 서명한 약정서를 떠올리자 불안한 생각이 들었다. 한편으로는 억울한 마음에 밤잠까지 설쳤다. "그럼 배운 것이 그것밖에 없는데 뭐 먹고 살라고…."

지당한 말씀이다. 게다가 불행하게도 대다수 직장인은 동종 업체 혹은 경쟁업체로 이직하게 된다. 경력사원으로 이직할 때 주로 보는 것이 해당 산업에 대한 이해와 업무의 전문성인데, 현실적으로 동종 업체로 이직하는 것이 성공할 확률이 가장 높다. 실제로 헤드헌터로 일하고 있는 지인한테 물어보니 이직 성공률만 놓고 보면, 동종 업체로 이직하는 것이 다른 직종의 업체로 이직하는 것보다 3배 이상 유리하다고 한다. 그렇다면 이 문제를 어떻게 풀어나가야 할까?

일단 영업비밀 보호를 위한 약정서에 동의했는지 여부를 확인하는 것이 우선이다. 요즘 대다수 기업이 직원들로부터 영업비밀 보호를 위한 약정서를 받고 있다. 영업비밀 보호를 위한 약정서는 연구개발 업무가 주로 검토 대상이 되는데, 특히 기술 유출을 막기 위해 회사의 허가 없이 무단복사나 외부반출 등을 엄격히 통제하고 재직 중에 개발한 원천 기술을 사용할 수 있는 경쟁업체로의 이직이나 창업하는 것을 다른 직종에 비해 엄격하게 제한하는 경우가 많다. 그다음으로 영업부서를 검토 대상으로 삼는 경우가 많은데, 특히 재직 중에 고객정보나 영업망을 이용할 수 있는 경쟁업체로의 이직이나 창업을 엄격하게 제한하고 있다. 업무별로 약간의 차이가 있고 그 내용이 기업마다 다르겠지만, 대체로 다음과 같은 내용을 포함하고 있다.

〈영업비밀을 위한 약정서〉

첫째, 퇴사 이후에도 재직하면서 업무수행 중에 취득한 영업비밀을 회사의 사전 동의 없이 공개하지 않겠다.

둘째, 회사의 영업비밀 보호를 위하여 적어도 퇴직일로부터 1년 동안 회사의 사전 동의 없이 경쟁업체와 동종 업체에 종사하거나 스스로 창업하지 않겠다.

셋째, 위반 시 민형사상 책임을 지겠다.

② 자신이 수행했던 업무의 중요도를 객관적으로 검토하라

다음으로 1년간 이직을 금지할 만큼 자신의 업무가 중요한 것인지 여부를 살펴보아야 한다. 영업비밀 보호를 위한 약정서에 서명한 사실이 없더라도 영업비밀의 침해 정도에 따라 민형사상 책임을 져야 하는 경우가 발생할 수 있으므로 약정서에 서명하지 않았더라도 자신의 업무를 살펴볼 필요가 있다. 따라서 회사가 소송을 걸 만큼 자신의 업무가 중요한 것인지 곰곰이 따져보아야 한다. 달리 말하면 자신이 수행했던 업무가 영업비밀에 해당할 만큼 중요한지, 자신의 이직으로 말미암아 회사가 손해를 입는 부분이 있는지 살펴보아야 한다는 것이다.

〈영업비밀의 의미〉

영업비밀이란 공공연히 알려져 있지 아니하고 독립된 경제적 가치를 가지는 것으로서, 상당한 노력에 의하여 비밀로 유지된 생산 방법, 판매 방법, 그 밖에 영업활동에 유용한 기술상 또는 경영상의 정보를 말한다(아래 법조문 참조).

〈부정경쟁방지 및 영업비밀보호에 관한 법률 제2조〉

2. '영업비밀'이라 함은 공연히 알려져 있지 아니하고 독립된 경제적 가치를 가지는 것으로서, 상당한 노력에 의하여 비밀로 유지된 생

산 방법, 판매 방법, 기타 영업활동에 유용한 기술상 또는 경영상의 정보를 말한다.
3. '영업비밀 침해행위'라 함은 다음 각 목의 1에 해당하는 행위를 말한다.

가. 절취(竊取), 기망(欺罔), 협박, 기타 부정한 수단으로 영업비밀을 취득하는 행위(이하 '부정취득행위'라 한다) 또는 그 취득한 영업비밀을 사용하거나 공개(비밀을 유지하면서 특정인에게 알리는 것을 포함한다. 이하 같다)하는 행위

나. 영업비밀에 대하여 부정취득행위가 개입된 사실을 알거나 중대한 과실로 알지 못하고 그 영업비밀을 취득하는 행위 또는 그 취득한 영업비밀을 사용하거나 공개하는 행위

다. 영업비밀을 취득한 후에 그 영업비밀에 대하여 부정취득행위가 개입된 사실을 알거나 중대한 과실로 알지 못하고 그 영업비밀을 사용하거나 공개하는 행위

라. 계약관계 등에 따라 영업비밀을 비밀로서 유지하여야 할 의무가 있는 자가 부정한 이익을 얻거나 그 영업비밀의 보유자에게 손해를 가할 목적으로 그 영업비밀을 사용하거나 공개하는 행위

마. 영업비밀이 라목의 규정에 의하여 공개된 사실 또는 그러한 공개행위가 개입된 사실을 알거나 중대한 과실로 알지 못하고 그 영업비밀을 취득하는 행위 또는 그 취득한 영업비밀을 사용하거나 공개하는 행위

바. 영업비밀을 취득한 후에 그 영업비밀이 라목의 규정에 의하여 공개된 사실 또는 그러한 공개행위가 개입된 사실을 알거나 중대한 과실로 알지 못하고 그 영업비밀을 사용하거나 공개하는 행위
4. '도메인이름'이라 함은 인터넷상의 숫자로 된 주소에 해당하는 숫자·문자·기호 또는 이들의 결합을 말한다.

법원은 일반적으로 이직이 금지되는 기간에 대해 일률적인 판단을 하지 않는다. 이는 영업비밀의 가치에 따라 이직이 금지되는 기간이 달라질 수 있다는 얘기다. 다만 영업비밀에 해당되고 그 영업비밀이 보호할 가치가 있는 경우에는 대체로 1년까지 인정하는 추세다.[주38]

③ 상사와 좋은 관계를 유지하며 설득하라

자신의 업무가 영업비밀에 해당하는 업무인지 여부를 판단하기 애매하거나 스스로 자신의 업무가 영업비밀에 해당되지 않는다고 생각한다면, 어떻게 해야 할까? 이런 경우 법률상 문제를 넘어 인간관계 문제로 넘어간다. 달리 말하면, 그동안 직장 내에서 상사와 좋은 관계를 유지했거나 사직서 제출 이후 인수인계를 성실히 했다면 보통은 큰 문제없이 이직할 수 있다. 현실적으로 회사 역시 소송을 통해 직원의 이직을 막는 것이 법적으로 쉽지 않다는 것을 이미 알고 있어 웬만해서는 좋게 해결하려고 하기 때문이다. 하지만 자신이 수행했던 업무가 회사의 영업비밀을 다루었거나 이직으로 말미암아 회사에 직접적인

손해를 끼친다고 판단된다면, 동종 혹은 경쟁업체로 이직하는 것을 재고해보는 것이 좋다. 소송가능성은 별도로 치더라도 지금까지 몸담은 직장에 비수를 꼽는 건 앞으로 하게 될 일을 위해서도 결코 바람직하지 않기 때문이다.

④ 교육비용 상환 약정이 있는지 확인하라

다행히 김 연구원은 앞서 언급한 내용에 따라 상사와 인간적인 대화로 이직 문제를 잘 해결했다. 그런데 그 기쁨도 잠시였고, 인사팀에서 다시 그를 소집했다.

"인사팀 송 대리입니다. 6개월 전에 회사비용으로 40일간 교육 가신 거 있죠. 교육비용을 상환해주셔야겠습니다."

모든 것이 잘 해결됐다고 생각한 김 연구원은 예상치 못한 얘기에 순간 화가 치밀었다. 마음속으로는 '내가 가고 싶어 교육을 간 것도 아니잖아, 정말 짜증나는군'이라는 푸념이 절로 나왔다.

그러나 한가하게 푸념이나 늘어놓을 때가 아니었다. 빨리 사규나 근로계약서 혹은 서약서(예컨대 교육일로부터 1년 이내에 사직할 경우에는 교육비용을 상환해야 한다 등)를 확인해보아야 했다. 사규나 사근로계약서 혹은 서약서에 상환에 대한 기록이 있다면 '세상에는 절대 공짜가 없구나'라고 생각하는 것이 마음 편하다.

서약서 등에 일정 기간 이내에 퇴사할 경우 교육비용을 상환하도록 명시되어 있고, 이에 대해 서명했다면 상환에 대한 책임을 져야 한다.

왜냐하면 교육비용은 일종의 대여금이기 때문이다.[주39]

또한 이때 근로기준법상 임금 전액불 원칙에 따라 퇴직금이나 급여에서 이에 대한 교육비용을 공제한 후 남은 급여를 지급하는 것은 불법이다. 달리 말하면 퇴직 시 퇴직금과 급여를 지급한 이후에 교육비를 상환하는 것이 원칙이다. 다만 서약서 등에 교육비용을 퇴직금이나 급여에서 공제하는 것에 대해 동의했다면, 회사가 교육비용을 퇴직금이나 급여에서 공제한 후 지급하는 것이 가능하다.[주40]

이미 살펴본 것처럼 이직하기 위해선 다니던 직장의 양해가 일부 필요하다. 그러므로 전 직장상사나 동료들의 심기를 불편하게 만들면서 이직하고자 한다면, 그것은 어리석은 행동이 될 가능성이 높다. 더구나 이직에 따른 법적 문제와 교육비용 등의 상환문제가 발생할 수 있으므로 직원한테도 이직관리가 필요한 경우가 많다. 따라서 회사만 이직관리가 필요한 게 아니라는 점을 이번 기회에 기억해두길 바란다.

직장인 네트워크를 적극 활용하라

● 요즘 직장인들은 이직을 '필수 코스'로 인식하고 있다. 취업포털 잡코리아가 2011년 직장인 658명을 대상으로 실시한 설문조사에 따르면, 조사 대상의 직장인들 중 69.8퍼센트의 사람들이 '성공적인 직장생활을 위해 이직이 필요하다'고 응답했다.[주41] 이처럼 이직은 직장인에게 대세라고 말할 수 있다. 그렇다면 이직이나 전직을 할 때 가장 효율적인 전략은 무엇일까?

내가 추천하는 최고의 전략은 '인맥을 활용하는 것'이다. 특히 요즘은 사내추천을 활용하는 기업이 늘고 있다. 일부 회사의 경우에는 외부 헤드헌터를 이용하여 직원을 채용하는 비율보다 사내추천을 받아 채용하는 경우가 더 많다고 한다. 최근 대기업과 외국계기업의 추세를 봐도 사내추천을 통한 채용 비율과 외부 헤드헌터를 통한 채용 비율이 50대 50으로 사내추천 비율이 예전과 비교했을 때 부쩍 늘었다.

기업의 입장에서 보면 외부 헤드헌터를 통한 채용보다 비용을 줄일 수 있고, 더 나아가 사내 직원들이 회사를 어떻게 생각하는지 체크하는 기회로 삼을 수도 있다. 회사에 대한 만족도가 높을수록 직원들이 사내추천에 적극적일 것으로 예상되기 때문이다. 따라서 앞으로 사내추천을 통한 채용 비율이 점점 늘어날 전망이다.

최근 주목할 만한 것은 같은 직무에 종사하는 직장인들의 모임을 통해 이직에 성공한 경우다. 주한 외국기업 휴먼네트워크 KOFEN (www.kofen.org)의 총운용자에 따르면 "작년 한해에만 우리 모임을 통해 십여 명의 사람들이 이직에 성공했다"고 한다. 또한 각 직무별 모임(예컨대 HR과 마케팅, 영어회화 등)이 별도로 있어서 회원 간의 정보교류와 친목을 통해 직장생활에 많은 도움을 받고 있는 것으로 알려져 있다.

KOFEN 이외에도 네이버 카페인 인사 담당자 동호회인 '인사쟁이' 그리고 SERI 삼성경제연구소의 'M&A 포럼'과 '커리어포럼' 그리고 '파사모'가 대표적인 사례로 손꼽힌다. 같은 분야에서 일하는 직장인끼리 모인 동호회다 보니 동종 업체의 채용정보나 동향에 대해 가장 빠르고 정확한 소식을 들을 수 있다.

특히 이직을 고려하고 있는 직장인의 경우 동호회에서 친분을 쌓은 사람들을 통해 이직하고 싶은 곳에 추천받는 사례도 많다. 그리고 동호회의 운영자한테 이직하고 싶은 기업 담당자나 헤드헌터한테 추천해달라고 부탁하는 경우도 많다고 한다.

물론 이들 동호회에서 활동할 때 유의할 점도 있다. 바닥이 좁은 관계로 동호회에서 이직에 대해 물어보았다가 그 말이 현재 다니는 직장 상사나 동료들의 귀에 들어가 곤란을 겪은 경우도 있다고 한다. 그러니 섣불리 떠보고 다니는 것은 금물이다!

한 회사에만 근무하게 될 경우 동종 업계의 소식이나 정보수집이 느리고 한정될 수 있다. 그러므로 이런 모임을 통해 동종 업체의 정보도 얻고, 더 나아가서 이직의 기회로 활용하는 것이 좋다.

헤드헌터를 통해
새로운 직장의 문을
두드려라

● 외국계 HR 컨설팅 회사에서 일하고 있는 한 과장은 3년에 한 번씩 연락해 새로운 직장으로 옮겼다는 소식을 전한다. 한 번 이직하기도 쉽지 않은데 거의 3년마다 연봉을 높여가며 이직하고 있어 그 비결이 무엇인지 물어본 적이 있다. 그의 대답은 간단했다. 당장 이직 계획이 없더라도 친분이 있는 헤드헌터와 정기적으로 만나며 관계를 지속한다는 것이다. 헤드헌터와 대화를 나누다 보면 현재 이직 시장의 동향은 물론이고 향후 기업들의 수요가 늘 것으로 예상되는 업무가 무엇인지 알 수 있어 일석이조라고 한다.

"평소 친하게 지내는 헤드헌터의 덕을 많이 보고 있어요. 5년쯤 전에 그로부터 앞으로 기업들이 퇴직연금을 도입하는 추세라서 향후 퇴직연금운영 관련 업무를 수행하는 사람들의 수요가 증가할 거라는 이야기를 들었어요. 그렇다면 재직 중인 회사에서 퇴직연금과 관련된 일을 수행한 경험을 가진 사람이 이직에 유리하다는 건 당연한 일이지요. 그래서 상사에게 지속적으로 어필해 퇴직연금 관련 업무를 해보고 싶다고 했는데, 그게 경쟁력을 높이는 데 한몫했습니다."

좀 더 일을 배우고 싶다고 적극성을 보이는 부하직원에게 하는 일이나 제대로 하라고 윽박지르는 상사는 없을 것이다. 물론 현재 하는 업무도 제대로 못해 버벅거리고 있지 않다면 말이다. 결국 그의 성공 비결은 헤드헌터를 통해 얻은 고급 정보와 자신의 경쟁력을 높이기 위한 지속적인 노력에 있었다.

헤드헌터와 직장인은 상호공생하는 관계다. 특히 직장인들한테 헤드헌터는 없어선 안 될 친구와 같은 존재다. 현재처럼 이직이 보편화된 시대에 살고 있는 직장인들은 당장 이직할 계획이 없더라도, 헤드헌터 한두 명 정도와 친분을 유지하며 커리어 코치를 받을 필요가 있다. 헤드헌터들 역시 직장인들과의 친분이 필요하다는 데 동의한다. HR 담당자들 모임에서 헤드헌터들을 만나 이야기하다 보면 "기업으로부터 오더를 받는 것보다 기업이 원하는 적합한 사람을 찾는 것이 더 어렵다"는 말을 종종 듣는다. 이유를 물어보면 직장인들이 이직에 대해 막연한 생각만 가지고 있을 뿐 평소 이직을 준비하지 않기 때문이라고 한다. 한마디로 이직하려는 사람은 많은데 실제로 이직이 가능할 정도로 평소에 자기관리를 잘하는 사람이 많지 않아서 그야말로 풍요 속에 빈곤이라고 한다. 그러므로 헤드헌터의 입장에서도 이직이

가능한 일정 수준의 인재들과 지속적으로 친분을 쌓으면 기업에서 요청이 들어왔을 때 바로 연락해줄 수 있어 서로가 좋다는 것이다. 이 말은 곧 직장인들이 조금만 신경 쓰면 자신의 경력을 코칭해줄 헤드헌터와 친분을 쌓을 수 있는 기회가 얼마든지 열려 있다는 뜻이다. 그러면 구체적으로 어떻게 헤드헌터와 친분을 쌓아야 할까?

헤드헌터를 만날 때도 요령이 있다. 헤드헌터들도 금융, 정보기술, 제조업 등 전문 분야가 있다. 따라서 무작정 아무 헤드헌터나 접촉하면 헛물만 켤 수 있다. 재취업하고자 하는 분야를 잘 아는 전문 헤드헌터를 찾아야 한다. 헤드헌팅 회사에 전화를 걸어 헤드헌터의 전문 분야를 확인하는 것도 좋다. 번지수를 제대로 찾았다면 유의해야 할 사항이 있다. 다음은 HR 담당자 모임에서 만난 헤드헌터들의 의견을 종합한 것이다.

① 전문 헤드헌터를 정해 지속적으로 연락을 주고받아라

이직을 원하는 전문 분야의 헤드헌터 중 한두 명을 선택해 지속적으로 연락하는 것은 경력관리에 큰 도움이 된다. 그런데 왜 한두 명이라고 정한 걸까? 만인의 연인(?)이지만 제대로 된 한 명의 애인이 없는 경우처럼 여러 군데 다리를 걸치고 있다고 해서 유리하지 않기 때문이다. 오히려 알짜 정보를 얻지 못할 확률이 높다. 직장인들 중 자신의 유능함을 입증하기 위해 여러 명의 헤드헌터로부터 연락받는다는 것을 자랑처럼 떠벌리고 다니는 사람들이 있는데, 이는 원했던 것과 반대되는 결과를 불러올 수 있다. 한두 명의 헤드헌터를 정해 지속적으로 조언을 구하는 편이 훨씬 도움이 된다.

② 이직할 때만 연락하지 마라

헤드헌터는 이직을 위한 도구가 아니다. 그들 대부분은 다년간 직장생활 경험도 있고, 어떻게 준비해야 이직에 성공할 수 있는지 누구보다 잘 아는 전문가다. 따라서 평소 연락하며 근황도 물어보고, 무엇보다 중요한 경력 개발에 대해 조언을 구하면 대부분의 헤드헌터는 전문가로서의 자긍심을 느낄 것이다. 그러면 친분은 자연스레 덤으로 따라온다. 헤드헌터라고 해서 보통 사람들과의 관계와 다르지 않다.

③ 헤드헌터를 위해 키맨(key man) 역할을 자처하라

여기서 말하는 키맨은 헤드헌터가 "어디 적합한 사람 없을까요?"라고 물어볼 때, 기꺼이 주변에 유능한 사람을 추천해줄 수 있는 사람을 말한다. 헤드헌터의 생명은 이직 가능한 인력풀을 만드는 것이다. 그렇다면 그 인력풀을 만드는 데 도움을 주는 키맨은 더 없이 고마운 존재일 수밖에 없다. 만약 헤드헌터로부터 누구를 추천해줄 수 있는지 전화가 온다면, 가능한 추천해주고 그 헤드헌터의 연락처를 꼭 기억해두라. 바로 그가 나중에 이직할 때 핵심적 역할을 해주는 경우가 많기 때문이다. 아쉬울 때 도움을 준 사람은 쉽게 잊어버리지 않는다.

| 헤드헌터 30명에게 '성공적 이직의 길'을 묻다 |

직장인들은 전 직장을 상대로 소송을 벌일 경우 이직에 어느 정도 영향을 미치는지, 자신에 대한 평판조회를 어떻게 하는지 궁금할 것이다. 이런 궁금증을 해소하기 위해 다국적기업 인사관리협회(KOFEN HR) 운영자의 도움으로 헤드헌터 30명한테 설문조사 질문지를 보냈다. 이 질문지의 내용을 갖고 유선상으로 몇몇 헤드헌터와 관련 내용에 대해 의견을 교환했다.

다음은 헤드헌터 30명에게 설문조사를 벌인 질문지다. 현재 가장 활발하게 활동하고 있는 헤드헌터들의 솔직한 답변이므로 효율적인 이직 준비에 도움이 될 것이다. (설문조사의 내용을 바탕으로 심층대화를 한 후 이를 분석했고, 헤드헌터들이 평균적으로 답한 내용을 가상의 헤드헌터를 통해 말하는 형식을 취했다. 참고로 설문과 심층대화를 한 결과 90퍼센트 이상 비슷한 답변을 주었다.)

질문 1. 전 직장을 상대로 부당해고 소송을 한 경력이 있는 경우 추천에 영향을 미치나요?

헤드헌터: 전 직장을 상대로 소송을 벌인 경력이 있으면 현실적으로 추천하기가 어렵습니다. 왜냐하면 추천을 의뢰한 고객사에서 소송 경력을 가진 직원을 원하지 않는 경우가 많기 때문입니다.

종합: 70퍼센트 정도의 헤드헌터는 이렇게 대답했다. 하지만 나머지 20퍼센트 정도는 해고 자체가 부당하다고 판정된 경우에는 그리 문제

될 것이 없다는 반응이었다. 10퍼센트 정도만 소송 여부에 관계없이 추천한다고 답했다.

질문 2. 회사가 직원을 채용하기 전에 실제로 이전 직장에 대한 평판조회를 하나요?

헤드헌터: 대체로 과장급 이상은 평판조회를 합니다. 하지만 사원급이나 대리급은 회사 정책에 따라 편차가 큽니다. 필요하다고 판단될 경우에만 하는 경우가 많습니다.

종합: 헤드헌터들 가운데 80퍼센트 정도가 위와 같이 대답했는데, 10퍼센트 정도는 직급에 관계없이 평판조회를 한다고 대답했다. 그리고 10퍼센트 정도는 임원급 이외에는 실제로 평판조회를 실시하지 않는다고 대답했다.

질문 3. 평판조회를 한다면 어떤 방식으로 하나요?

헤드헌터: 추천한 헤드헌터를 통해 평판조회를 요청하거나 제3의 헤드헌터에게 평판조회를 의뢰합니다. 고객으로부터 의뢰를 받으면 다양한 방식으로 평판조회를 하게 됩니다. 주로 전 직장이나 전전 직장에 당사자를 알 만한 사람한테 물어보는 경우가 많습니다. 다만 재직 중인 경우 직속상사한테는 가급적이면 하지 않는 것을 원칙으로 합니다.

종합: 이 질문에 대해서는 다양한 의견을 주었다. 헤드헌터들 중 60퍼센트 정도는 위와 같이 대답했다. 하지만 나머지 20퍼센트 정도는 구

직하는 사람이 추천한 동료 혹은 선배 등을 대상으로 평판조회를 하는 경우도 있다고 답했다. 나머지는 20퍼센트는 채용하려는 회사에서 전 직장의 직속상사한테 직접 전화를 한다고 답했다.

질문 4. 재직 중에 이직하는 것이 유리하나요?

헤드헌터: 유리합니다. 왜냐하면 심리적으로 안정된 상태에서 면접과 연봉협상을 진행할 수 있기 때문입니다. 그래서 새로운 직장이 결정되기 전까지는 사직하지 말도록 조언합니다. 다만 영업비밀 침해에 따른 이직금지 기간과 관련해서는 조심해야 합니다.

종합: 헤드헌터들 중 95퍼센트 이상이 이런 의견을 주었다. 다만 기술 개발 인력 등은 재직 중에 이직할 경우 오히려 소송가능성으로 불리할 수 있다는 의견도 있었다.

질문 5. 불가피한 사정으로 퇴사하여 구직중인 경우 어떻게 하면 빨리 이직에 성공할 수 있을까요?

헤드헌터: 일단 눈높이를 낮추고 이력서를 보낸 후 지속적으로 헤드헌터한테 자신을 어필하는 것이 좋습니다. 달리 말하면 헤드헌터를 귀찮게 하는 것이 중요합니다. 그리고 무엇보다 퇴사 후 6개월이 지나면 재취업이 쉽지 않으므로, 일단 눈높이를 낮추고 연봉보다는 직무 중심으로 직장을 찾는 게 좋습니다.

종합: 헤드헌터의 입장에서 조언하다 보니 70퍼센트 정도가 이런 대답

을 내놓았다. 나머지 답변으로는 주위 인맥을 최대한 활용해 직장을 구하라는 조언이 있었다.

질문 6. 성공적인 이직을 위한 조언을 부탁드립니다

헤드헌터: 영어를 꾸준히 할 것을 권합니다. 그리고 2개월이나 3개월 단위로 자신의 이력서를 업데이트해야 합니다. 그러면 자신한테 부족한 것이 무엇이고, 앞으로 경력 개발을 어떻게 해야 할지 감이 잡힐 것입니다. 그리고 궁금한 점이 있으면 혼자 추측하지 말고, 평소 친분 있는 헤드헌터와 정기적으로 만나 경력 개발에 대한 조언을 듣는 것이 중요합니다.

종합: 대다수 헤드헌터들은 3년 이내에 두 번 이상의 이직은 향후 직장생활에 도움이 되지 않을뿐더러 독약과 같다는 조언을 해주었다. 하지만 3년 이내에 두 번 이상 이직하지 말라는 조언을 일반화시키는 것은 조금 무리가 있다. 실제로 인사 담당자들과 이야기를 나누다 보면 국내기업과 외국계기업의 시각이 조금 다른 것으로 조사됐다. 국내기업의 경우 이직 사유보다는 이직 횟수에 무게를 두지만, 외국계기업은 이직 횟수보다는 이직 사유에 무게를 둔다. 이직의 목적이 업무를 좀 더 전문화시키기 위한 것이라든지, 현재 직장의 구조적 문제(예컨대 아무리 성과를 내도 승진정체 현상으로 현재 조직에서 더는 성장할 수 없는 경우 등)라면 외국계기업은 이직 횟수를 크게 문제 삼지 않는다. 실제로 외국계기업에서 아시아 지역의 총책임자까지 승진한 김 전무는 이직 횟

수가 무려 10번이 넘는다. 그의 경우 직장을 옮길 때마다 승진했고 이직을 승승장구하는 계기로 삼았다. 만약 국내기업이라면 이런 일이 가능했을까? 따라서 정답은 없다. 이직하려는 직장이 외국계기업이라면 외국어 실력과 함께 현 직장에서 어떤 성과를 냈는지가 중요하다. 이직 횟수는 별개의 문제다.

문득 몇 년 전에 외국계기업의 인사 담당자로부터 들은 이야기가 떠오른다. "경력직을 채용할 때 지원자한테 우리 회사에서 얼마나 근무할 생각인지 물어봅니다. 이때 '뼈를 묻겠다'고 대답하는 후보자는 일단 탈락시킵니다. 왜냐하면 우리 회사는 그런 사람을 원하지 않기 때문입니다. 입사 3년차 정도 되면 성패가 갈립니다. 입사 후 3년이 지나도록 성과가 없는 직원은 회사를 위해서라도 나가주는 게 도와주는 겁니다."

회사에 대한 충성심을 어필하는 것도 좋지만, 이직하려는 회사의 특성을 고려해 대답하는 것이 여러모로 현명하다.

가장 좋은 재테크는
내 몸값을
높이는 것이다

최근 이베이에서 '투자의 귀재' 워런 버핏과의 점심식사를 경매에 부쳐 최종적으로 262만 6,411달러(약 28억 원)에 낙찰됐다고 한다.[주42] 세계 최고의 부자, 오마하의 현인이라고 불리는 버크셔 해서웨이의 회장 버핏은 매년 자신과의 점심식사를 경매상품으로 내놓고 판매금액 전부를 기부한다. 잘 알려진 바와 같이 그는 가치투자를 통해 갑부가 된 투자전략가이며, 자신의 재산 중 상당액을 사회에 기부해 화제가 되기도 했다. 점심식사 한 끼에 28억 원이라니 참으로 놀랍다. 점심시간은 길게 잡아도 3시간이 넘지 않을 텐데 그렇다면 1시간당 9억 이상이라는 계산이 나온다. 과연 1시간에 9억 원씩을 내면서까지 듣고 싶은 이야기가 무엇일까? 투자 비법? 삶의 가치? 일반인은 죽었다가 깨어나도 모르는 돈을 버는 방법?

이 기사를 보며 무슨 이야기가 오갔을까 궁금해지는 한편, 버핏의 몸값이 얼마일까 궁금해졌다. 시간당으로 따진다면 평균 9억이 넘을 것이다.

만약 내 점심식사를 경매에 붙인다면, 그 가격은 얼마일까? 아마 낙찰은 고사하고 각자 계산하자고 할지도 모르겠다.

직장인들도 자신의 몸값에 대해 고민해본 적이 있을 것이다. 매년 쥐꼬리만큼 오르는 연봉에 지쳐 이직을 꿈꾸는 사람도 있을 것이다. 매년 물가는 펄쩍펄쩍 뛰는데, 월급은 제자리고, 뉴스에서 '월급쟁이가 서울에서 내 집을 장만하려면 평균 20년 걸린다'와 같은 기사를 쏟아내면 짜증을 넘어 정부에 대해 분노까지 치민다. 그래서인지 몇 해 전부터 직장인들 사이에서 재테크가 이슈화되었고, 그 열풍은 아직까지 거세기만 하다.

그러다 보니 재테크에 관심을 갖지 않을 수 없는 것이 현실이다. 그런 이유 때문인지 서점에 가면 직장인을 위한 재테크 관련 책들이 잘 팔린다. 그런데 직장인이 주식으로 돈을 벌 확률은 몇 퍼센트나 될까? 내가 재테크 전문가는 아니지만 재테크 수단으로는 그리 적합하지 않다는 생각이다. 실제로 주변에 주식투자로 고초를 겪는 사람을 많이 봐서 그런지 솔직한 심정으론 말리고 싶다. 경영대학원에서 주식투자이론에 관한 수업을 들을 때, 교수님이 종강수업에서 했던 말이 기억난다. "지금까지 주식투자이론과 기업의 가치평가이론을 공부했습니다. 이 강의를 듣고 주식투자를 해야겠다고 생각하는 학생이 있다면 내가 잘못 가르친 것입니다. 난 절대로 주식투자를 안 합니다." 주식투자로 성공하기가 그만큼 어렵다는 이야기일 것이다.

재테크에 문외한이라면 주식투자는 전문가들한테 맡기고, 다른 재테크를 해보는 것은 어떨까? 직장인에게 가장 안전하고 좋은 재테크는 다름 아닌 '직테크'다. 직테크는 자신의 직무나 직업에 투자하는 것을 의미한다. 직무능력을 높이기 위해 공부하거나 전문 자격증을 취득하는 데 힘쓰는 것이다. 직테크가 좋은 이유는 업무에 도움이 되기 때문이기도 하지만, 소기의 목적을 달성하지 못하더라도 별도 티가 나지 않기 때문이다. 주식투자나 부동산투자에 실패하면 자칫 모든 것을 잃을 수도 있지만, 직테크는 실패해도 지식은 남는다. 따라서 직장인한테 가장 좋은 직테크는 자신의 몸값을 높이는 것이다.

시중에 나와 있는 책들을 살펴보면, 몸값을 높이고 싶은 직장인이라면 적극적으로 자신을 어필하고, 성과를 수치화하며, 근태관리는 기본이라고 쓰여 있는 경우가 많다. 모두 옳은 이야기다. 이 부분은 기본이니 더는 설명할 필요가 없을 듯하다. 그 대신 그동안 기업을 자문하면서 관찰한 '몸값을 높이기에 성공한 직장인의 유형'을 소개하려고 한다. 직장인 몸값을 높이기 유형에는 크게 세 가지가 있다.

① **현재 직장에서 몸값을 높이는 유형**

연봉은 그 사람이 하고 있는 직무 가치를 최우선적으로 반영한다. 따라서 현 직장에서 연봉을 높이려면 현재보다 직무 가치가 높은 업무를 수행해야 한다. 따라서 작년과 같은 업무를 하고 있으며, 내년에도 같은 업무를 할 정도밖에 직장 내에서 인정받지 못하고 있다면 연봉은 기대만큼 오르지 않을 것이다. 그렇다면 먼저 현재 수행하는 업무에 대한 능력부터 인정받은 후 지속적으로 상사한테 좀 더 비중 있는 업무를 수행할 기회를 달라고 요청하라. 실제로 상사한테 지속적으로 어필하여 직장 내에서 직무 가치가 한 단계 높은 업무를 수행하여 다음 해에 연봉이 크게 오른 경우를 보았다.

물론 직무 가치는 시기마다 달라질 수 있다. 예를 들어 최근 삼성은 복수노조가 허용되면서 노무 담당자들이 승진과 연봉 인상에서 혜택을 보았다고 한다.

② **이직을 통해 몸값을 높이는 유형**

다음으로 이직을 통해 몸값을 높이는 경우를 살펴보자. 실질적으로 연봉을 대폭 인상할 수 있는 것은 이직할 때다. 이때는 직무를 바꾸지 않고도 목표했던 연봉을 받을 수 있다. 대부분 이직할 때 연봉이 10퍼센트 이상 인상된다. 이런 경우 직무 자체는 전 직장에서 하던 것과 크게 달라지지 않는다. 전 직장에서 하던 일을 기준으로 이직하는 경우가 대부분이기 때문이다. 하지만 그보다 더 높은 연봉 인상을 원할 경우 이직 전에 현 직장에서 수행하는 직무 가치를 올려둘 필요가 있다. 또한 이직 타이밍을 잘 맞추는 것도 중요하다. 현 직장에서 수행하는 직무 가치를 더 인정해주는 회사가 분명히 있을 것이다. 그런 회사가 나타났을 때 이직해야 몸값을 높게 받을 수 있다. 그래서 이직도 때를 기다려야 할 필요가 있다. 사직한 후 이직할 회사를 찾는 사람들은 이직을 통해 연봉을 높이지 못하는 경우가 많다. 그럴 수밖에 없는 것이 자신의 가치를 제대로 알아주는 회사가 나타나 이직하는 것이 아니라 시간에 쫓겨 새로운 직장을 찾아야 하기 때문이다.

③ 창업을 통해 몸값을 높이는 유형

마지막으로 창업을 통해 몸값을 높이는 경우다. 이 부분은 하이리스크(high risk), 하이리턴(high return)의 원리와 같다. 변수가 너무 많아서 이 부분은 창업 컨설턴트의 몫으로 남겨두는 게 좋을 것 같다. 다만 먼저 창업한 입장에서 조언한다면 "가능하면 직장에 다니면서 적어도 1년 이상 준비하고 나서 창업에 나서라"라는 조언을 해주고 싶다. 내 경험상 밖은 생각한 것 이상으로 춥다.

연봉협상의 문은
생각보다 넓게
열려 있다

● 직장을 옮기려는 이유는 가지각색이지만 그중에서도 하나만 꼽으라면 단연 연봉일 것이다. 30대 그룹 계열사로 이직에 성공한 직장인들을 조사한 결과 연봉을 올리는 가장 좋은 수단이 이직이라는 속설이 입증되었다. 전 직장에서 평균 3,492만 원의 연봉을 받았고, 새로운 직장에서 4,766만 원의 연봉을 받아 평균 1,274만 원이 오른 것으로 조사됐다. 주43

그렇다면 왜 현재 다니고 있는 직장에서는 연봉협상이 어려운 걸까? 현재 직장에서는 다소 부당하다고 생각되는 연봉에 대해 이의를 제기하기가 결코 쉽지 않기 때문이 아닐까 생각한다. 미국 내 중견기업에 다니는 1만 명을 대상으로 20년간 인사와 급여를 분석한 결과, 성격이 까다롭거나 조직에 비협조적인 사람이 보통 사람보다 많게는 연간 18퍼센트나 보수를 더 받는 것으로 조사됐다. 연구팀은 그 이유를 까다로운 사람들이 상대적으로 자신의 '몸값'을 산정하고 협상하는 데 더 적극적이기 때문이라고 분석했다. 반면 조직에 순응하고 자기주장이 강하지 않은 사람들은 다소 부당하다고 생각되는 대우에도 수긍하는 경향이 있어 연봉이 낮아도 받아들인다는 것이다. 이 결과가 우리나라에서도 비슷하게 나타나지 않을까 한다. 게다가 우리나라는 사회문화상 조직에 순응하는 사람의 비율이 훨씬 더 높다. 구세대의 경우에는 자기주장보다는 배려와 순응을 미덕으로 알고 살아왔으며, 신세대의 경우 아직 사회 초년생이므로 연봉협상을 하기에 아직 무리가 따르기 때문이다. 그래서인지 우리나라에서는 '연봉협상'보다는 '연봉통보'가 더 정확한 표현이다.

내가 직접 실시한 인사 담당자를 대상으로 한 설문조사에서도 비슷한 결과가 나왔다. 그렇다고 해서 그냥 주는 대로 받아야 한다면 뭔가 억울하다. 다음은 그런 사람들을 위한 실질적인 조언이다.

| 인사 팀장들이 말하는 연봉협상의 실체 |

최근 들어 반가운 소식이 종종 들려온다. 박지성, 박주영 등 우리나라 운동선수들이 높은 몸값을 받고 이적하거나 재계약을 하고 있다는 뉴스다. 스포츠계에서 높은 이적료와 몸값은 프로선수의 특권일 것이다. 직장인들도 마찬가지다. 직장인들에게 연봉협상은 본인의 시장 가치를 측정해볼 기회가 되기도 하며, 내적으로나 외적으로 자신을 한 단계 끌어올릴 수 있는 기회다. 그렇다면 성공적인 연봉협상을 위해 무엇을 해야 할까?

매출증가 전표? 어학 실력? 자격증? 다 좋지만 무엇보다 인사를 책임지는 인사 팀장의 생각을 읽을 줄 알아야 한다고 생각한다. 시중에 나와 있는 책들은 연봉협상의 키를 쥐고 있는 인사 팀장의 생각이 충분히 반영되어 있지 않은 경우가 많다. 그래서 직장인들에게 실질적인 도움을 주기 위해 친분 있는 인사 팀장 중 회사의 규모와 산업별 특성 등을 고려하여 30명을 선정한 후 직접 설문조사를 실시했다. 기본 설문조사와 함께 심층적인 개별 면담을 통해 연봉협상에 대한 인사 팀장들의 생각을 분석해보았다. 그 결과 인사 팀장들의 생각을 크게 네 가지로 요약해볼 수 있었다. 다음 내용은 설문조사에 대한 결과를 바탕으로 작성된 것이다.

① 연봉협상? 연봉통보!

인사 팀장들은 대부분 연봉협상이라는 단어가 적합하지 않다는 생각을 가지고 있었다. 사실상 책정된 연봉을 통지한 후 조정하는 형태로 진행되기 때문에 '연봉협상'이 아닌 '통보된 연봉의 조정'이 정확한 문구라는 것이다. 설문조사에 응한 인사 팀장 중 95퍼센트가 매년 연봉협상을 하긴 하지만 회사의 평가와 연봉시스템에 따라 책정된 연봉을 통보한다고 답했다. 5퍼센트 정도만 실질적으로 매년 연봉협상을 벌인다고 답했다. 이 결과를 통해 연봉협상을 시작하기 전에 연봉 수준을 책정한다는 것을 알 수 있다.

② 동종 업체의 평균 연봉을 토대로 연봉책정

그렇다면 연봉 수준은 어떻게 측정되는 걸까? 인사 팀장들은 직무가 가진 가치를 분석하고, 그 직무에 대한 동종 업체의 평균 연봉을 검토해 연봉을 결정한다고 답했다. 입사할 때도 동일하게 적용되어 동종 업체의 평균 연봉을 토대로 회사의 예산범위 내에서 연봉을 책정한 후, 지원자가 전 직장에서 받은 연봉과 희망연봉을 고려해 적절한 수준에서 합의를 도출해내는 형식으로 진행된다고 했다. 이때 지원자의 협상능력은 연봉책정에 크게 영향을 미치지 못하는 것으로 드러났다. 예를 들어 지원자가 제시하는 직무와 관련한 수상 경력 등의 각종 자료도 입사 시 연봉협상에 크게 영향을 미치지 못한다고 했다. 그 직무에 책정된 예산에 따라 진행되기 때문에 잘해봤자 3~5퍼센트 조정폭에 그친다는 답변이 우세했다.

③ 직속상사를 공략하라

책정된 연봉이 불만스럽다면 어떻게 해야 할까? '연봉협상 과정에서 이의를 제기하는 것이 바람직한가?'에 대해 대부분의 인사 팀장은 회의적인 의견을 내놓았다. 또한 조직문화에 따라서는 이의제기 자체가 독이 될 확률이 더 높으니 신중하게 접근하는 자세가 필요하다고 답했다. 그런 방법으로는 인사 팀장과 직접 상담하는 것보다 직속상사를 통해 간접적으로 접근하는 편이 더 효과적이라고 설명했다. 그리고 평소 직속상사한테 자신의 업무성과와 연봉인상의 필요성을 지속적으로 어필하는 것이 중요하다고 말했다.

④ 제3자 입장에서 객관적으로 업무성과를 제시하라

앞서 말했듯 연봉책정에 있어 직원 개개인의 협상능력보다는 직원의 직무 가치가 더 중요하다. 하지만 직원이 설득력 있게 성과와 능력을 입증할 경우 3~5퍼센트 정도는 협상의 여지가 있다고 한다. 직원들의 협상 준비가 영향을 미친다고 대답한 인사 팀장 가운데 30퍼센트는 꽤 큰 영향을 미친다고 응답했으니 밑져야 본전이라 생각하고 진지하게 협상해보라. 그렇다면 연봉협상에 어떻게 임하는 것이 바람직한 자세일까?

인사 팀장들이 뽑는 연봉협상에서 직원들이 가장 많이 저지르는 실수는 주관적인 자기평가였다. 인사 팀장들은 연봉에 불만을 가져 이의제기를 해오는 직원들의 이야기를 들어보면, 인사팀이 놓친 추가적인 업무성과에 대한 것이 아니라 자신의 업무를 주관적으로 높게 평가한 경우가 대부분이라고 했다. 열심히 일했는데 좀 올려줄 수 없겠느냐는 식으로는 평가시스템을 통해 해당 직원의 업무성과를 면밀히 검토한 회사를 이길 수가 없다. 열심히 했다는 것을 어필하고 싶다면 실적을 수치화해서 근거자료를 만들거나 야근이나 근태 상황 등을 객관적으로 제시하는 것이 좋다. 또한 동종 업계나 경쟁업체의 연봉을 비교해 제시하는 것도 나름의 노하우다.

⑤ 틈새를 공략하라

앞서 말했듯 직장인들의 연봉협상은 대부분 형식적이거나 일방적 통보로 끝나는 경우가 많다. 그나마 이직할 때가 아니면 일방적인 통보에 가까운 경우가 대부분이다. 하지만 현명한 직장인들은 틈새를 놓치지 않는다. 작년에 만났던 한 인사 팀장과 나눈 대화내용을 잠깐 소개하겠다.

인사 팀장은 과거 연봉협상에서 있었던 일화를 이야기하면서 "참! 우리 회사에 재미있는 친구가 한 명 있어요. 지난달에 연봉협상을 하는데, 기분 좋게 회사로부터 얻어갈 것을 다 얻어가더라고요"라며 웃었다. 다른 직원들의 경우 대부분 별다른 이유 없이 연봉을 올려달라고 호소하거나, 근거로 적당하지 않은 자료를 내밀며 인상을 쓰는 경우가 많은데 그 직원의 경우에는 달랐다는 것이다.

"아시다시피 우리나라에서 연봉협상은 연봉통지 혹은 연봉조정이라고 보는 게 정확하지요. 대개 직무 가치와 회사기여도 등을 토대로 회사의 예산범위 내에서 연봉을 책정하고 통지하는데, 하루는 그 친구가 먼저 면담을 하자고 하더라고요. 그래서 면담에 들어갔는데, 올해 우리 회사에 대한 신문기사와 재무 상황, 수익 현황 등을 어디서 구했는지 요약해왔더군요. 그러고 나서 작년에 자기가 한 직무와 연결시켜 회사에 이런 긍정적 기여를 했다고 조목조목 요약해 말하더라고요."

내가 고개를 갸우뚱하며 다른 직원들도 그 정도쯤은 하지 않느냐고 되물으니 그 인사 팀장은 껄껄 웃으며 이렇게 말했다. "대부분 직원들은 막연하게 열심히 했으니 좀 올려달라고 해요. 그런데 그 친구는 올해 자기가 수립한 직무계획과 자기계발 노력, 이것이 회사에 어떤 영향을 미칠지 아주 구체적으로 제안했어요. 그래서 적극성에 일단 점수를 주고 싶더군요. 하지만 이미 책정된 연봉을 조정하기가 어려워 아무 말도 하지 않았더니 추가적인 연봉인상이 어려울 경우 직무능력을 향상시키기 위한 교육을 보내달라고 구체적으로 제안하더군요. 교육 내용과 이런 교육을 받았을 때의 기여도까지 근거 자료를 꼼꼼하게 준비해 왔더라고요."

때마침 회사에 책정된 교육예산도 있고, 그의 요구를 복리후생적 측면에서 접근하면 좀 더 탄력적으로 협의할 수 있어 그렇게 했다고 한다.

물론 앞서 말한 것처럼 회사의 특수성에 따라 연봉협상은 다른 형태로 진행되겠지만, 상호간에 얼굴을 붉히지 않으면서 현명하게 협상할 수 있는 방법을 찾는 것 역시 직장인으로서 필요한 자질이다.

인사팀을 알아야
협상의 물꼬를
틀 수 있다

인사팀은 업무 특성상 이중적 속성을 지닌다. 업무 성격상 회사 경영진의 입장에 서서 일하지만, 인사팀 직원들 역시 일반직원과 마찬가지로 회사에 소속되어 있다. 말하자면 경영진과 직원 사이의 경계선에서 일한다고 볼 수 있다.

인사팀은 직장인에게 멀고도 가까운 부서다. 인사팀을 가리켜 HR이라고도 하는데, 이를 풀어쓰면 Human Resource department로 인적자원을 관리하는 부서라는 뜻이다. 주로 채용과 교육, 평가 등의 업무를 도맡아하기 때문에 직원들한테 직간접적으로 많은 영향을 끼친다. 그러므로 인사팀의 특성을 제대로 파악하고 효과적으로 접근하면 생각보다 많은 이득을 얻을 수 있다.

월간 경제경영 잡지 《HR 인사이트》가 국내 100대 기업의 인사 담당 임원을 조사한 결과에 따르면, 표준적인 인사 담당 임원은 50대 초반이고, 서울 소재 상위권 대학교의 경영학과를 졸업한 것으로 나타났다.[주44] 하지만 그 밖의 다른 자료는 전무한 상황이다. 경영자를 대변하지만 한편으로는 직원의 입장이기도 한 인사팀의 특성을 정확히 간파하고 효율적으로 접근하는 방법을 알면 직장생활이 한결 수월해진다. 근무성적 평가에서 불합리하게 낮은 평가를 받았다고 인사팀에 항의부터 하면 직원의 입장이 아닌 경영자의 입장으로 돌변해 수용할 것도 거부하는 등 당신을 옥죌 수 있다. 그러니 다음 내용을 통해 인사팀을 연구하고 현명하게 대처하길 바란다.

| 인사팀과 친해지면 자다가도 떡이 생긴다 |

십여 년 넘게 기업의 인사팀을 자문하다 보니 그 특성이 한눈에 보일 때가 많다. 특히 국내기업 인사팀과 외국계기업의 인사팀은 기업문화와 인재상의 차이만큼이나 인사팀의 특성도 뚜렷한 차이가 난다. 국내기업 인사팀은 '직원을 관리한다'는 측면이 강하다면, 외국계기업 인사팀은 '직원을 지원한다'는 느낌이 강하다. 그래서인지 국내기업의 인사 팀장은 남성이 압도적으로 많은 반면, 외국계기업의 인사 팀장은 상대적으로 여성이 많다. 또한 국내기업의 인사 팀장에게 요구되는 덕목이 리더십이라면, 외국계기업의 인사 팀장에게 요구되는 덕목은 커뮤니케이션 비중이 더 크다. 따라서 이런 특성을 고려해 효과적인 접근방식

을 취해야 한다. 예를 들어 국내기업에 다니는 직장인이라면 공식적인 커뮤니케이션보다는 회식이나 기타 모임 등 비공식적 채널을 활용해 간접적으로 의사전달을 하는 편이 효과적이다. 반면 외국계기업에 다니는 직장인의 경우 커뮤니케이션 방식에서 국내기업에 다니는 직장인보다 좀 더 자유롭다고 말할 수 있다.

인사 팀장들 가운데는 신중한 성격이 유독 많다. 경영진과 구성원들 사이에서 중간 역할을 하며 일하다 보니 자연스레 조심스러운 언어 습관이 몸에 밴 것 같다. 따라서 직장인들이 인사 팀장과 협의할 일이 있을 때는 즉답을 요구하기보다는 자신에게 유리한 자료를 제시하고 일정 시간을 기다리는 것이 효과적이다.

인사 팀장의 신중한 성격을 고려해 대화도 전략적으로 해야 한다. 다음은 인사 팀장과 효과적으로 대화하는 방법이다.

① 인사팀은 '예외'라는 말을 가장 듣기 싫어한다

인사 팀장이 직원들로부터 가장 듣기 싫어하는 말은 "일관성이 없다"라는 말이다. 예외를 만드는 것에 부담감을 느끼기 때문이다. 인사팀은 특정 직원한테만 적용되는 룰이 아닌 전체 직원한테 동등하게 적용되는 형평성을 기준으로 업무를 처리하다 보니 특정 직원에 대한 예외 사항을 만드는 것을 굉장히 싫어한다. 형평성 문제가 대두되는 것뿐 아니라 관리상의 어려움이 가중되기 때문이다.

한 외국계 IT 업체의 인사 담당 상무는 "인사팀이 직원들로부터 절대 들어선 안 되는 욕이 하나 있는데, '일관성이 없다'는 말이 그것이다"라고 말했다.

그만큼 일관성은 인사 팀장이 꼭 지켜야 할 생명선이나 다름없다.

인사팀은 경영진의 의사를 대변하는 역할을 하는 동시에 직원들의 고충을 처리해주어야 하기 때문에 예외를 허용하기 시작하면 원칙 자체가 흔들려 회사의 기강까지 무너뜨리는 결과를 초래한다. 그러므로 인사 팀장들은 일관성을 지키기 위해 노력한다. 그런데 그런 인사팀에 예외를 요청해야 하는 상황이라면 어떻게 해야 할까?

회계팀에 근무하는 정 대리는 9월에 결혼식을 올리고 유럽으로 배낭여행을 갈 계획을 세웠다. 거리가 멀다 보니 비행기 왕복시간만 이틀이나 걸려 고민스러웠다. 회사에 규정된 결혼휴가 일주일에 여름휴가 사흘을 붙여 쓰려고 했으나 인사팀에서 여름휴가는 회사 규정상 7, 8월에만 쓸 수 있다면서 곤란하다는 입장을 표명했다. 이럴 때는 어떻게 해야 할까? 정 대리는 9월에 여름휴가를 간 선례가 없는지 물었다. 확인해보니 빡빡한 업무일정 때문에 불가피하게 9월로 연기한 사례가 있었다. 결혼 준비로 업무에 차질을 빚을까 우려해 야근과 철야를 했던 정 대리는 근무시간외 초과 자료를 바탕으로 여름휴가를 9월로 연기해 유럽으로 신혼여행을 다녀올 수 있었다.

이 사례처럼 인사 팀장은 일관성을 유지하기 위해 직장 내의 선례가 있는지를 검토하는 경우가 많다. 자신이 요구하는 것과 동일한 사안에 대해 수용했던 선례가 있는 경우 그 사례를 근거로 인사 팀장에게 요구사항을 전달하는 것이 가장 효과적이다. 따라서 현명한 직원이라면 무리하게 인사 팀장에게 예외를 요구하기보다는 그가 예외를 인정할 수 있는 근거를 마련해 제시하는 센스를 발휘해야 한다.

② 이의제기는 우회적으로 하라

인사팀은 민감하다. 업무 자체가 경영진의 입장을 견지하는 동시에 직원들의 고충도 들어줘야 하는 자리이니만큼 양쪽의 입장을 조율해야 하기 때문에 민감할 수밖에 없다. 그래서 직원들이 지나가는 말로 얘기해도 놓치지 않고 염두에 둔다.

인사팀의 이런 속성을 이해했다면 그들과 어떤 식으로 대화하는 것이 현명할까 고민해봐야 한다. 다음에서 설명하겠지만 '넛지 효과(어떤 강제나 인센티브 없이 타인의 선택을 일정한 방향으로 유도하는 부드러운 개입)'를 기대하는 것도 좋은 방법이다. 즉 직접적으로 이의를 제기하기보다는 우회적으로 이의를 제기하는 것이 더 효과적이다. 직접적으로 이의를 제기하는 것과 우회적으로 이의를 제기하는 것이 효과 면에서 그리 차이가 나지 않는다면 굳이 인사팀과 얼굴까지 붉히면서 대화를 나눌 필요가 있겠는가.

인사 팀장과 대화를 나눌 때는 자신이 원하는 것을 직설적으로 요구하는 직접화법 대신에 자신이 원하는 방향으로 유도하는 간접화법을 사용하는 것이 더 유리하다.

2009년 큰 반향을 불러일으킨 책이 있다. 행동경제학자인 캐스 R. 선스타인과 리처드 H. 탈러가 쓴 『넛지』에 따르면, 팔을 잡아끄는 것처럼 강제와 지시에 의한 억압보다 팔꿈치로 툭 치는 것과 같은 부드러운 개입으로 특정한 행동을 유도 하는 것이 더 효과적이라고 한다.[주45] '팔꿈치로 살짝 쿡 찌르다' '조금씩 몰고 가다'라는 뜻의 넛지 효과를 이용해 부드러운 개입으로 다른 사람의 행동을 유도해보는 것은 어떨까?

이 단어는 인사팀과 대화를 나눌 때 매우 유용한 인사이트를 제공한다. 앞서 말한 바와 같이, 인사팀은 경영진과 직원의 경계선에서 일하고 있으므로 직접적인 화법을 사용할 경우 이에 대한 거부감으로 경영진의 입장에 서게 될 가능성이 높다. 반면 넛지처럼 우회적인 화법을 사용한다면 같은 직원의 입장이 되어 한결 대화하기가 편하다.

자신이 원하는 방향으로 상대방을 유도한다는 의미는 달리 말하면 상대방이 가진 거부감을 희석시키는 것이 핵심이다. 그러므로 우회적인 화법이 더 효과적일 수 있다.

이런 넛지 효과를 토대로 생각해볼 수 있는 것이 일관성의 원칙이다. 일관성의 원칙이 무엇인지 그 개념을 설명하면, 사람들은 보통 자신이 일관성 있고 합리적으로 의사결정을 하는 사람처럼 보이기를 원한다. 내 경험상 인사 팀장들은 다른 팀장들보다 이런 경향이 훨씬 강하다.

따라서 인사 팀장과 효율적이고 생산적인 대화를 나누려면 과거의 일관성을 훼손하지 않은 범위 내에서 자신의 결정이 합리성을 가졌다는 확신을 가질 수 있도록 근거자료를 제시하고 분명한 논리를 내세워야 한다.

③ 인사팀을 지원부서가 아닌 업무 파트너로 대하라

직장인들이 인사팀에 대해 오해하고 있는 부분이 있다. '인사팀은 단지 다른 부서를 지원하기 위해 존재하는 부서다'라는 인식을 갖고 있는 것이다. 2009년 취업포털사이트 인크루트가 리서치 전문기관인 엠브레인과 직장인 1,075명을 대상으로 '직장인의 부서 인식'에 관한 설문조사를 벌인 결과를 살펴보면 '권한과 인원을 줄이거나 위상을 축소해야 할 부서' 1위에 16.4퍼센트로 인사팀이 꼽혔다. 가장 비난을 많이 받고 '평판이 좋지 못한 부서' 역시 인사팀이었는데 16.5퍼센트로 가장 높았다.[주46]

이런 설문조사 결과가 나온 데는 여러 가지 이유가 있겠지만 무엇보다 직원들이 인사팀을 비즈니스를 하는 데 있어 지원 역할을 하는 부서로 인식하고 있기 때문이다. 하지만 대다수 인사 팀장은 자기 부서가 비즈니스 파트너로서 자리매김하길 바란다. 이런 점에서 한국마이크로소프트의 인사조직은 시사하는 바가 크다.

한국마이크로소프트는 인사 팀장을 HR 매니저라고 하지 않고 비즈니스 파트너라고 한다. 일반적으로 인사팀이 각 사업부서의 업무진행이 원활하게 이루어지도록 뒤에서 돕는 역할을 한다면, 비즈니스 파트너로서의 인사팀은 각 사업부의 목표나 계획을 설정하는 단계에서

부터 참여해 함께 비즈니스를 책임지는 역할을 한다. 한국마이크로소프트의 인사팀은 조직체계를 보더라도 인사 팀장들이 각각의 사업부를 나누어 맡아 자신이 맡은 사업부의 직원들이 성공적으로 업무를 수행해 높은 부가가치를 창출하도록 파트너로서의 역할을 하고 있다. 내가 생각하기에도 이것이 가장 이상적인 모델이라는 생각이 든다.

6

직장인이 가장
궁금해하지만
누구에게도
물어보지 못하는
일곱 가지 질문

"실업급여, 휴가, 이메일과 CCTV 감시, 투잡 등
직장인 초미의 관심사에 대한 Q&A"

산재처리
어떻게
해야 할까

● 몇 개월 전 친구의 부탁으로 상담을 해준 적이 있다. 소개받은 문 과장은 회사의 창립기념일 체육대회 중에 그만 허리를 다쳤다고 한다. 평소에 운동을 하지 않던 그가 의욕이 앞서 부서별 대항전 형식으로 진행된 씨름대회에 나가 시합 도중 허리를 삐끗해 2개월 정도 꼼짝 못하는 상황이 되고 말았다. 이런 상황임에도 회사는 근무 중에 다친 것이 아니라 본인의 부주의로 씨름대회에 나가 다친 것이므로 산재처리를 하지 못하도록 했다. 한마디로 누가 씨름대회에 나가라고 등 떠밀었느냐는 식이었다. 오히려 왜 자기 몸 상태도 제대로 모르고 주책 맞게 씨름대회에 나갔느냐며 핀잔을 들었다고 한다. 그는 "씨름대회는 누가 나가고 싶어서 나갔나? 부서별 대항전인데 나갈 사람은 없고 아무도 안 나가면 상사로부터 찍힐 것 같으니까 나갔지"라고 하소

연했다. 우선 이 사례가 산재에 해당되는지부터 생각해보자. 산재가 되려면 업무와 연관성이 있어야 한다. 이 경우 체육대회를 회사 측이 주관했고, 체육대회에 불참할 경우 불이익을 당할 수 있으므로 산재에 해당된다고 할 수 있다. 만약 부서직원들이 의기투합해서 단합 목적으로 체육대회를 하다가 다쳤다면 결과는 달라진다. 물론 이 경우에도 체육대회를 회사가 공식적으로 지원했다면 산재에 해당된다.[주47]

| 산재처리를 하는 방법 |

그렇다면 산재에 해당된다고 확신이 서는 경우 회사와 어떻게 협의해야 할까?

회사가 협조해주면 문제될 게 없는데, 그렇지 않은 경우도 있다. 그때는 우선 상사나 회사의 인사 담당자를 안심시키는 것이 우선이다. 대부분의 상사와 인사 담당자들이 오해하는 부분이 있는데, 산재처리를 하면 회사에 불이익이 있을 거라고 생각하는 경우가 의외로 많다. 상습적으로 산재사고가 발생하거나 사업장의 시설물 등에 문제가 있어 발생한 사고가 아니라면 산재처리를 하더라도 회사에 별다른 불이익이 돌아가지 않는다. 따라서 회사나 인사 담당자들이 일부 잘못된 인식 때문에 산재처리를 기피한다면 이런 사실을 확실히 알려줄 필요가 있다.

만약 치료비나 일정 기간의 유급휴직 등 대안도 알려주지 않으면서 산재처리까지 못하게 하면 어쩔 수 없이 법적 절차를 밟아야 한다. 산재처리를 하려면 근로복지공단에 산재신청을 해야 하는데, 원칙적으로 산재사고가 발생한 경위에 대해 회사 측의 확인이 필요하다. 하지만 회사 측이 산재사고의 발생 경위에 대해 확인해주지 않거나 협조하지 않는 경우에는 곧바로 근로복지공단에다 산재신청을 할 수도 있다. 그러면 근로복지공단에서 직권으로 조사를 벌이게 된다.

〈산재처리 절차〉

산재신청은 근로복지공단의 관할 지사(회사 소재)에서 하면 된다. 자세한 절차와 보상 종류는 근로복지공단 홈페이지(http://www.kcomwel.or.kr)에 잘 나와 있다. 용어가 낯설거나 이해되지 않으면 관할 지사에 가서 상담을 받아보는 것이 좋다. 요즘은 관할 지사에 가면 친절하게 산재처리가 될 가능성과 산재처리 절차 등을 자세히 설명해준다.

| 우울증도 산재처리가 될까 |

산재에 대한 얘기가 나왔으니 최근 심각한 사회적 이슈가 되고 있는 '우울증'에 대해 잠깐 살펴보겠다. 요즘 서점에 가면 심리학에 관련된 책이 잘 팔린다. 그만큼 살기가 만만치 않아 책을 통해서라도 자신의 심리 상태를 알고, 스스로 위로받고 싶은 사람이 많아졌기 때문일 것이다. 직장인도 예외가 아니다. 직장을 다니다 보면 우울한 때가 참 많

다. 상사로부터 자기 잘못도 아닌데 한소리를 듣거나 저녁에 영화를 보려고 예매까지 했놨는데 갑자기 상사가 일거리를 던져주어 야근해야 할 때는 화가 나는 것으로 끝나지 않고 분노가 치밀어오르다가 기분이 착 가라앉는다. 또한 열심히 일했는데 승진에서 탈락하거나 회사의 구조조정 과정에서 상사나 동료가 퇴사하는 모습을 보면 자신도 모르게 우울증에 빠진다. 그러면 우울증은 산재에 해당될까?

앞서 설명했듯이, 산재는 업무상 연관성이 있어야 한다. 우울증의 원인은 여러 가지다. 단순히 업무 과정에서 "나 오늘 우울해요! 좀 쉬어야겠어요"라는 것은 상식적으로 업무와 연관성이 있다고 보기 어렵다. 아직 우울증이 산재로 인정된 경우는 그리 많지 않다. 그나마 산재로 인정된다면 극심한 업무상 스트레스 혹은 사내에서 집단 따돌림을 당해 불면증과 우울증에 걸린 사례 정도다.[주48] 그런데 문제는 드러나지 않게 괴롭히는 은따(은근히 따돌리는 것)의 경우다. 산재로 인정받기 위해선 회사 내에서 왕따를 당했다는 사실을 입증해야 하는데, 은따의 경우에는 입증하기가 어렵다.

따라서 불합리한 사유로 왕따, 특히 은따를 당하여 정상적으로 근무하지 못할 만큼 우울증이 심각하다면, 사회적 편견에 망설이지 말고 일단 정신과 전문의와 상담해보는 것이 좋다. 왜냐하면 산재로 인정받기 위해서는 정신과 치료기록이 반드시 필요하기 때문이다. 특히 왕따나 은따를 당한 시점 이후의 진료기록이 증거자료가 된다. 이전부터 정신과 치료를 받았다면 왕따나 은따가 이유가 아니라 본래부터 우울증이 있다고 판단할 수 있다. 그리고 왕따나 은따를 추정케 하는 이메일이나 문자메시지 그리고 정황에 관한 기록(아무리 봐도 입증할 서류가 없을 때는 당시 상황을 자세히 묘사한 일기나 메모도 도움이 되는 경우가 있음)을 보관해두는 것이 좋다.

| 임금이 체불된 경우 |

마지막으로 직장인이 권리 위에 잠자면 보호받지 못하는 것이 '임금체불'이다. 대부분의 회사는 해당되지 않지만, 작은 회사나 벤처기업에 다니는 직장인들은 가끔 서러울 때가 있다. 특히 신문에 실린 '올해 삼성은 성과급으로 얼마를 준다'는 기사를 보게 되면, 더욱 그럴 것이다. 성과급은커녕 제때 월급이라도 주었으면 좋겠다고 생각하는 직장인이 상당수 있는 것이 현실이다. 만약 사장이 "미수금이 들어오거나 회사가 정상화되면 그동안 밀린 월급을 줄 테니 기다려달라"고 하면 어떻게 하는 것이 좋을까?

참으로 어려운 문제다. 양심적인 사장이라면 지불각서를 받고 기다려줄 수 있겠지만, 미리 자기 재산을 빼돌리고 어쩔 거냐고 버티는 악덕 사업주라면 밀린 월급을 받아내기가 참 어렵다. 이런 사업주를 관할 노동사무소에 고소해도, 단순 임금체불은 벌금형으로 끝나는 경우가 많다. 이때 악덕 사업주의 입장에서는 밀린 월급보다 벌금이 적다 보니 일단 버티고 본다. 그럼 또다시 법원에다 밀린 월급에 대한 민사

소송을 내야 하는데, 이미 재산을 빼돌린 상황이라면 그 역시 어렵다.

이런 일을 당한 직장인들을 보면 참으로 안타깝다. 그래서 나는 두 가지 정도 현실적인 조언을 해준다.

하나는 사장이 어떤 사람인지 파악한 뒤 신뢰가 가지 않는 악덕 사업주라는 판단이 서면 각서를 받는 시간조차 아깝다. 그 시간에 소유 부동산과 재산 정도를 알아보고 관할 노동사무소에 곧바로 고소나 진정을 해야 한다. 때로는 냉정하게 사업주 소유의 부동산이나 재산에 가압류를 걸어야 하는 경우도 있다. 내 경험상 이 정도 하면 어쩔 거냐고 버티던 악덕 사업주도 마음을 바꿔 90퍼센트 이상 해결해준다.

다음으로 아주 강적을 만난 경우다. 재산 다 빼돌리고 각서가 무슨 소용이 있겠느냐는 식으로 잠적하는 경우다. 그러면 어쩔 수가 없다. 일단 관할 노동사무소에 고소하고 처리 결과를 기다리면서 별도로 체당금을 신청해야 한다. 참고로 체당금제도는 사업체가 사실상 도산 상태(복잡한 개념이지만, 일단 폐업과 같은 것이라고 봐도 무방함)인 경우 국가가 미지급 3개월분의 급여와 미지급 퇴직금 3년분의 범위 내에서 대신 지급해주는 제도다. 물론 연령 등에 따라 지급액이 달라질 수 있으므로, 이런 경우라면 관할 노동사무소 민원실이나 가까운 공인노무사 사무소를 찾아가 상담하는 것이 좋다.

실업급여, 그것이 궁금하다

회사로부터 해고통지를 받은 후 노동위원회나 법원에 구제신청 혹은 소송을 제기하는 직장인이 얼마나 될까? 대략적으로 따져 10퍼센트도 채 되지 않을 것이다. 소송에 대한 부담도 크고, 이직할 때 불이익을 당할까 봐 쉽게 소송을 결심하지 못하기 때문이다. 또한 대부분 해고통지를 받기 전에 '일정 금액의 위로금과 실업급여를 수령할 수 있도록 회사에 협조한다'는 내용의 합의서를 작성한 후 사직을 선택하는 경우가 많기 때문이기도 하다.

그러므로 직장인의 입장에서는 '해고통지를 받기 전에 회사 측과 어떻게 협상해야 할지 미리 생각해두는 것'이 중요하다.

일단 비위행위로 해고가 결정되는 경우가 아니라면 회사 측에서 먼저 사직을 권유한다. 이런 권유를 받았으면 위로금을 어느 수준으로 요구할지, 이직을 위해 회사로부터 협조를 받아야 할 사항이 있는지, 더 나아가서 실업급여를 수령하기 위해 회사 측으로부터 협조를 받아야 할 부분이 있는지부터 체크해야 한다.

통상 위로금은 회사의 선례가 있는 경우 이를 기준으로 요구하는 것이 합의할 가능성이 높으며, 회사에 이직을 위한 직무교육 등을 지원해달라고 요청하는 것도 생각해볼 수 있다. 또한 실업급여를 관할 고용안정센터에 신청할 때 퇴직 사유를 확인해주어야 하는데, 가급적이면 '권고사직'이라고 회사에서 기입해주는 것이 실업급여를 수령하기에 여러모로 유리하다.

현실적으로 직장을 그만둔 직장인들한테 실업급여는 최소한의 경제생활을 하기 위한 안전판 역할을 한다. 그러므로 좀 더 자세히 소개하고 넘어가겠다.

한 가지 주의할 점은 실업급여와 관련된 사항은 정부 정책에 따라 변경될 수 있으므로, 관할 고용안정센터(회사 소재)를 방문하여 꼭 확인해봐야 한다.

1. 지급 요건

- 고용보험 적용 사업장에서 실직 전 18개월 중 피보험단위 기간을 통산하여 180일 이상 근무하고, 회사의 경영 사정 등 비자발적으로 이직한 경우

    ※ 자발적 이직이거나 중대한 귀책사유로 해고된 경우는 제외됨

- 실직한 후 근로의 의사 및 능력이 있고, 적극적인 재취업 활동을 해야 함

  ※ 퇴직 시 퇴직금과 퇴직위로금 등 1억 원 이상을 지급받거나 지급받을 것이 확실시되는 자는 실업 신고일로부터 3개월간 실업급여의 지급이 유예됨

- 일용근로자는 수급자격 신청일 이전 1개월간 근로일 수가 10일 미만이어야 하고, 90일 이상을 일용근로자로 근무하여야 함

2. 지급 절차

- 실직한 뒤 거주지 관할 고용센터를 방문하여 구직등록을 하고 수급자격인정신청을 한다.
- 신청 후 재취업활동 필요 기간에 따라 1~4주 범위에서 고용센터가 지정한 날에 출석하여 취업상담을 하고 실업을 인정받아야 함. 도서 거주자 등의 경우 우편, 팩스 또는 인터넷(인터넷은 공인인증서를 통해서만 가능) 등을 이용해 실업 인정을 받을 수 있음

  ※ 대기 기간(7일) 종료 후 소정급여 일수(90~240일)에 해당하는 날까지 실업급여 지급(지정된 실업 인정일 날 정당한 사유 없이 출석하지 아니하거나 취업한 경우 당해 기간 동안 소정급여 일수가 줄어듦)

3. 지급 금액

- 이직 시 연령과 피보험 기간에 따라 90~240일간 실직 전 평균 임

금의 50퍼센트를 지급함

- 최고: 40,000원
- 최저: 최저 임금액의 90퍼센트

※ 구직급여는 실제로 실직 상태에 있었던 날 수만큼의 금액을 지급하며, 본인이 신고한 은행계좌로 입금됨

- 구직급여의 소정급여 일수(고용보험법 별표)

구분		피보험 기간				
		1년 미만	1년 이상 3년 미만	3년 이상 5년 미만	5년 이상 10년 미만	10년 이상
이직일 현재 연령	30세 미만	90일	90일	120일	150일	180일
	30세 이상 50세 미만	90일	120일	150일	180일	210일
	50세 이상 및 장애인	90일	150일	180일	210일	240일

※ 비고: 장애인이란 「장애인고용촉진 및 직업재활법」에 따른 장애인을 말한다.

휴가!
나는 소망한다
내게 금지된 것을…

● 『나는 소망한다 내게 금지된 것을』이라는 소설이 있다. 출간된 지 10년이 넘었지만 영화화되어 이 소설의 제목을 기억하는 사람이 제법 많다. 그런데 이 제목을 직장생활로 가져와 대입해보면 딱 들어맞는 순간이 많다. 직장생활을 하다 보면 개인의 욕구와 회사의 입장 사이에서 빈번하게 갈등 상황에 놓이게 되는데, 휴가도 그중 하나다.

요즘 회사는 과거에 비해 많이 자유로워졌다. 이 말은 예전에 비해 융통성이 생겼다는 것이지 마음대로 할 수 있다는 의미가 아니다. 여전히 눈칫밥을 먹어야 하는 곳이 회사다.

그럼에도 직장인들한테 휴가는 포기할 수 없을 만큼 달콤한 사탕과 같다. 상사의 눈치가 보여 이러지도 저러지도 못하거나, 일이 너무 많아서 본의 아니게 자진 반납해야 하는 상황이 되면 휴가는 이 소설의 제목처럼 '나는 소망한다 내게 금지된 것을'이 되고 만다. 물론 법으로 보장된 휴가를 쓰는 것이 금지된 것은 아니지만 법만 믿고 휴가를 가자니 뭔가 찜찜하다. 더구나 직장인들을 위한 자기계발서를 보면 전부 말을 짜 맞추기라도 한 것처럼 "휴가는 상사가 정하고 난 다음 피크일 때를 피해 가라"고 하거나 "연차가 있다고 눈치 없이 전부 쓰지 마라"고 조언한다.

나 역시 이 말에 동의한다. 하지만 갈팡질팡 눈치만 보다가는 영영 제대로 된 휴가를 가지 못할 수도 있다. 법으로 보장된 휴가는 제대로 알고 소신껏 써라.

| 휴가, 제대로 알고 똑똑하게 써라! |

우선 휴가의 종류는 법정휴가와 약정휴가로 구분된다. 법정휴가는 간단히 말해 법에서 유급으로 쉬도록 정한 것이다. 대표적인 것으로 연차휴가와 여직원에게 부여되는 생리휴가 등이 있다. 반면 약정휴가는 법에서 쉬도록 정한 것이 아니라 사규 등에 따라 정한 날이라고 보면 된다. 대표적인 것으로 병가와 여름휴가, 국공휴일 휴가가 있다.

① **연차휴가**

먼저 법에서 보장된 연차휴가부터 살펴보자. 최근 연차휴가에 대한 기업의 시각이 많이 달라지고 있다. 10년 넘게 일하다 보니 이런 변화가 크게 와 닿는다. 과거에는 직원들이 연차휴가를 사용하는 것을 안 좋게 생각하는 기업이 많았지만, 요즘은 오히려 환영하는 분위기다. 고용노동부 감독이 강화된데다가 일과 가정의 조화를 중시하는 사회적 분위기로 말미암아 기업들도 연차휴가를 사용하는 것에 대해 예전보다 관대해졌다. 그래서 요즘 인사팀에서 각 부서장들한테 부하직원들이 연차휴가를 사용하도록 관리하라는 지시를 내리는 경우가 많다. 일부 기업의 인사 담당자들은 연차휴가를 사용하지 않고 돈으로 받아가는 직원을 좋게 보지 않는다고 한다. 그래서 연차휴가를 전부 사용하지 않은 직원들한테 불이익을 줘도 되는지 질문까지 한다.

최근의 이런 추세를 고려해볼 때, 연차휴가를 사용하는 데 가장 큰 장해물은 회사나 인사팀이 아니라 직속상사인 경우가 대부분이다. 상사의 심기를 건드리지 않으면서도 똑똑하게 휴가를 쓰는 방법은 다음과 같다.

회사에서 연차휴가계획서를 제출하라고 할 때, 상사한테 언제 연차휴가를 사용할 것인지 물어본 다음 자신은 언제 연차휴가를 사용할 계획이라는 식으로 말하면 문제될 게 없다. 상사한테 찍히는 것은 대부분 상사가 휴가 가려고 마음먹은 날에 한마디 상의도 없이 연차휴가 날짜를 선점하거나 업무량이 많은 시기에 갑자기 연차휴가를 내는 경우다. 만약 회사에서 연차휴가계획서를 제출하라는 말이 없으면, 부서장이나 직속상사한테 미리 연차휴가 사용계획을 설명하면서 혹시 불편한 점이 있으면 조정하겠다고 말하는 것이 좋다.

물론 이렇게까지 했는데 연차휴가를 사용할 수 없게 된다면 수당이라도 청구해야 하지만, 직장 분위기에 따라 그것조차 쉽지 않은 경우가 있다. 그때는 속앓이를 하지 말고 인사팀 직원을 만날 기회를 포착해 이런저런 이야기를 하다가 "인터넷에 보니까 연차휴가를 사용하지 않으면 수당으로 받을 수 있다고 하던데요"라고 지나가듯 얘기해보라. 90퍼센트 이상은 연차휴가를 사용하도록 해주거나 수당으로 줄 것이다. 나머지 10퍼센트 미만에 해당하는 회사에 다니는 직장인들은 재직 중에 회사를 상대로 법적 대응을 하기 어려우므로 퇴사할 때 회사 관할 노동사무소에 찾아가는 것이 현명한 방법이다.

② **생리휴가**

이번에는 생리휴가를 살펴보자. 외국인 CEO들은 생리휴가제도를 왜 법으로 정했는지 이해할 수 없다는 반응을 보인다. 생리휴가를 입법화한 배경을 보면 그 답이 나온다. 과거에는 법으로 보장된 휴가조차 기업들이 무시해버려 여성보호 차원에서 법제화시킨 측면이 강하다. 하지만 요즘은 과거와 달리 법정휴가 외에도 복리후생 차원에서 여러 가지 휴가제도를 도입한 기업이 늘면서 생리휴가를 법제화한 목적이 조금씩 퇴색되어가고 있다. 이런 현실을 반영한 때문인지 주40시간 근무시간제도가 도입되면서 생리휴가가 유급에서 무급으로 개정된 적이 있다. 간단히 말해 과거에는 생리휴가를 써도 월급이 그대로 나왔지만, 현재는 법이 개정되면서 생리휴가를 쓰면 월급에서 공제할 수 있다는 이야기다.

그래서 요즘에는 생리휴가를 쓰는 여성 직장인 수가 점점 줄어들고 있다. 생리휴가를 쓰면 월급에서 공제할 수 있어 생리휴가 대신 연차휴가를 사용하는 경우가 점점 늘고 있다.

그럼에도 연차휴가를 모두 사용하여 부득이하게 생리휴가를 사용해야 한다면, 미리 상사한테 이메일 등 적절한 방식으로 알려야 한다. 몇 해 전 한 신문에서 법원이 '회사의 사전 승인 없이 언제든 생리휴가를 사용하는 것이 가능하다'라고 해석한 것으로 기사를 내보내 기업들로부터 질문 공세를 받은 적이 있다. 그런데 정확히 말하면 이 기사는 오보다. 이 사례는 해당 여직원이 생리휴가를 사용하겠다고 여러 차례 상사에게 말했는데, 이에 대한 답이 없어 사용했으므로 결근이 아니라는 내용이었다.

③ 약정휴가

다음으로 살펴볼 휴가는 약정휴가다. 우선 자신이 다니는 회사의 취업규칙이나 사규를 살펴보아야 한다. 국공휴일, 즉 달력에 **빨간색**으로 표시된 날은 대부분의 회사가 쉬기 때문에 병가 위주로 살펴보겠다.

친구 한 명이 조기축구회 시합에 나갔다가 그만 다리가 골절되는 부상을 입은 적이 있다. 병원에 가보니 3개월의 치료가 필요하다고 해서 회사에 문의하니 사규에 근거가 없어 일단 무급휴직으로 처리하겠다고 해서 급한 마음에 연락을 해왔다. 친구는 아내가 무급휴직은 말도 안 된다고 하면서 목발을 짚고라도 출근하라고 신신당부(?)했다는 말로 서운한 감정을 드러냈다. 이런 상황이라면 당신은 어떻게 하겠는가? 친구한테 "집사람 말을 들으면 자다가도 떡이 생긴다"라고 대답할 수밖에 없었다. 그 이유가 궁금하다면 지금부터 하는 얘기를 잘 기억해두라.

직장인의 입장에서는 예고 없이 찾아오는 감기와 몸살, 사고로 말미암아 부득이하게 회사를 쉬어야 할 때가 있다. 그런데 회사에서 야박하게도 연차휴가를 먼저 사용하라고 한다면 어떻게 해야 할까?

먼저 사규에 병가가 있는지 확인해보아야 한다. 회사마다 다르기 때문이다. 내 경험으로는 연차휴가를 먼저 사용한 후 유급병가를 7일 이내에서 사용하도록 하는 회사가 약 70퍼센트이고, 약 20퍼센트의 회사는 연차휴가와 별도로 유급병가를 부여한다. 물론 약 10퍼센트에 해당되는 회사는 병가 자체가 아예 없다. 이처럼 회사마다 다른 것은 법에 규정된 바가 없기 때문이다.

사규에 병가가 없는 경우 상사나 인사팀과 협의해서 좀 봐달라고 하든가, 연차휴가를 미리 당겨 사용하게 해달라고 부탁해본다. 이런 일을 겪으면 참으로 서럽다는 생각이 든다. 그렇다고 해서 서운해할 것이 아니라 직원들의 의견을 모아 회사에 병가를 제도화해달라고 요청해보는 건 어떨까.

그런데 문제는 사고 등으로 장기간 회사를 다닐 수 없는 경우가 발생했을 때다. 유급병가가 있는 경우도 길어야 일주일이다. 그때도 사규를 먼저 살펴보아야 한다.

대부분의 회사는 휴직제도가 있다. 하지만 회사마다 휴직하는 사유와 휴직 기간 중 급여 처리가 다르기 때문에 결국 사규가 기준이 된다. 만약 다니는 직장의 사규에 휴직제도가 없는데 사고 등으로 꼭 사용해야 한다면 일단 휴직을 해야 하는 입증서류(예컨대 의사진단서)를 가지고 상사나 인사팀과 협의하는 것이 유일한 해결책이다. 물론 병가처럼 직원들의 중지를 모아 회사에 휴직을 제도화해달라고 요청해보는 건 어떨까. 참고로 육아휴직은 법에서 보장된 것이므로, 사규에 없더라도 사용할 수 있다.

이제부터는 왜 친구한테 "집사람 말을 들으면 자다가도 떡이 생긴다"고 얘기했는지 설명하겠다. 앞서 잠깐 설명한 것처럼 회사의 사규에 유급으로 휴직할 수 있는 조항이 없으므로, 회사는 친구를 무급휴직 처리를 할 수 있다. 그러면 현실적으로 그 친구는 3개월간 월급도 못 받고 아내의 구박(?)을 받아야 하는 신세가 된다. 도저히 움직일 수 없는 지경이라면 구박을 감수하는 수밖에 없지만, 움직일 수 있는 정도라면 목발을 짚고라도 직장에 나가는 것이 좋다. 눈칫밥을 먹더라도 월급은 받을 수 있고, 불편한 몸인데도 계속 출근하다 보면 "이렇게 직장을 위해 몸 바쳐 헌신하는구나"라며 회사에서 유급으로 며칠간의 휴가를 줄지 누가 알겠는가!

이 경우와 달리 업무상 사고라면 근로복지공단에 산재신청을 하면 된다. 요즘은 근로복지공단의 민원실에 가면 친절하게 산재 절차 등을 안내해준다. 따라서 업무상 재해라고 판단되면, 일단 근로복지공단 민원실에 가서 상담을 해보는 것이 좋다. 업무상 재해인지 여부가 불명확하여 전문가의 도움이 필요하다면, 공인노무사나 변호사의 도움을 받는 것도 한 가지 방법이다.

직장 내에서 사생활을 보호받을 수 있을까

첫 직장에 입사했을 때의 일이다. 기대 반, 설렘 반으로 회사에 출근해보니 이메일이 도착해 있었다. 누가 알고 보낸 거지 하며 열어보니 친구 녀석이었다. 이메일 내용은 이랬다.

'축하한다. 친구야! 우리 기념으로 고기나 먹으러 갈까?'

분위기를 파악하지 못한 나도 한 마디 거들며 답신을 보냈다.

'그래, 친구야! 네가 쏘는 거지?'

그리고 십여 분이 지났을까? 한 여직원이 이메일을 출력해 내 책상 위에 올려놓고 가는 것이 아닌가! 그때의 민망함을 생각하면 지금도 얼굴이 화끈 달아오른다. 물론 첫 직장이 로펌이다 보니 업무의 특성상 고객으로부터 이메일로 질의를 받는 경우가 많아 확인 차원에서 출력해 가져다준 것이다. 하지만 이런 시스템을 모르고 있던 나로서는 난감하기 그지없었다. 물론 그다음부터는 지인들한테 이런 중요한 사항(?)은 꼭 문자로 보내줄 것을 당부했다.

내 사적인 경험과는 좀 다른 이야기지만, 직장에 다니는 지인들과 만나 담소를 나누다 보면 회사에서 자신이 사용한 이메일이나 메신저 내용, 인터넷 검색사이트를 열람해보고 있는 건 아닌지 일말의 불안감을 가진 경우가 종종 있다. 첩보영화의 주인공도 아닌데 CCTV가 실시간으로 나를 주목하고 있다면 대략 난감이다.

그런데 이 부분은 실로 민감하고 어려운 부분이다. 직장인도 엄연히 존중받아야 할 인격이 있고, 누구한테나 노출하기 싫은 사생활이라는 것이 있다. 회사가 일하기 위해 모인 업무공간이라고 해도 말이다. 굳이 헌법까지 들추지 않더라도 상식적으로 이것은 당연한 권리다. 그런데 문제는 회사의 입장에서는 시설물을 관리해야 할 필요성이 있다는 것이다.

| 회사는 월급을 주고 당신의 시간을 구매했다! |

대기업의 콘텐츠 기획팀에서 근무하는 27세의 강 대리는 상사의 움직임을 예의주시하며 메신저로 수다삼매경에 빠졌다. 오전에 부장한테 깨지고 우울했던 기분이 다른 회사에 다니는 친구와 부장 욕을 실컷 하고 났더니 한결 나아진 듯했다. 메신저 창을 작게 만들어놓은 건 기본이고, 모니터는 상사 자리에서 안 보이도록 각도를 살짝 틀어놓았

다. 혹시나 들킬까 싶어 보안 필름과 무소음 키보드도 설치했다. 표정 관리와 조용한 움직임도 필수다. 그 시간에 박 부장은 사원들 몰래 뉴스검색을 하고 있었다.

'9 to 6' 근무시간을 지켜야 하는 직장인들의 오아시스는 업무 외 '딴짓'이 아닐까? 뉴스검색, 친구와의 메신저, 온라인쇼핑, 개인 이메일 관리, SNS, 개인전화, 주식투자 등 딴짓의 종류는 참으로 다양하다. 수시로 하는 건 문제지만 점심시간 이후 너무 졸리거나 업무효율성이 떨어지는 시간에 잠깐 하는 정도는 오히려 일의 집중력을 높여준다고 한다.

그러나 이런저런 변명을 하더라도 딴짓을 하는 직장인의 마음은 편할 수가 없다. 그때마다 혹시 회사가, 상사가 날 보고 있는 건 아닌지 조마조마하다.

우선 이메일과 인터넷부터 생각해보자. 가끔 텔레비전에서 검찰 관계자가 압수수색 영장을 내보이며 컴퓨터와 관련 서류를 압수해 통째로 들고 가는 장면을 본 적이 있을 것이다. 이해관계 없이 텔레비전을 볼 때는 멋있어 보일 수도 있지만, 당사자한테는 무척 당혹스러운 장면일 것이다. 만약 회사가 압수수색까지는 아니더라도 갑자기 당신의 이메일 사용내역을 체크하겠다면 어떻게 하는 것이 좋을까? 그리고 갑자기 인터넷 사용기록을 보겠다고 한다면 어떻게 해야 할까? 생각만 해도 당혹스러운 일이 아닐 수 없다.

먼저 직장인들이 기억해두어야 할 것이 있다. 대부분의 기업은 그렇게 무모한 조치를 취하지 않는다는 것이다. 사내 이메일과 인터넷의 경우 회사 소유의 시설이므로 검열할 수 있다는 견해도 있지만, 기본적으로 당사자의 동의 없이 무차별적으로 이메일이나 인터넷의 사용 기록을 검열하는 것은 불법이다.^{주49}

더구나 회사도 사생활 침해 문제로 여론화되는 것을 원하지 않기 때문에 꼭 필요한 경우가 아니라면 직원의 이메일과 인터넷 사용기록을 검열하는 일은 극히 드물다.

따라서 회사의 요주의 대상이 된 직원이 아니라면 불안해하며 이메일과 인터넷을 사용하지 않아도 좋다. 물론 누가 봐도 요상한 사진이나 동영상을 유포하는 행위를 하거나 회사의 기밀을 유출시키는 행위, 눈이 충혈될 정도로 주식정보를 보는 것은 금해야 한다. 이건 상식이니 더는 설명하지 않겠다.

그러나 여러 가지 이유로 회사에서 요주의 대상으로 분류되었다면 업무용 이메일과 인터넷을 사적으로 사용하는 것에 대해 평소보다 조심해야 한다. 한 중견업체의 회계부서에 근무하는 송 과장은 익명게시판에 사장에 대한 불만을 제기하는 글을 올렸다가 인터넷 프로토콜(IP) 추적을 당했다. 결국 비난성 글은 즉시 삭제되었고, 그는 인사상 불이익 조치를 당했다.

특히 회사의 정보과 자료를 자신의 개인메일로 전송하는 행동은 불필요한 오해를 살 수 있으므로 삼가는 것이 좋다.

| 누군가 나를 감시하고 있다?! |

다음으로 CCTV에 대한 부분이다. 만약 CCTV가 내 움직임을 따라다닌다면 직장생활을 하기 참 싫을 것이다. 직장생활을 하다 보면 인터넷 기사를 검색할 때도 있고, 동료와 커피 한잔을 마시면서 잡담을 나눌 때도 있다. 그런데 CCTV가 나를 응시하고 있다고 생각하면 직장인의 입장에서는 사생활 침해를 우려하게 된다.

그러나 회사의 입장은 다르다. 회사에서는 "CCTV 설치는 경영권의 고유한 영역에 해당되는 것으로, 이런 보안·감시 활동의 대부분은 적법한 범위 내에서 시설보호, 고객안전과 불법행위 방지를 위해 정당한 목적으로 운용되는 것이다"라는 입장을 고수하는 경우가 많다.

직원과 회사 간의 이런 상반된 시각에도 불구하고 이 문제는 현행법상 구체적으로 규정된 바가 없다. 그래서 개인적으로 몇 년 전 노동법률 전문지에 CCTV 설치의 문제점에 대해 글을 기고한 적이 있다. 이 기고문 때문은 아니겠지만, 그 이후 관련법을 개정하면서 사업장 내 근로자 감시설비의 설치(CCTV의 설치와 운영 등)에 대해서는 노사협의회에서 협의하도록 하고 있다.

참고로 노사협의회는 상시적으로 30인 이상 근무하는 사업장에 의무적으로 설치하도록 하고 있으며, 직원들이 투표로 선출한 근로자위원과 회사 측에서 임명하는 사용자위원으로 구성된다.

만약 CCTV로 말미암아 사생활을 침해받고 있다고 생각한다면, 개인이 총대를 메고 회사 측에 건의한다면 자칫 곤란한 지경에 빠질 수 있으므로, 직원들의 중지를 모아 회사에 건의하는 형식이 좋다. 노사협의회 혹은 직원협의회가 있다면 이를 통해 회사 측에 직원들의 의사를 전달하도록 한다. 그리고 회사 측에 의사를 전달할 때 CCTV의 설치 장소, 이를 운영하는 부서와 책임자, 이를 시설관리와 유지 외에 사용할 경우 해당 직원에게 그 목적을 알려주는 절차를 명확하게 해달라고 요청하는 것이 좋다.

그러나 법규정이 완비되지 않아서 CCTV의 설치 장소와 기록의 사용문제로 회사와 직원 간에 종종 갈등이 일어나곤 한다. 직장인의 입장에서는 불쾌하기도 하고 부담스럽겠지만, 시설관리 차원에서 CCTV가 적절한 장소에 설치되어 있는 경우 이를 임의로 제거했다가는 징계와 손해배상 책임까지 질 수 있으니 감정적으로 대응하지 말고 기회를 봐서 회사 측에 앞서 말한 세 가지 사항을 건의하면 어떨까?

만약 이메일과 인터넷의 검열, CCTV 설치가 자신의 사생활을 침해해서 더는 회사에 다니기 어렵다면, 강하게 권할 사항은 아니지만 법적 대응도 생각해볼 수 있다. 여기서 법적인 대응이란 회사를 상대로 사생활 침해에 따른 민사상 손해배상을 법원에 제기하는 방안 혹은 개인정보보호법 등의 위반으로 검찰에 고소하는 방안을 검토해볼 수 있다는 의미다. 물론 이런 사례는 현재까지는 거의 찾아보기 어렵다.

잘 쓰면 보약
잘못 쓰면 독약,
이메일의 두 얼굴

● 시중에 나와 있는 직장인 관련 서적 중 일부는 사내 이메일을 조심하고 또 조심하라고 말한다. 나도 일부는 이 말에 동의한다. 이메일은 한번 보내고 나면 그 흔적을 지울 수 없고, 때로는 번복할 수 없는 상황을 만들기도 하기 때문이다. 하지만 이런 특징을 역으로 잘만 이용한다면, 이메일이야말로 직장인을 보호해주는 최고의 안전장치가 될 수 있다. 특히 회사가 직장인을 배신하려고 한다면, 그동안 주고받은 이메일이 결정적 증거자료가 되기도 한다.

신제품개발부서의 장 대리는 최근 회사로부터 징계 조치 건으로 불이익을 당할 수 있다는 통보를 받았으나, 이메일 덕분에 절체절명의 위기에서 벗어났다. 인사팀에 불려갔더니 인사 팀장이 인상을 쓴 채 그를 기다리고 있었다.

인사 팀장: 내가 보자고 한 이유를 장 대리 자신이 더 잘 알고 있을 거라고 생각합니다. 지난 달 9일 무단결근, 17일 업무지시 불이행으로 한 달 동안 두 번이나 회사에 손실을 끼쳤습니다. 이 일로 인사상 불이익을 당할 수 있음을 미리 경고합니다.

장 대리: 팀장님, 조금 오해가 있으신 것 같네요. 저는 무단결근을 하거나 지시를 어긴 적이 없습니다. 여기 보면 제가 그러지 않았다는 관련 증거가 있습니다.

장 대리는 회사가 지목한 날에 무단결근과 업무지시 불이행을 하지 않았다는 증거로 두 장의 이메일 내용을 출력해 제시했다. 하나는 회사가 무단결근이라고 지목한 날에 상사와 장 대리 간에 주고받은 이메일이었고, 다른 하나는 회사가 업무지시 불이행이라고 지목한 날에 장 대리가 상사에게 보낸 이메일이었다.

보낸 사람: 장 대리

보낸 시각: 2011-08-09 8:50

팀장님, 제가 몸살이 심해서 오전에 회사로 출근하지 않고 바로 거래처로 가서 마무리한 후 퇴근했으면 합니다.

보낸 사람: 김 팀장

보낸 시각: 2011-08-09 9:30

그래요. 그러면 거래처 일을 마치는 대로 집에 가서 쉬세요. 그리고 건강도 잘 챙기고요.

보낸 사람 : 장 대리

보낸 시각 : 2011 - 08 - 17 15:20

팀장님, 내일까지 드리기로 한 보고서는 현재 거래처가 문을 열지 않아 확인하지 못한 부분이 있어 부득이하게 며칠 미뤄야 할 것 같습니다.

이런 상황이 되면 회사가 장 대리를 무단결근이나 업무지시 불이행으로 징계하기가 어려워진다. 그리고 사직을 권유하거나 인사 조치를 할 명분도 없어진다. 그만큼 장 대리는 자신을 지킬 수 있는 확률이 높아진 것이다.

앞의 사례는 일부에 불과하다. 10년 넘게 기업과 기업의 인사팀을 자문하면서 참으로 안타까운 것은 많은 직장인이 상사나 인사 팀장에게 이메일을 보내야 할 때는 보내지 않고, 오히려 보내지 말아야 할 때 보낸다는 사실이다. 더구나 보관해두어야 할 이메일을 지워버리는 직장인이 의외로 많다. 참으로 안타깝기 그지없다.

이메일을 어떻게 활용해야 할지 아직 감이 안온다면 다음 사항을 기억해두면 도움이 될 것이다.

① 이메일을 보내는 것이 유리한 경우

첫째, 상사가 자신의 잘못을 지적하는 이메일을 보낸 경우다. 예를 들어 업무 기한이 있는 일을 늦게 처리하여 지적당한 경우나 업무보고가 미흡하여 지적당한 경우 등이다. 평소 구두로 잘못을 지적하다가 갑자기 이메일로 잘못을 지적하는 횟수가 늘어나면 바짝 긴장해야 한다. 이런 경우 징계 등 인사 조치를 하기 위해 상사와 인사 팀장이 협의했을 가능성을 염두에 두어야 한다. 회사도 징계 등 인사 조치를 하려면 직원이 무엇을 잘못했는지 그에 대한 입증서류가 필요하다. 만약 이런 이메일을 받고도 답신을 보내지 않는다면 이를 인정하는 것으로 간주된다. 따라서 앞서 잠깐 설명했던 방식으로 짧고, 긍정적이며, 간접적인 문구로 이메일을 보내는 것이 좋다.

둘째, 자신이 업무진행에 기여한 경우다. 많은 직장인이 자신의 인사고과가 낮거나 회사의 인사 조치가 있으면 억울하다는 반응을 보인다. 그런데 문제는 그것으로 끝이라는 거다. 왜 억울한지 입증하지를 못하는 것이다. 눈치가 빠른 일부 직장인은 자신이 상사로부터 칭찬받은 메일을 금쪽같이 보관한다. 또 대부분 립서비스(?)로 끝나는 경우가 많은데, 이런 경우에는 좀 쑥스럽지만 상사한테 '이번에 진행된 프로젝트가 잘 마무리되어 다행입니다. 진행 과정에서 부장님이 제게 많은 기여를 했다고 칭찬까지 해주셔서 요즘 더 힘이 납니다'라고 이메일을 보낸 후 보관해두면 좋다.

셋째, 불가피하게 결근이나 조퇴를 하게 되는 경우다. 상사가 구두로 허락했다고 해도 만일의 경우에 대비해 이메일로 그런 상황을 간략하게 남기는 것이 현명하다. 예를 들어 '불가피하게 오늘 출근하지 못하는 사정을 말씀드렸을 때, 이해해주시고 허락해주셔서 감사합니다'라는 멘트 정도만 남겨두면 된다. 허락받은 사람은 당시 기쁜 감정까지 생생하게 기억할지 모르지만, 상사는 쉽게 잊어버릴 수 있다. 더군다나 일 년 이상 지나면 대부분의 상사는 그런 일을 까맣게 잊어버린다. 그런데 갑자기 인사팀에서 뒤늦게 결근 사실을 걸고넘어진다면 어떻게 해야 하는가? 상사가 알아서 보호막을 쳐주면 좋겠지만 언제 그랬냐는 식으로 나오면 난감할 수밖에 없다. 상사가 아무런 악의 없이 기억이 나질 않아서 오히려 부하직원을 나무랄 수도 있으므로 확인 차원에서라도 이메일을 남겨놓는 게 좋다.

② 이메일을 보내는 것이 불리한 경우

첫째, 자신의 잘못을 인정하는 이메일이다. 잘못은 상대방과 얼굴을 마주하고 용서를 구하는 것이 예의 있어 보이고 흔적도 남지 않는다. 또한 자신의 잘못을 이메일로 쓰다 보면 글이 길어진다. 대부분 잘못을 인정하면서 왜 그렇게 될 수밖에 없었는지 상황을 구구절절 설명하게 된다. 그렇게 긴 작문의 이메일은 결국 구차한 변명을 나열한 것에 불과하다. 더구나 나중에 문제가 될 때는 잘못을 인정하는 문구에만 밑줄이 쫙 쳐 있는 걸 보게 될 것이다.

물론 회사가 공식적으로 경위서나 시말서를 요구할 때는 이미 회사가 입증할 서류를 확보한 상태이므로, 당신도 적극적으로 사실이 아닌 사항에 대해 입증서류와 함께 자기주장을 펴야 한다.

둘째, 직속상사를 건너뛰고 그 위의 상사한테 보내는 이메일이다. 직속상사와 의견이 다르거나 답답한 경우가 있더라도 그를 건너뛰고 윗사람한테 이메일을 보내면, 어차피 그 내용을 직속상사한테 '전달' 하게 되어 있다. 그때 이메일을 받는 직속상사의 기분이 어떻겠는가? 혹을 떼려다가 오히려 붙여오는 게 바로 이런 경우다. 만약 그 이메일이 항의를 담은 내용이라면 징계 사유가 추가될 수 있다. 위계질서를 어지럽힌 죄에다 더 무서운 괘씸죄까지 말이다!

셋째, 사직과 관련된 이메일이다. 이런 이메일을 보낸 후 여러 가지 사정으로 철회했다고 해도 흔적은 절대 지워지지 않는다. 더구나 상사나 동료는 끝까지 이것을 기억할 것이다. 결국 꼬리표만 하나 붙인 격이다. 일을 조금만 소홀히 해도 "이미 조직에서 마음이 떠났으니 저렇지"라는 책망을 듣게 될 수 있다. 최악의 경우 문제가 생겨 회사로부터 사직을 권유받는 경우가 발생하면 그때 보낸 이메일이 발목을 잡을 수도 있다. "저번에 이미 사직한다고 한 적이 있으니…."

③ **반드시 보관해두어야 하는 이메일**

상식적으로 생각했을 때 나중에라도 문제의 소지가 될 만한 일은 이메일을 증거로 보관해두어야 한다. 앞서 언급한 것처럼 상사로부터 지적당했을 때 적절한 이의제기를 했던 이메일(예컨대 불가피한 사정으로 업무 기한을 지키지 못했을 때 이에 대해 설명하는), 반대로 상사에게 칭찬받았을 때 감사의 이메일 등은 보관해두는 것이 좋다. 또한 결근과 조퇴 등 근태와 관련된 이메일은 향후 자신을 지켜주는 안전장치 역할을 할 수도 있으므로 반드시 보관해두어야 한다.

다음은 이메일을 쓸 때 주의할 사항이다.

첫째, 이메일은 되도록 짧게 쓰는 게 좋다. 길어지다 보면 불필요한 생각이나 감정이 들어가기 쉽다. 그러므로 최대한 간단 명료하게 사실관계 위주로 쓰되 자신의 감정을 전할 때는 구두로 해서 흔적을 남기지 않는 것이 좋다.

둘째, 긍정적인 단어와 간접적인 문구를 사용하라. 상사가 오해한 부분이 있더라도 감정적으로 대응하거나 정면으로 반박해선 안 된다. 나중에 오해가 풀린다고 해도 자칫 감정의 골이 깊어질 수 있기 때문이다. 정면으로 반박하지 말고 간접적으로 지적한 부분에 오류가 있다는 점을 알리고, 상사에 대한 존중과 감사를 드러내는 문구로 이메일을 마무리 짓는 게 좋다. '이 부분은 제 뜻과 다르게 조금 오해가 있었던 것 같습니다. 오해가 있었던 부분에 대해 설명드릴 기회가 있었으면 좋겠습니다. 조언해주셔서 감사합니다'라는 정도가 적당하다.

반면 상사의 지적이 합당하다면 '이 부분은 제가 많이 부족합니다. 앞으로 많이 도와주십시오'라고 도움을 요청하는 게 좋다.

낮엔 직장인
밤에 사장님,
투잡해도 괜찮을까

● 최근 기업의 인사 담당자로부터 받은 질문을 잠깐 소개하겠다. 직원 중 한 사람이 조그만 분식 체인점을 개업했다고 한다. 지금까지는 업무를 소홀히 하거나 문제가 될 만한 일이 없었지만, 회사의 입장에서 볼 때 직원이 투잡할 경우 보이지 않게 업무성과나 집중도에 악영향을 미칠 수 있어 어떤 형식으로든 인사 조치가 필요하다고 판단해 조언을 구한 것이다.

이런 상황에서 회사가 직원을 징계 조치한다면 그 직원의 입장에서는 "퇴근하고 하는 건데 회사가 왜 이런 것까지 간섭하는 거지? 평생 나를 책임져 줄 것도 아니면서 말이야. 그리고 분식집하는 데 뭐 보태준 거라도 있어?"라고 반문할 수도 있다. 또한 회사의 입장에서 보면 "그러려면 장사나 할 것이지 뭐 하러 직장에 다니는 거야?"라고 말할 수 있는 상황이다. 이런 상황이라면 인사 담당자한테 어떤 조언을 해 주겠는가? 참 어려운 문제다. 특히 빚이 있어 낮에는 직장에서 일하고 밤에는 대리운전을 해야만 생활이 유지되는 생계형 투잡족이라면 더욱 그렇다.

| 외도에 대한 투잡족의 변명 |

알다시피 투잡족은 직업을 두 개 이상 가진 사람을 일컫는다. 이 단어가 등장한 배경을 살펴보면 무엇보다도 IMF 이후 가속화된 원잡(one job)족의 불안감, 즉 상시적 구조조정으로 말미암아 현재 직장이 더는 자신의 안정적인 삶을 보장하지 않는다는 불안감과 고용 시장의 경직성으로 재취업이 쉽지 않다는 불안감에서 비롯된 것으로 보인다. 2009년 취업포털 인크루트가 직장인 1,188명을 대상으로 설문조사를 벌인 결과, 현재 직장에서 샐러리맨들이 생각하는 예상 정년은 평균 43.9세였다고 한다.[주50] 이는 2008년 조사 때(48.4세)보다 4.5세 줄어든 것이라고 하니 직장인들의 불안감이 어느 정도인지 가히 짐작할 수 있다.

그래서 이런 고용불안에 대한 해답을 투잡에서 찾는 직장인이 늘고 있다. 몇 년 전 신문보도에 따르면, 직장인 10명 중 8명이 투잡을 희망하고 있다고 하니, 이제 투잡은 근로의 새로운 형태로 자리 잡아가고 있다.[주51] 특히 주5일 근무가 본격적으로 도입되면서 투잡족 역시 많아

지고 있는 상황이므로, 이 부분에 대한 논의가 필요한 시점이라고 할 수 있다.

| 어설픈 '투잡'은 죽도 밥도 안 된다 |

우선 투잡을 하고 있거나 하려고 하는 직장인이 반드시 체크해야 할 사항이 바로 회사의 기본 정책이다. 회사의 인사팀에 물어보면 업무에 방해가 되지 않는 선에서 투잡을 묵인해주는 회사가 있는 반면, 일부 회사는 사규에 투잡(법적 용어로는 겸직이라는 단어가 많이 쓰임)을 금지하고, 더 나아가서 각서까지 받는 회사도 있다. 그런데 문제는 사규나 각서를 통해 투잡을 규제하려는 움직임을 보이는 회사가 점점 늘고 있다는 점이다. 이런 상황에서도 반드시(?) 투잡을 해야 하는 상황이라면, 몇 가지 조심해야 할 것이 있다.

① **투잡을 숨기는 건 불문율이다**

투잡족임을 직장상사나 동료에게 말하지 않는 것이 좋다. 투잡에 성공할 경우 성공한 대로 주위의 시샘을 받을 수 있어 위험하고, 실패할 경우 그 영향으로 업무를 소홀히 하지 않나 하는 의심에 찬 시선을 받을 수 있기 때문이다. 이미 들켰다면 별수 없이 가족이나 집사람이 하는 것으로 일관성 있게 밀어붙여야(?) 한다. 만약 부하직원이 투잡을 통해 월급 이상으로 돈을 벌고 있다는 사실을 알게 된다면, 과연 부러운 마음만 있을까? 일을 조금만 그르치면 "엉뚱한 데 신경 쓰니까 그렇지"라는 타박이 쏟아질 수 있다는 걸 감수해야 한다.

② 투잡이 회사에 손해를 끼치는지 따져보라

투잡이 회사의 업무를 방해하거나 회사의 내부정보를 이용하는 등 해사(害社) 행위가 되어선 안 된다. 업무를 방해한다는 것은 여러 가지 의미를 담고 있다. 직접적으로는 회사와 경쟁관계에 있는 행위를 하는 것을 의미하고, 간접적으로는 투잡으로 말미암아 업무를 소홀히 하는 것이 포함된다. 이건 상식의 문제이므로 더는 설명하지 않겠다.

③ 회사의 특성을 고려하라

금융권에 종사하는 사람들은 투잡이 문제가 되는 경우가 많다. 왜냐하면 돈을 다루는 직업의 특성상 투잡으로 부정의 위험이 커질 수 있기 때문이다. 물론 금융권이 아니더라도 직장 내에서 회계나 재무부서에서 일하는 직장인은 다른 사람보다 조심해야 한다. 법원과 노동위원회에서는 금융권 직원이나 회계 혹은 재무부서 직원에게 더욱 엄격한 잣대를 적용할 가능성이 높다.

④ 빚을 내지 말고 소규모로 시작하라

이는 단순히 사업의 리스크 차원에서 하는 말이 아니다. 만약 회사가 투잡에 대해 징계 여부를 검토한다면 이는 중요한 판단 기준이 될 수 있다. 왜 그런가 하는 의문이 드는 직장인도 있을 것이다. 간단하게 말해 투잡으로 자판기를 하는 사람과 헬스클럽을 운영하는 사람은 회사의 입장에서 볼 때 업무를 소홀히 할 위험성에서 차이가 난다. 자판기를 하는 사람의 경우에는 상식적으로 짜투리 시간을 이용하여 운영하는 것이 가능하지만, 헬스클럽의 경우 투자비나 운영에 투입되는 시간이 많을 수밖에 없다. 물론 자판기 한 대가 아니라 여러 대를 운영한다면 문제는 달라지겠지만 말이다.

⑤ **직장이나 직장동료와 연관된 일은 하지 마라**

직장상사나 동료를 상대로 영업을 하거나 사업에 연관시키는 일은 하지 않는 것이 좋다. 특히 직장 내에서 돈거래를 해야 된다면 빨리 생각을 접는 것이 좋다. 왜냐하면 직장 내에서 돈거래를 하게 되면 직장의 위계질서나 근무 분위기를 해칠 수 있다는 것을 누구보다도 회사가 잘 알고 있어 이 부분에서 문제가 발생하면 해고를 포함한 중징계를 내릴 가능성이 매우 높다. 더구나 이런 경우 해고를 포함한 중징계를 내리더라도 회사의 인사 조치가 정당하다고 법원이 인정할 가능성 역시 매우 높다는 점을 염두에 둘 필요가 있다.

그러면 앞서 살펴본 사례에 대한 얘기를 좀 더 해보자. 직원이 분식 체인점을 개업한 것을 알게 된 회사는 어떤 조치를 취했을까? 결론적으로 말하면 나는 업무를 소홀히 하거나 업무의 특성상 부정의 위험성이 있는 경우가 아니라면 투잡 자체가 곧바로 징계 대상이 되는 것이 아니므로 일단 해당 직원한테 경고 조치를 하라고 조언해주었다. 나중에 들은 얘기지만 해당 직원에게 경고한 후 인사팀이 해당 직원을 관리 대상으로 분류하여 주시하는 중이라고 한다. 참고로 회사가 경고 조치로 그친 이유는 근무시간 외의 투잡 자체를 포괄적으로 금지하는 것이 법적 문제가 있다는 점이 고려되었는데, 해당 직원이 투잡으로 업무를 소홀히 했다고 볼 만한 사실이 없었기 때문이다.

어떻게 해야 직장생활도 잘하면서 투잡을 통해 소기의 목적을 이룰 수 있을까? 앞서 설명한 사항을 기준으로 자신이 투잡하는 것이 가능한지부터 판단해야 한다. 특히 투잡에 대한 회사의 규제와 자신이 하고 있는 업무의 특성을 고려해 투잡이 위험하다고 판단될 경우에는 일단 생각을 접는 것이 좋다. 그래도 투잡에 대한 미련을 버리지 못하겠다면, 수소문해서 눈치껏 투잡할 수 있을 것 같은 회사를 찾아보는 것이 현명한 선택이다. 물론 회사의 감시망을 비웃으며, 완벽하게 이중생활(?)을 할 수 있는 능력을 가진 사람에 대해서는 침묵하고 싶다.

진실,
그것은 때로
중요하지 않다

-
-
- 2006년에 나온 〈노스 컨츄리(North Country)〉는 1988년에 일어났던 '젠슨 대 에벨레스 광산'이라는 미국의 성희롱 관련 소송을 배경으로 한 영화다. 주인공 조시는 거듭된 남편의 폭력을 견디다 못해 어린 아들과 딸을 데리고 부모님이 사는 고향 미네소타 북부로 돌아온다. 그녀는 두 아이를 먹여 살리기 위해 돈벌이가 되는 마을의 광산에 취직한다. 하지만 광산 경기가 기울어가던 때라 남자들도 일자리를 찾기 어려웠다. 그래서 여성 광부는 남자들 사이에서 자신들의 밥그릇을 빼앗아가는 공공의 적으로 인식되었고, 성적 농담과 성추행도 수시로 자행되었다. 그녀는 그런 상황을 개선하려고 노력했지만 노조와 경영진뿐 아니라 같은 피해자인 여자 동료한테도 외면당했다. 그리하여 소송을 결심하기에 이르렀다. 7년간 계속된 재판 끝에 그녀는

결국 소송에서 이겼고, 이 사건을 계기로 미국에 성희롱 방지에 대한 관련법이 생겨나게 되었다. 내용 면에서 굉장한 여운을 남긴 영화였다. 주인공 젠슨은 그 자신도 피해자지만 불이익이 무서워 입을 닫아버린 동료들의 모습을 보며 성희롱에 공개적으로 저항하는 것이 얼마나 힘든 일인지 생각해보게 만들었다.

직장을 다니면서 가장 조심해야 할 부분이 바로 성희롱과 관련된 부분이다. 성희롱의 개념 자체가 포괄적이고, 기준 자체가 모호한 측면이 있어 일단 구설수에 오르게 되면 뒷감당을 하기 어려운 경우가 많다. 더구나 성희롱 혐의가 인정되면 해당 당사자는 인사 조치를 하도록 법적으로 규정되어 있어 회사로서는 상당히 부담스럽다. 특히 언론 등을 통해 사회에 알려질 경우 기업의 이미지에 부정적으로 작용해 회사의 입장에서는 빠른 인사 조치를 검토하게 된다. 이로써 직장 내에서 성희롱 관련 사건이 일어나면 그 진실에 관계없이 때로는 인사 조치를 할 수 밖에 없는 경우가 발생하기도 한다.

몇 년 전에 있었던 내 경험을 소개하도록 하겠다. 지방에 있는 모 기업에서 성희롱 문제가 발생했다고 하면서 당사자들을 조사해달라는 요청이 들어왔다. "수사권도 없는 나한테 무엇을 조사해달란 말인가?"라는 궁금증을 안고 지방으로 내려갔다. 회의실에는 김 상무가 앉아 있었다. 그는 "영업소에 있는 차장 한 명이 여직원한테 새벽에 문자를 보내고, 술 먹고 전화하고 그런 것 같은데 조사 좀 해주세요"라며 나한테 조사를 요청했다. 그리고 김 상무는 "사장님이 사실관계를 떠나

김 차장을 내보라고 하네요. 오늘은 먼저 해당 여직원을 만나 얘기를 들어주세요. 그리고 회의실을 나가시면 됩니다. 뒷일은 제가 알아서 처리하겠습니다"라고 말한 후 회의실을 나갔다.

몇 분 지나지 않아 김 대리가 들어왔다. 회의실에 들어오자마자 울먹이는 그녀를 진정시키고 나서야 대화를 시작할 수 있었다.

"몇 가지 사실관계를 확인한 후 회사에 결과를 보고할 예정입니다. 다시는 생각하고 싶지 않겠지만, 공적인 일이니 진정하시고 제가 묻는 말에 있는 그대로의 사실을 말씀해주셨으면 합니다."

그러자 김 대리가 긴장된 표정으로 이야기를 시작했다.

"김 차장님은 자기 애인을 대하는 듯한 말과 행동을 자주 했어요. 가정도 있는 사람이 어떻게 그럴 수 있는지 모르겠어요. 처음 영업소에 왔을 때는 잘 지냈어요. 김 차장님이 상사이고 해서 가능하면 잘 지내도록 노력했어요. 그런데 제 남자친구와 길을 가고 있는 것을 본 후로 저를 괴롭히기 시작했어요."

김 대리의 진술내용에 따라 김 차장이 실제로 성희롱을 했는지 여부를 검토해야 하기 때문에 불가피하게 자세한 것을 계속 물어보았다. 김 대리는 울먹이며 "저녁에 술을 먹고 전화하는 건 기본이고, 새벽에 문자를 보내기도 했어요. 특히 화가 나는 것은 휴가를 내려고 하면 '너 남자친구랑 놀러가려는 거지?! 절대 허락 못 해!'라며 사람 기분을 상하게 만드는 거였어요"라고 했다. 진술을 뒷받침할 수 있는 증거가 필요해 관련 문자를 가지고 있는지 물어보았다. 다행히 김 대리는 김 차장으로부터 온 문자를 보관하고 있었다. 문자의 내용은 이랬다.

'일찍 집에 들어가. 그리고 자기야, 내 꿈 꿔.'

추가로 몇 가지를 더 물어본 뒤 조사를 마쳤다. 김 대리가 나가고 20분 정도가 지나 김 차장이 들어왔다. 여러 가지 질문을 했지만, 김 차장은 김 대리의 진술을 부인하는 태도로 일관했다. 김 차장의 논리는 이랬다. "그냥 친동생 같아서 챙겨주고 싶었던 겁니다."

김 대리한테 받은 문자메시지를 내밀자 김 차장은 머뭇거리더니 이렇게 변명했다. "그냥 심심해서 장난을 친 겁니다. 그 문자는 저랑 오빠 동생하며 사이가 좋았을 때 보낸 거예요. 저는 삭제했지만 그 친구도 저한테 장난 문자를 보내곤 했어요."

김 차장의 답변을 듣고 나서 나는 이렇게 얘기해주었다. "사실관계에 따라서는 형사적 책임을 물을 수도 있습니다. 그리고 오늘 조사는 보고서를 작성해 회사에 전달할 것입니다."

조사를 마친 뒤 상무와 잠깐 인사를 나누고 회사를 나왔다. 서울로 올라오는 도중 상무로부터 전화로 왔다. 김 차장이 자신은 억울하다며 사직서를 제출했다는 소식이었다. 나중에 들은 이야기지만 상무가 김 차장한테 진실 여부를 떠나서 김 대리가 고소하면 회사도 힘들고, 가정이 있는 김 차장도 힘들어질 테니 알아서 회사를 그만두라고 설득했다고 한다.

어디까지가 진실인지 알 수 없지만 오해받을 만한 말이나 행동을 한 김 차장의 과실이 더 클 것이다. 이 사례는 다행히도 김 차장의 퇴직으로 마무리되었지만 억울하게 피해자만 손해 보는 경우도 많으므로, 각별히 주의를 기울여야 한다.

  피해 사례가 불거져 직장 내에 공개되고, 그로써 가해자가 처벌을 받았다고 해도 처벌이 벌금형이나 주의로 끝나는 경우도 많다. 정작 피해자만 성적 굴욕감과 피해의식으로 직장생활을 제대로 하지 못하는 사례도 많다. 그러므로 성희롱이라고 생각되는 발언이나 행동이 있으면 미미한 정도라도 즉각 항의해야 한다. 설마 하다가는 사태를 악화시키게 된다. 또한 성희롱 증거가 될 만한 것은 증거로 남겨두어야 한다. 앞의 사례처럼 문자메시지를 보관하거나 음성녹음, 또는 이메일로 항의해서 증거자료로 남겨야 한다.

  가해자 역시 공개적으로 문제가 제기되면 징계를 받아 직장생활을 하기가 힘들어진다. 어디를 가도 '성희롱자'라는 꼬리표가 붙어 동료들의 따가운 시선을 피할 수가 없다. 승진할 때도 도덕적 결함이 있는 직원을 승진 대상자에서 제외시키는 것 역시 당연한 일이다. 만약 가족에게 알려진다면 가장으로서의 권위 실추는 물론이고 가정생활에도 문제가 생길 것이다. 열심히 쌓아온 공든 탑이 한순간의 잘못된 생각과 행동으로 무너질 수 있다. 성희롱이나 성추행 문제로 오해받을 만한 행동은 미연에 방지해 절대 하지 말아야 한다.

7

대 한 민 국
1 퍼 센 트
프 로 직장인의
비   밀

"회사가 붙잡는 인재에게 평균 정년이란 없다!"

맞춤형 인재로
진화하라

삼성은 설명이 필요 없는 우리나라의 대표적 기업이다. 국내 최대 기업집단인 삼성그룹은 그 위상에 걸맞게 종업원 수가 무려 20만 5,000여 명에 이른다. 2, 3위인 현대자동차그룹(12만 2,000여 명), LG그룹(10만 3,000여 명)의 거의 두 배나 된다. 일등 기업에 일등 인재들이 몰린다는 점을 감안한다면 삼성은 가히 국내 최대의 '인재풀'이라고 해도 무방할 것이다. 실제로 삼성은 인재사관학교로 꼽힌다.

삼성의 눈부신 성장 비결이 무엇인지 연구한 논문과 서적만 해도 수백 권이 넘는다고 한다. 그리고 이런 연구의 결과물은 대부분 삼성의 인재양성 프로그램을 핵심 요인으로 지목한다. 특히 일본 기업조차 삼성의 인재양성 프로그램을 벤치마킹한다고 하니 다른 기업과 다른 무엇인가가 있는 게 분명하다. 그래서 나도 관련 서적과 신문보도 등을 살펴본 뒤 삼성에서 인사를 담당하고 있는 지인들을 통해 삼성의 인재양성 방식에 대해 분석해본 적이 있다.

내가 발견한 삼성의 인재양성 프로그램의 특징은 크게 세 가지로 요약된다. 첫째, 삼성맨이라고 하는 정체성에 대한 교육이다. 신입사원이 입사하면 한 달 가까이 강도 높은 신입사원 입문교육을 진행하면서 주인의식을 집중적으로 교육시키는 것으로 알려져 있다. 특히 이런 주인의식을 바탕으로 삼성문화를 체질화시켜 결국 삼성맨을 양성하고 있다.

둘째, 지역전문가제도를 꼽을 수 있다. 신원동의 『삼성의 인재경영』에 따르면, 이 제도는 입사 3년 이상 된 미혼 독신자 직원들 가운데 근무성적이 뛰어나고 국제감각을 가진 핵심 인재를 선발해 해외에 1년씩 내보내는 프로그램이다.[주52]

이 프로그램이 독특한 점은 해외 유명대학에 유학을 보내거나 연수 프로그램에 참여시키는 규격화된 형태가 아니라 본인의 선택 하에 자유롭게 그 나라를 체험하는 것이 가능하다는 점이다. 세계 각지를 경험한 지역전문가들이 오늘날 삼성의 글로벌 전략에 크게 기여하고 있는데, 이런 인재를 양성하는 삼성의 인재전략이 결실을 맺고 있는 것이다.

셋째, 사내대학제도라고 할 수 있다. 특히 삼성전자의 삼성전자공과대학은 국가가 인정하는 정규 학사학위를 수여하는 우리나라 유일의 사내대학으로 알려져 있다. 사내대학에서 학습하는 기간에도 급여가

계속 지급되고, 교육비용도 전액 회사가 부담하고 있어 삼성의 교육에 대한 투자의지가 얼마나 강한지 알 수 있다.

이런 특징적인 프로그램이 가능했던 것은 무엇보다 삼성의 인재중시 정책일 것이다. 이런 인재중시 정책은 성과를 중시하는 인사평가시스템이나 파격적인 성과급 등 경쟁력 있는 급여시스템에서도 잘 나타나 있다. 결국 삼성의 인재전략은 삼성맨이라고 하는 고유의 정체성을 바탕으로 각 분야의 전문가를 양성하고, 이런 인재가 일에 전념하도록 경쟁력 있는 급여와 복리후생을 제공하는 것을 요체로 한다고 정의할 수 있다.

외국계기업 중에서 인재사관학교로 꼽히는 기업을 꼽으라면 P&G를 들 수 있다.

P&G(Procter&Gamble)는 비누, 샴푸, 칫솔, 기저귀 등 다양한 종류의 소비재를 제조·판매하는 세계 제1위의 생활용품회사로, 미국 신시내티에 본사를 둔 다국적 기업이다.

P&G가 인재사관학교로 유명해진 것은 P&G 출신들이 세계적인 기업인 GE와 마이크로소프트 등의 고위경영자 자리에 오르면서부터라고 한다. P&G의 인재양성 방법에 대해 다룬 국내서적은 그리 많이 나와 있지 않다. 따라서 주로 신문보도와 최근 출판된 책을 토대로 P&G의 인재양성 방식을 분석해보았다.

첫째, P&G는 다른 외국계기업과 달리 경력직보다 신입사원을 채용해 교육하는 방식을 선호한다. P&G의 부서장이 인터뷰한 내용이 실린 신문과 와다 히로코가 쓴 『P&G 인재양성법』의 내용에 따르면, P&G는 '내부로부터 키운다(Built from within)'는 경영원칙을 금과옥조로 여긴다고 한다. 그래서 연간 채용 규모인 2,000~3,000명 중 경력직원은 5~7퍼센트로 최소한에 그친다고 한다.[주53] 즉 신입사원을 채용한 후 P&G의 정신을 체질화하도록 말하는 방법부터 서류를 작성하는 것까지 철저히 교육시킨다는 것이다. 이 부분은 삼성맨을 양성하기 위해 신입사원 입문교육에 많은 시간을 할애하는 삼성과 매우 유사하다.

둘째, 외국계기업이 구조조정을 통해 인력 운영의 유연성을 확보하기 위해 노력하는 반면, P&G의 경우에는 인력 감축을 실시한 적이 거의 없는 것으로 알려져 있다. 이 부분은 P&G의 인재를 중시하는 경영을 뒷받침하는 중요한 증거가 된다.

셋째, 삼성에 지역전문가제도가 있다면, P&G에는 해외파견근무제도가 있다. 해외파견근무는 직원혁신 프로그램의 핵심이라고 하며, 세계 80여 개국에 퍼져 있는 법인 간의 자유로운 인력교환은 직원들이 오랜 기간 몸담아도 업무에 흥미를 잃지 않도록 도와주는 역할을 해준다고 한다.

P&G에 관한 서적과 신문보도를 종합해보면, P&G의 인재양성 전략의 핵심은 고용안정을 바탕으로 P&G 사상을 구성원에게 체질화시킨 후 다양한 교육프로그램을 통해 전문가로 양성하는 것이다.

그런 측면에서 보면 삼성과 P&G는 그 기업만의 독특한 철학과 기업문화라는 DNA를 구성원한테 복제함으로써 일명 삼성맨과 P&G맨을 만들어내기 위해 노력한다는 공통점을 가진다. 회사에 다니는 직장인이라면 삼성맨, P&G맨처럼 자신이 다니는 회사의 사람이 되어야 한다.

1대 1 멘토링으로
최고의 인재를
키운다

● 미국 경영대학원(MBA) 학생들이 가장 선호하는 기업은 어디일까?

2011년 기업브랜드 전문 여론조사기관 유니버섬(Universum)이 미국 내 MBA 재학생 6,297명을 대상으로 '가장 선호하는 회사'에 대해 설문조사를 벌인 결과에 따르면 세계적인 전략컨설팅 기업 맥킨지앤컴퍼니(Mckinsey & Company)가 29.1퍼센트로 1위를 차지했다. 주54 맥킨지는 폭넓은 트레이닝 기회와 업무에서 장기적이고 유리한 경력으로의 디딤돌이 될 수 있다는 점 때문에 경제위기 후 더 크게 각광받고 있다.

그런데 놀라운 사실은 맥킨지의 컨설턴트 재직 평균 수명이 2.5년에 불과하다는 사실이다. 승진이 아니면 자발적으로 사직하여 새로운 일자리를 찾는 것이 보편화되어 있기 때문이다. 대개 '신의 직장'의 조건으로 손꼽히는 것이 높은 인지도와 연봉 외에 '안정성'임을 감안한다면 고개를 갸웃거리지 않을 수 없다. 그럼에도 MBA 학생들에게 매킨지가 꿈의 직장으로 손꼽히는 이유는 무엇일까?

매킨지는 세계적인 컨설팅 전문회사이자 속칭 CEO사관학교라고 불린다. 이는 "매킨지 출신이다"라는 말이 곧 실력을 입증하는 보증서가 되기 때문이 아닐까? 매킨지에 소속된 컨설턴트들의 이력을 살펴보면 세계 어느 누구와 견줘도 뒤처지지 않을 만큼 수재 집단이라는 사실을 알 수 있다. 또한 매킨지가 더 빛나는 이유는 이들을 더욱 대단한 인물로 키우는 인재양성소이기 때문이다.

매킨지컨설팅 서울사무소 최정규 공동대표는 한 인터뷰에서 매킨지의 장점을 1대 1 지도(Mentorship)에서 찾았다.[주55]

"컨설턴트 초년병 시절에 아무리 생각해도 모르는 문제가 있어 미국의 동료한테 도움을 요청하는 팩스를 한 장 보냈습니다. 얼마 지나지 않아 '기초가 부족한 것 같으니 공부하세요'라면서 한 박스 분량의 자료를 보내줬습니다. 매킨지는 누구든 동료가 질문하면 반드시 3일 이내에 성실하게 답변하는 것을 원칙으로 삼고 있습니다."

멘토식 인재양성법으로 세계경영의 기준을 제시하는 매킨지가 있다면, 우리나라의 멘토식 인재양성법을 대표할 만한 곳은 김앤장을 꼽을 수 있다. 두 곳 모두가 도제식이 가능할 만큼 뛰어난 멘토가 있다는 점이 공통점이다.

김앤장은 아시아 최대 로펌으로 법률 시장이 개방되어도 외국의 로펌과 경쟁할 수 있는 몇 안 되는 토종 로펌으로 평가받고 있다. 김앤장이 낯선 독자들을 위해 좀 더 설명하면 변호사, 세무사, 변리사, 노무사 등 각종 전문가로 구성된 회사로 기업의 인수·합병, 기업금융, 인사노무, 조세 등 다양한 업무를 보는 곳이다. 여기서 살펴보고자 하는 것은 김앤장의 독특한 멘토링 방법이다.

김앤장의 프로 양성방식을 한 마디로 표현하면 도제식 훈련과 팀워크에 있다고 말할 수 있다. 크게 주니어, 시니어, 파트너의 3단계로 나뉘는데 맨투맨방식으로 코칭과 교육을 병행하면서 직원의 성장을 돕는다. 10년 이상 일하면서 전문적 식견을 가진 시니어 혹은 파트너 변호사가 주니어 변호사한테 자신의 노하우를 전수해주고, 때로는 업무 수행 방식 등에 대해 멘토 역할을 해주는 것이다. 도제식 양성의 장점을 고스란히 살렸다고 볼 수 있다.

제너럴모터스의 전 최고경영자 알프레드 슬로안(Alfred Sloan)은 "기업이 사람을 고용하고 적소에 배치하는 데 4시간도 투자하지 않는다면 이를 만회하는 데 400시간 이상을 투자해야 할 것이다"라고 말했다.[56] 탁월한 인재를 확보하는 것이야말로 기업의 경쟁력을 결정하는 가장 기본적인 전제조건이다. 매킨지와 김앤장처럼 1대 1 멘토링을 통해 조직에서 개인의 능력을 존중하는 한편 향상시키는 방법을 찾아보는 것이 어떨까? 조금만 눈을 돌리면 주변에서 쉽게 나만의 멘토를 찾을 수 있을 것이다.

3개월마다 이력서를 업데이트하라

● 직장인 10명 중 약 4명은 '369징크스'를 경험해본 적이 있다고 한다.^{주57} 3개월마다 직장을 그만두고 싶을 만큼 일하기가 싫어진다는 의미인데, 이를 달리 해석하면 그만큼 심하게 매너리즘에 빠진다는 말이 아닐까. 새로운 업무에 도전하지 않고, 익숙한 방식으로 업무를 반복하다 보면 매너리즘에 빠지기가 쉽다. 늘 같은 방식으로 다람쥐 쳇바퀴 돌듯 업무를 수행하면 싫증도 금방 나고, 목표도 잃어버리기도 쉽다.

인사 담당자들이나 헤드헌터들은 3년마다 자신의 이력서를 업데이트하면서 스스로 반성하는 시간이 필요하다고 말한다. 그런데 3년마다 이력서를 업데이트하는 것은 너무 더디고 효율성도 떨어져 현재의 트렌드와 거리가 있다. 왜냐하면 이력서를 업데이트하는 목적이 과거에는 이직을 위한 것이었다면, 현재는 자신을 뒤돌아보고 무엇을 개선해야 하는지에 대한 힌트를 얻기 위한 것으로 그 성격이 변하고 있기 때문이다.

| 3개월마다 새로운 일에 도전하라 |

중견 IT 기업에 다니는 김 과장은 평균 연령이 34세인 직원들 사이에서는 37세로 최고참에 속한다. 하지만 나이 어린 신입사원들보다 발빠르게 업계의 새로운 소식을 꾀고 있는데다가 자기 담당 업무가 아닌 분야도 두루두루 알고 있어 업무 파악이 신속하고 일처리도 깔끔하다는 평가를 받고 있다. 3개월마다 이력서를 업데이트한 덕분이다. 그는 분기별로 이력서를 업데이트하면서 그동안 자신이 담당했던 업무를 체크해보고, 기존에 수행하던 업무 외에 다른 게 없으면 이를 반성의 기회로 삼는다. 또한 거기서 끝나는 게 아니라 경쟁력을 높이는 데 도움이 될 만한 새로운 업무가 없는지 적극적으로 찾아본다. 당연히 직무 레벨이 올라갈 수밖에 없다.

내가 자문하는 기업의 인사 팀장은 평소 마케팅 업무에 꾸준히 관심을 갖고 참여한 덕분에 인사와 마케팅을 총괄하는 임원이 되었다. 나중에 알게 된 사실이지만 마케팅 업무를 이해하는 인사 팀장이라는 희소성을 인정받은 것이 결정적 이유였다고 한다.

직장 내에서 현재 하고 있는 업무를 전문화시키는 것도 중요하지만, 일정 연차가 되면 다른 업무도 한번 욕심 내보는 것이 좋다. 특히 팀장급 이상이 되면 3개월마다 이력서를 업데이트할 때 현재 업무 외에 직장 내에서 기여할 수 있는 업무를 추가하는 것이 좋다. 임원으로 승진하려면 한 분야의 전문성 이외에도 회사의 업무를 전체적으로 파악해내는 눈이 필요하기 때문이다. 특히 회사에서 중요시하는 재무와 마케팅, 영업부서의 일에 참여할 수 있는 기회를 만든다면 더욱 좋을 것이다.

나도 개업하고 나서 직원을 채용하고 교육시키는 과정에서 직원들한테 3개월마다 자신이 하고 있는 업무를 평가해보도록 권유했다. 자신이 수행한 직무내용을 3개월마다 업데이트하다 보면, 도전에 대한 의욕도 생기고, 무엇을 통해 자신의 경쟁력을 높여야 하는지 정확한 답을 얻을 수 있기 때문이다.

특히 일에 대한 막연한 두려움을 가진 3년차 미만 직장인의 경우에는 3개월마다 하는 이력서 업데이트가 업무 파악에 큰 도움이 된다. 또한 새로운 일을 하면서 자신감도 키울 수 있어 일석이조다. 더구나 요즘 같은 경쟁사회에서 3개월 동안 이력서에 새로 쓸 내용이 없다는 것은 자신이 속한 직장에 대한 예의가 아니다.

내 경우에는 3개월마다 수행했던 업무내용을 체크해본다.

우선 종전에 수행한 업무를 적고, 최근 3개월 동안 수행한 업무를 적은 뒤 두 가지를 비교하여 업그레이드할 점을 분석하고, 업그레이드

된 사항이 없는 경우 왜 그런지에 대한 반성과 이유를 적는다. 개업 초기부터 지금까지 적어놓은 것을 보면 업무의 발전 정도와 변화된 내용 등을 한눈에 파악할 수 있어 향후 계획을 수립하는 데도 여러모로 도움이 된다.

| 3개월마다 어장관리를 하라 |

3개월마다 업데이트를 하라는 의미에는 업무 외적인 부분도 포함된다. 나는 3개월마다 그동안 받았던 명함을 정리하면서 관계를 유지하고 싶은 사람들한테 이메일이나 문자 등으로 안부를 전하면서 인연의 끈을 놓지 않으려고 노력한다. 그런데 이 방법이 의외로 큰 자산이 되어주고 있다. 평소에는 연락 한번 없다가 부탁할 일이 생기면 연락하는 사람을 좋아할 리 없다.

지금부터 3개월 동안 만나 인연을 맺은 사람들을 정리해보는 시간을 가져보는 건 어떨까? 전 직장의 상사나 동료는 무척 소중한 인적자산이 되는 경우가 많은데, 특히 전 직장상사나 동료가 이직이나 창업할 때 큰 도움을 주는 경우를 흔히 볼 수 있다. 그들에게 안부 문자를 보내는 것도 좋은 방법이다. 1분도 안 되는 짧은 시간을 투자한 문자가 훗날 당신이 꿈꾸는 성공의 밑거름이 될지 누가 알겠는가!

항상 준비된 자세로 임하라

● 우연히 예전에 함께 일했던 로펌 소속 변호사의 인터뷰 기사를 보게 되었다. '고객이 편하게 잠들기 전까지 나는 잠자지 않는다'라는 헤드라인 기사로, 진정한 프로정신이 무엇인지 보여주는 내용이었다. 기사를 읽다가 문득 이런 생각이 들었다. 직장인도 자신의 상사나 동료 더 나아가서 부하직원들을 '고객'으로 생각하면 어떨까? 업무적으로 맺어진 수직관계로 인식하는 게 아니라 상사, 동료, 부하직원을 모두 고객으로 대하는 것이다.

이는 나 자신한테도 해당되는 말이다. 개업하기 전에 진작 그랬더라면 좀 더 많은 것을 배울 수 있었을 텐데 말이다. 친하게 지내던 한 선배 변호사의 이야기다. 어느 날 일을 마치고 밤늦게 집에 들어가니 아들 녀석이 자지 않고 또랑또랑한 눈으로 아빠를 기다리고 있더라는 것이다. 그런 아들이 귀엽고 기특해서 "이 세상에서 누가 가장 높은 사람이야?"라고 물었다고 한다. 당연히 "아빠"라는 답이 돌아올 것을 예상했는데, 아들은 대뜸 "클라이언트요"라고 답했다고 한다. 그래서 아이한테 "왜?"라고 물었더니 그 이유가 더 재미있다.

"아빠는 주말이고 밤이고 클라이언트가 부르면 언제든 달려나가잖아요." 아마추어는 정해진 업무 시간에만 일하지만, 진정한 프로는 회사와 고객을 위해 24시간 준비된 자세로 임한다.

좀 다른 얘기지만, 요즘 MBC 프로그램 〈나는 가수다〉가 대세인 것 같다. 그중에서도 임재범을 향한 대중의 관심이 뜨겁다. 그가 윤복희의 '여러분'을 부를 때 모습은 마치 한 편의 영화 같았다. 최선을 다해 열창하는 것은 임재범 이외의 다른 가수들도 마찬가지였지만 관중이 그에게 더 많은 갈채를 보낸 이유는 무엇일까? 임재범 특유의 포효하는 창법 때문일까? 단순히 노래를 잘해서는 아닐 것이다. 그 안에 담긴 진정성과 스토리 때문이 아니었을까 한다. 아내의 암투병에 얽힌 회한의 눈물과 무한한 감사를 알기에 관중이 느끼는 감동은 그만큼 더 컸을 것이다. 노래 한 곡으로 큰 감동을 안겨준 그는 분명 자신의 일을 예술의 경지로 끌어올렸다.

프로 직장인도 이래야 한다. 일을 통해 고객과 회사에 감동을 줄 수 있어야 한다. 일을 잘하는 기술자는 많다. 하지만 상대방을 배려하고 감동을 주는 것은 기술자가 할 수 없는 영역이다. 그것은 바로 프로의 영역이다.

함께
일하고 싶은
사람이 되라

평소 알고 지내는 한 헤드헌터는 평판조회를 할 때 마지막으로 이렇게 묻는다고 한다.

"그 사람과 다시 일할 기회가 주어진다면, 함께 일하고 싶습니까?"

정이 많은 우리나라 사람들은 모질게 표현하지 못해 평판조회를 할 때 대부분 에둘러 말한다. 전 상사와 대판 싸우고 회사를 나왔다거나 하필이면 나를 잡아먹지 못해 안달하던 사람한테 평판을 물을 수도 있지만, 그런 최악의 상황은 거의 일어나지 않는다. 그렇다 보니 이 질문은 회사에서 직원을 채용할 때 최종적으로 지원자의 자질을 검토하는 데 결정적 단서가 된다고 한다. 뛰어난 업무능력도 중요하지만 회사는 기본적으로 여러 사람이 모여 함께 성과를 만들어내는 곳이다 보니 '함께 일하고 싶은 사람'이라는 평판은 천군만마를 얻은 것 이상의 효력을 가진다. 함께 일하고 싶은 사람으로 평가받는 이들의 가장 큰 공통점은 무엇일까?

첫째, 커뮤니케이션 능력이 뛰어나다는 점이다. 의사소통이 되지 않으면 일을 제대로 진행할 수 없다. 의사소통을 잘한다는 것은 말을 재미있게 하거나 분위기 메이커 역할을 하는 것과는 의미가 다르다. 원하는 것을 정확히 전달하는 게 무엇보다 중요한데, 중간보고와 중간체크를 잘하는 습관을 들이는 것만으로도 상당한 효과를 거둘 수 있다. 회의 안건에 반대하거나 상대방의 부탁을 거절해야 할 때는 미안해하기보다 의사표현을 정확히 해서 쓸데없는 오해가 생기지 않도록 한다.

둘째, 상대방의 성공을 이끌어내는 데 최선을 다해야 한다. 직장인들이 모시고 싶은 상사로 몇 년째 '멘토 역할을 해주는 상사'가 1위로 꼽혔다. 부하직원이 해당 업무의 전문가가 되도록 아낌없이 후원하는 상사, 기회를 주고 지원해주는 상사… 이런 사람과 일하면 매사에 적극적으로 일할 수 있다. 대학생들이 모시고 싶은 CEO 1위로 안철수 서울대 융합과학기술대학원장이 꼽힌 것도, 직장상사로 모시고 싶은 연예인 1위로 유재석이 선정된 것도 같은 맥락이라고 할 수 있다.

후배나 신입사원을 챙기는 시간을 아까워하는 사람, 업무는 알아서 하는 거지 누가 가르쳐주는 게 아니라고 말하는 사람은 절대 함께 일하고 싶은 사람이 될 수 없다. 서로한테 도움이 되는 관계, 상대가 발전하도록 이끌어주는 관계를 만드는 것이 바로 성공의 열쇠다.

피드백 속도가
곧 전문성의 척도다

요즘은 회사 업무의 상당 부분이 이메일을 통해 이뤄진다. 특히 나처럼 컨설팅을 하면 고객의 회사에 상주할 수 없다 보니 업무 진행과 관련해 이메일로 커뮤니케이션을 하는 경우가 많다.

이메일로 한 회사의 대표부터 사원까지 다양한 직급의 사람들과 함께 일하면서 자연스럽게 몇 가지의 사실을 깨닫게 되었다. 내 주관적인 경험이지만, 다음은 지금까지의 경험을 종합한 것이다.

① **이메일 피드백 속도는 업무에 대한 주인의식에 비례한다**

어떤 사안에 대해 이메일로 문의하면 사원이나 과장급보다는 대표와 임원급의 피드백이 훨씬 빠르다. 왜 그럴까 곰곰이 생각해본 결과, 업무에 대한 주인의식이 높기 때문이라는 결론을 내렸다. 업무를 다른 무엇보다 우선순위에 두기 때문에 빠르게 답할 수 있었던 것이다. 그리고 현재의 위치에 오른 것이다. 어떤 사람은 대표나 임원진의 피드백 속도가 빠른 이유가 업무에 대한 결정권이 있기 때문이라고 반박할지도 모른다. 하지만 피드백은 결정사항을 통보하는 것이 아니라 업무의 진행 과정을 상대방한테 알려주는 것이므로 직급과는 별다른 관련이 없다.

② 이메일 피드백 속도는 직무능력에 비례한다

회사에 대한 자문과 컨설팅을 10년 넘게 하면서 그동안 만났던 사람들을 생각해보았다. 10년 전 대리 혹은 사원으로 만났던 사람들 가운데 지금 팀장 혹은 임원으로 승진한 사람이 있는가 하면 그렇지 못한 사람도 있다. 주관적인 경험이지만, 이메일 피드백이 빠른 사람들은 조직에서도 인정받고 승진도 빠른 편이다. 왜일까? 그 이유는 크게 두 가지로 생각해볼 수 있다. 하나는 진행 과정을 상대방한테 빠르게 알린다는 것은 상대방을 존중한다는 의미가 포함되어 있기 때문이다. 이메일로 현안에 대해 문의한 사람은 답변을 노심초사 기다리게 된다. 달리 말하면 빠른 답변은 상대방의 시간을 절약해준다는 의미도 있다. 절약된 시간만큼 상대방에 대한 신뢰도가 높아지는 것이다. 그 신뢰가 쌓여 결국 그 사람에 대한 긍정적 평가로 이어지는 것을 수없이 보았다. 다른 하나는 빠른 피드백은 리스크관리의 꽃이다. 진행 과정에서의 빠른 피드백은 상호간 협의할 수 있는 시간적 여유를 주게 된다. 더 나아가 빠르고 상세하게 피드백을 준다면, 상대방은 진행 과정에 있어 충분히 리스크를 인지하고 준비할 수 있다. 직원의 피드백이 느려 상사가 시간에 쫓겨 의사결정을 해야 할 상황이 된다면, 과연 그 직원에 대해 좋은 평가를 내릴 수 있을까?

③ 이메일 피드백 속도는 관심도에 비례한다

이건 상식적으로 생각해봐도 금방 알 수 있다. 이메일을 보낸 사람은 현안에 따라 다르겠지만, 상대방이 수신했는지 여부를 확인하게 된다. 그런데 상대방이 이메일을 확인했음에도 피드백을 주지 않는다면 마음이 상할 것이다. 아무리 바빠도 '네, 잘 받았습니다. 확인해보고 연락드리겠습니다'라는 메시지를 보낼 수 없을 만큼 바쁜 사람은 없다. 이 정도도 쓰지 못할 만큼 바쁘다면 조만간 과로사할지도 모른다. 조금 귀찮더라도 빠르게 피드백하는 습관을 들여라. 크게 힘들이지 않고도 당신에 대한 평가를 긍정적으로 만들 수 있다.

앞서 설명한 내용은 이메일을 예시로 들었지만, 커뮤니케이션의 기본 역시 다르지 않다. 빠른 피드백 속도는 직장인을 더욱 빛나게 해준다는 사실을 기억하라.

역발상 인맥관리로
진짜 내 사람을
만들어라

대한민국 1퍼센트 프로들은 인맥관리에서도 남다른 점이 있다. 특히 일반적으로 생각하는 것과 전혀 다른 방식으로 그들만의 인맥을 구축하는 경우도 많다.

로펌에서 일할 때 상사였던 파트너 변호사 역시 남다른 인맥관리법을 가졌다. 한번은 그와 차를 탄 적이 있는데, 내릴 때까지 핸드폰에 저장된 전화번호 리스트를 보며 계속해서 전화하는 것이 아닌가. 일부러 들으려고 한 것은 아니지만 들어보니 내용은 무척 간단했다. 요새 어떻게 지내는지, 건강은 괜찮은지 등 사소하기 그지없는 내용이었다. 그런데 그 사람 주위에는 유독 사람이 많았다. 상대방에 대해 꾸준히 관심을 갖고 지속적으로 연락하는 것이 그의 인맥관리 비결이었다. 처음에는 비즈니스 측면에서 하는 관리인가 보다 생각했지만, 세월이 지나면서 꼭 그런 것만은 아니라는 사실을 알게 되었다.

저녁식사를 함께하기 위해 음식점 앞에서 만났는데, 그 변호사의 손에 케이크 상자가 들려 있었다. 무슨 날인가 했더니 그날이 음식점 매니저 생일이라는 것이다. 케이크 선물을 받아든 매니저의 기분이 상승곡선을 그렸으리란 것은 당연한 일이다. 단순히 비즈니스 때문이라면 음식점 매니저한테 선물까지 할 필요는 없었을 것이다. 그의 행동은 마음에서 우러나오는 진심, 상대방에 대한 꾸준한 관심이 없다면 할 수 없는 것이었다. 사람들은 대개 권력을 가진 사람, 윗사람한테만 잘 보이려고 노력한다. 그래서 그의 진심이 더욱 돋보였다.

나 역시 그 사람을 롤모델로 삼고 지인들에게 꾸준히 연락하고 관심을 가지려고 노력하지만 여간 힘든 일이 아니다. 때로는 오랜 기간 연락을 못해 서먹서먹해진 사람도 있고, 전화하면 상대방이 괜히 부담스러워할 것 같아 망설여지기는 경우도 있다. 누구나 아는 평범한 진리지만 실천은 말처럼 쉽지 않다.

| 블루오션 인맥관리 비법 |

연말이 되면 사람들의 발걸음이 바빠진다. 연말에는 행사다, 각종 모임이다 해서 쉴 새 없이 바쁘다. 그처럼 바쁘게 모임에 참석하는 이유는 다양하겠지만, 가장 큰 이유는 아마도 인맥형성일 것이다. 이렇게 만난 임원들 가운데 자신만의 특별한 인맥관리 노하우를 가진 사람이 많아서 소개하려고 한다.

　국내 굴지의 대기업에서 현재 임원으로 있는 사람은 자신의 인맥관리에 대해 이렇게 말했다. "많은 사람은 레드오션 마인드로 인맥관리를 합니다. 즉 현직에 있거나 잘 나가는 사람들과 인맥맺기를 원하죠. 그들이 자신한테 도움을 줄 거라고 생각하기 때문입니다. 그런데 그런 사람들 주변에는 인연을 맺으려는 사람이 넘쳐나요. 그만큼 경쟁이 치열하겠죠. 또한 막말로 그런 사람들과 운 좋게 인연을 맺었다고 해서 과연 그 사람이 당신을 도와줄 것 같습니까? 아니요, 대개는 도와주지 않습니다. 왜냐하면 그는 자신의 직위 때문에 사람들이 접근한다는 것을 알기 때문입니다."

　직위도 권한도 영원한 것은 없다. 롤로코스트처럼 인생에는 올라갈 때가 있으면 내려올 때도 있는 법이다. 그러므로 더더욱 블루오션 마인드로 인맥관리를 할 필요가 있다. "여태껏 레드오션 속에서 아등바등 인맥을 맺으려고 애썼다면, 앞으론 여유를 가지고 조금 넓은 시각으로 생각해보길 바랍니다." 현직에서 물러나 있거나 지금 어려움에 처해 있는 사람들과 인연을 맺어보라는 것이다.

　그는 현재 대기업의 임원으로 승승장구할 수 있었던 밑바탕에는 전 직장상사가 큰 자리를 차지한다고 고백했다. 한때 상사가 한직으로 물러나 어려움을 겪던 시절에 정기적으로 인사도 드리고 안부전화도 평소보다 자주하고 생일에는 조그만 선물도 직접 챙겼다고 한다. 그게 인연이 되어 훗날 상사가 일이 잘 풀려 이직하면서 자신을 가장 먼저 불렀다고 한다. 그리고 임원으로 승진하는 데도 결정적인 역할을 해주었다고 한다.

그는 마지막으로 "지금도 주변에 혹시 어려움을 겪는 사람이 있는지 살펴봅니다. 왜냐하면 그 순간이야말로 진정한 인맥을 맺을 수 있는 절호의 기회이기 때문입니다. 그렇게 맺은 인연이 훗날 큰 선물이 될지 누가 압니까?"라고 말했다.

껍데기를 붙들려고 애쓰기보다는 마음과 마음이 부딪히는 인맥을 쌓아라. 생각만 해도 흐뭇하지 않은가!

| 마음의 빚을 지게 만들기 |

김앤장을 떠나 개업식을 할 때의 이야기다. 평소 알고 지내던 상무님으로부터 우편물이 도착했다. 궁금해하며 열어보았더니 개업했으니 공부할 것도 많을 텐데 책을 사보라면서 편지 한 장과 함께 도서상품권을 보내신 것이다. 별것 아닐 수도 있지만 그렇게 고마울 수가 없었다. 그런데 다음 해에 상무님의 어머님이 돌아가셨다는 부고를 받았다. 당시 지방 출장 중이라 장례식에도 참석하지 못하고, 딱히 조의금을 대신 내줄 사람도 없어 성의 표시도 못한 채 지나가고 말았다. 시간이 지날수록 미안한 마음이 커져 전화 한 통도 못 드렸다. 그렇게 시간이 흘러 사무실을 이전하게 되었고, 주변사람들한테 알리지도 않았는데 어떻게 아셨는지 또다시 도서상품권을 보내주셨다. 그때 내 심정은

감사함이 아니라 부끄러움 그 자체였다.

   그리고 몇 달 후 상무님으로부터 전화 한 통을 받았다. 친척이 과로로 사망했는데 산재처리에 관한 조언을 부탁하신 것이다. 드디어 빚을 갚을 기회가 생겼다는 생각에 착수금은 고사하고 내 가족의 일처럼 혼신을 다해 산재처리가 되도록 힘썼다. 결국 유족들은 산재보상금을 받을 수 있게 되었고, 겸사겸사 저녁식사를 같이하게 되었다. 그 자리에 나가 얼굴을 보자마자 "마음의 빚을 청산할 수 있는 기회를 주셔서 감사합니다"라고 말했다. 그러자 상무님은 이렇게 말했다. "사람들은 대부분 받은 것은 잊어버리고 준 것은 기억합니다. 그래서 나중에 그에 상응하는 것을 받지 못하면 관계가 서먹해지죠. 특히 경조사 같은 경우가 그래요. 그런데 상대방 역시 받기만 하고 돌려주지 못하면 오랫동안 미안한 마음을 갖게 됩니다. 그런 상황에서 한 번 더 상대방에게 베풀면 그 사람과 정말 좋은 인연을 맺을 수 있지요. 더 나아가서 악연도 인연으로 만드는 힘이 있다고 생각합니다. 그게 진짜 인맥이지요."

   이 대화를 통해 인맥에 관해 다시 한 번 생각해볼 기회를 가졌다. 마음의 빚을 진 상대방이 부탁해오면 웬만한 사람은 발 벗고 들어줄 것이다. 오랜 기간 쌓아둔 마음의 빚을 청산하기 위해서라도 말이다. 그분의 남다른 인맥관리 노하우는 다름 아닌 '주고 또 주는' 전략이었던 것이다. 이거야말로 긍정적 의미의 "되로 주고, 말로 받는다"는 게 아니겠는가!

회의 시간은
이미지메이킹을 위한
절호의 기회다

"회의는 쓸데없이 왜 이렇게 많은 거야?"

직장인이라면 한 번쯤 이런 생각을 해보았을 것이다. 업무로 정신없이 바빠 한숨 돌릴 시간도 없을 때는 툭하면 열리는 회의가 불필요하게 느껴질 때가 있다. 하지만 직장인에게 회의는 자신의 능력을 상사나 동료에게 각인시킬 수 있는 몇 안 되는 절호의 기회. 회의를 통해 준비성과 커뮤니케이션 능력, 일에 대한 열정과 전문성을 보여줄 수 있기 때문이다.

국내 굴지의 자동차그룹 사장 자리까지 오른 사람의 이야기는 직장생활을 하는 사람들한테 시사하는 바가 크다. 그가 사장까지 오를 수 있었던 것은 회의에서 보여준 남다른 커뮤니케이션 능력이었다고 한다. 대리 시절부터 간결하게 핵심 사안을 정리하여 상사에게 보고하는 능력이 뛰어났다고 한다. 여러 가지 중대한 현안으로 머릿속이 복잡한 상사한테 부하직원의 간결한 보고는 매우 중요한 의미를 갖는다. 그렇지 않아도 시간이 없는데 회의에서 핵심을 못 집고 우왕좌왕하는 부하직원을 보면 상사는 짜증을 넘어 화가 난다.

그런 측면에서 보면 그는 분명 상사에게 매력적인 부하직원이었을 것이다. 결국 그의 보고능력은 빠른 승진뿐 아니라 사장 자리까지 오르는 데 큰 역할을 했다. 시간이 별로 없던 그룹의 회장은 짧은 시간에 듣고 싶었던 얘기를 정확하고 일목요연하게 설명하는 그의 능력을 높이 샀다고 한다. 물론 그가 보고만 잘했던 건 아닐 것이다. 하지만 보고능력은 분명 그를 돋보이게 만든 결정적 요소로 작용했을 것이다.

따라서 직장인이라면 회의 때 무엇을 주의해야 하는지 한 번쯤 고민해봐야 한다.

① 회의 시 침묵은 자살골이다

"침묵은 금이다"라는 격언은 적어도 회사 내에서는 통하지 않는다. 특히 부하직원이 회의 시간에 침묵을 지키는 것은 하나의 직무유기다. 만약 회의 시간에 침묵을 지킨다면, 상사는 그 부하직원을 이렇게 생각할 것이다. '자신의 의견조차 없는 저런 사람과 어떻게 함께 일해야 할지 모르겠군!!'

정말 할 얘기가 없다면 다른 동료들의 의견을 어떻게 생각하는지 자신의 견해라도 말하는 것이 좋다.

② 중언부언하지 마라

침묵하는 부하직원 못지않게 상사를 짜증나게 하는 유형이다. 중언부언한다는 것은 준비가 부족하다는 증거이며, 다른 팀원들의 시간을 빼앗는 무례한 행동이다. 차라리 간단히 얘기하고 미진한 부분은 추후 이메일로 보내겠다고 하는 것이 좋다.

③ 명확한 표현을 사용하라

'아마도' '거의' '대개' 등의 모호한 표현은 불필요한 오해만 살 뿐 정확한 결론을 내는 데 방해가 된다. 그래서 일본 IBM은 20년 전부터 커뮤니케이션 매뉴얼을 제작해 회의석상에서 모호한 표현의 단어 사용을 금하고 있다.[주58] '현재 80퍼센트 진행됐고 일주일 후에 완료된다' 등 구체적으로 표현해야 효율적으로 회의를 이끌 수 있다.

④ 상사에게 "노"라고 말하지 마라

공식적인 회의석상에서 상사의 의견에 "노"라고 말하는 것은 '난 당신을 상사로서 인정하고 싶지 않다'는 의미로 들리게 만든다. 부하직원이 상사로 인정하든 인정하지 않든 간에 상사는 상사다. 그렇다면 적어도 공식석상에서 "노"라고 말하지 않는 것이 좋다.

⑤ 상사에게 어젠다(agenda)를 선물하라

달리 말하면, 상사 앞에서는 가급적 논의의 중심에 서지 말라는 의미다. 현명한 부하직원은 상사가 논의의 중심에 서도록 배려할 줄 안다. 이를 위해서는 중요한 정보나 프레젠테이션 부분은 미리 상사에게 알려주는 것이 좋다. 더 나아가서 프레젠테이션을 할 때 상사한테 도움을 받았던 부분이나 상사의 조언을 내용에 포함시켜 발표하면 자신과 상사 모두를 돋보이게 할 수 있다.

⑥ 회의내용을 간결하게 요약하라

회의가 끝나갈 무렵에는 상사가 한 말은 간결하게 요약해 확인을 받아라. 상사가 지시한 내용을 잘못 이해했거나 상사가 의도하는 바를 놓쳐 낭패를 보는 경우가 종종 있다. 이를 방지하려면 상사한테 다시 한 번 확인받는 것이 좋다.

스티브 잡스를 벤치마킹하라

프레젠테이션 능력은 곧 실력의 척도이자 승진을 위한 교두보 역할을 한다. 이런 이유 때문인지 프레젠테이션과 관련된 서적도 많고 강의도 많다. 특히 최근 타계한 애플의 창립자 스티브 잡스의 프레젠테이션은 전 세계인이 기대하는 행사였다.

개인적으로 나도 궁금해서 유튜브에 올라와 있는 그의 프레젠테이션을 여러 번 돌려보며 흉내를 내본 적이 있다. 그의 동영상으로 보고 있으면 '참 매력적이다'라는 생각이 절로 든다. 옷차림부터 매우 전략적이다. 우선 검은색 터틀넥 스웨터에 청바지를 입고 운동화를 신고 나타난 그의 모습은 CEO가 아닌 새로운 IT 기술을 능숙하게 다룰 것 같은 일반인의 이미지를 연상케 한다.

강의의 백미는 다름 아닌 잡스의 프레젠테이션 기법이다. 그가 준비한 자료를 보면 무척 간결하다. 그런데 그 자료가 너무 간단해서 궁금증을 불러일으킬 뿐 아니라 이야기에 집중하도록 만든다. 자료에 글자는 거의 없고 이미지만 있어 그의 설명을 더 듣고 싶어지게 만든다.

그런데 한 가지 생각해볼 점이 있다. 잡스에게는 보장된 시간과 그를 충분히 어필할 수 있는 무대가 있다는 것이다. 시간이 없으니 빨리 하라는 상사도 없고 피곤에 지쳐 눈을 반쯤 감은 상사도 없다. 그러니 모로 보나 불리한 당신은 잡스보다 철저한 준비로 무장해야 한다.

다음은 스티브 잡스의 간결함을 모방해 만든 프레젠테이션 방법이다.

① 압축해 결론만 말하라

잡스에게는 그의 프레젠테이션을 애타게 기다리는 셀 수 없이 많은 추종자와 보장된 시간이 있다. 하지만 살벌한 경쟁 속에서 사는 직장인한테는 보장된 시간이 짧기 때문에 간결함 속에 의미를 집약해 제시하는 능력을 키워야 한다. 그래서 나는 철저히 두괄식으로 진행할 필요가 있다고 생각한다. 결론을 열 단어로 압축해 제시하는 것이다. 만약 한 페이지에 30단어 이상이 있으면 상사는 발표자의 이야기보다 화면 속 단어에 집중할 것이다. 당연한 상식 같지만 이를 지키지 못하는 사람들이 대부분이다. 외부 강연을 듣다 보면 부연설명이 가득 찬 페이지를 띄워놓고 말하는 사람이 많다. 그럴 때면 나 역시 강의하는 사람의 말보다 글자를 읽는 데 더 정신을 판다. 그만큼 집중도가 떨어진다는 얘기다.

가능한 열 단어 이내로 압축된 제시어를 갖고 결론부터 말하는 것이 청중의 뇌리에 오래 남는다. 할 말이 많더라도 부연설명은 상사의 시간적 여유와 피곤 정도 등을 살펴가면서 적절히 조정한다.

② 첫 페이지부터 시선을 사로잡아라

잡스처럼 놀라운 연출을 하지 못하더라도 국어 교과서를 읽는 것처럼 줄줄 읽어서는 곤란하다. 첫 페이지만큼은 상사를 재미있게 만들거나 놀라게 만들 필살기 하나 정도는 연구해놓는 것이 좋다. 예를 들어 상사가 좋아하는 연예인이나 여행지 등을 주제와 연결시켜 첫 페이지를 장식하는 것도 좋은 방법이다.

③ 새로운 프레젠테이션 도구를 활용하라

최근에는 파워포인트 대신 프레지(Prezi)를 사용하는 사람들이 점점 늘고 있다. 프레지가 생소한 직장인들을 위해 간략하게 소개하고 넘어가겠다. 프레지는 스토리텔링 프레젠테이션을 가능하게 만들어주는 새로운 도구다. 기존의 프레젠테이션이 비슷한 도표와 사진이 한 장씩 단조롭게 넘어가는 파워포인트 슬라이드를 활용했다면, 프레지는 무한히 넓은 캔버스 위를 종횡무진 움직이며 전체를 한눈에 파악하도록 해준다. 글자가 돌고, 확대되고, 춤을 추기도 한다. 또한 자유롭게 동영상을 실행하고 웹사이트를 넘나들 수도 있다. 이런 기능을 가진 프레지는 스토리텔링에 유리하다. 즉 자신의 강의내용을 하나의 스토리로 만들어 연속선상에서 설명하는 데 용이하다는 뜻이다. 프레젠테이션을 하다 보면 각 페이지의 내용이 단절되어 듣는 사람을 지루하게 만들 수 있지만, 프레지를 사용하면 좀 더 큰 틀에서 세부내용을 볼 수 있어 듣는 사람의 이해도를 높일 수 있다.

상사의 시간을 아껴주고 박수 받는 프레젠테이션을 하고 싶다면, 기존의 식상한 프레젠테이션을 넘어 정신적 피로감을 해소해줄 수 있는 알찬 구성의 프레지를 시도해보는 것도 좋은 방법이다.

워킹맘에게
드리는 조언

● 회사로부터 육아휴직과 관련된 질의를 받을 때마다 씁쓸한 생각을 지울 수가 없다. 여전히 육아휴직을 보는 기업의 시각이 우호적이지 않기 때문이다. 직원 성비가 남자가 월등히 높은 국내기업의 경우에는 특히 그렇다.

아내도 현재 직장을 다니고 있는데다가 육아문제로 함께 고민해야 하는 내 입장에서는 남의 얘기 같지가 않다. 한번은 힘들어 하는 아내한테 육아휴직을 내는 것이 어떻겠냐고 했더니 정색을 하며 "육아휴직을 내면 얼마나 눈치 보이는 줄 아느냐"라고 퉁명스럽게 대답했다. 아내의 살벌한 표정을 보고 나는 시키지도 않은 설거지를 하겠다고 팔을 걷어부쳤다. 노무 일을 맡고 있는 남편의 아내도 선뜻 육아휴직을 내지 못하는 게 현실인데 다른 워킹맘들은 오죽하겠는가.

앞의 글을 보면 마치 아이 돌보랴, 회사 일하랴, 살림하랴 '1인3역'으로 바쁜 아내를 위해 열심히 보필하는 남편 같지만 실제로는 가뭄에 콩 나듯 집안일을 돕고 있음을 고백한다. 마음은 굴뚝같지만 이상하게 생각만큼 되지 않는다. 다른 집 남편들의 사정도 나와 비슷할 거라고 본다.

| 워킹맘이 꿈꾸는 일과 직장 |

연예인 션처럼 다정다감하고, 유재석처럼 아이와 잘 놀아주고, 알렉스처럼 육아와 요리에 뛰어난 남편…. 언젠가 워킹맘이 꿈꾸는 남편에 대한 기사를 얼핏 본 기억이 난다. 그런데 현실은 달라도 너무 다르다. 그저 워킹맘들의 노고에 미안하고 한편으로 고마울 따름이다.

이직이나 경력 전환을 앞두고 있는 워킹맘들을 위해 그들이 마음 편하게 일할 수 있는 직장, 육아를 병행하면서도 자신의 능력을 십분 발휘할 수 있는 직장과 직무에 대해 곰곰이 따져보았다.

먼저 워킹맘들이 다니기 좋은 직장으로는 국내기업보다는 외국계기업이 수월하다는 생각이 든다. 외국계기업의 경우 본사의 정책상 여성에 대해 차별할 수 없도록 법적으로 제도화된 경우가 많다. 또한 현지의 법률을 준수해야 하는 의무가 있어 법으로 보장한 육아휴직 등을 위반할 수가 없다.

직원의 성비로 볼 때는 여직원이 많은 직장이 좋다. 아무래도 여직원이 많으면, 정책적으로 여성을 지원하는 제도적 장치가 잘 마련되어 있다. 예를 들어 병원이나 항공사는 다른 기업들에 비해 육아휴직에 더 우호적이다.

직장이 아니라 직무로 볼 때는 커뮤니케이션 능력이 중시되는 일을 추천하고 싶다. 대표적으로 인사나 교육 업무의 경우 커뮤니케이션 능력이 무엇보다 중요한데, 이쪽 분야에서 탁월한 능력을 발휘하는 워킹맘이 많다. 아마도 출산의 고통과 아이를 키우면서 체득한 인내력, 엄마로서의 감성적인 능력, 자녀를 양육하면서 키운 섬세한 관찰력이 커뮤니케이션 능력을 키우는 데 도움이 되지 않았나 싶다. 실제로 외국계기업에서 인사 업무를 담당하는 워킹맘들은 승진도 빠르고 조직의 인정을 받는 경우가 많다.

| 워킹맘이 절대로 해선 안 되는 치명적 실수 |

워킹맘이 일하기 좋은 이상적인 직장과 직무는 그렇다 치고, 현실에서 벗어나기 힘든 워킹맘들을 위해 다음 이야기를 들려주고 싶다.

최근 상담한 화장품 회사의 홍보팀에 근무하고 있는 36세의 장 과장은 화장실에서 우연히 동료들의 이야기를 엿듣고 큰 충격에 빠졌다고 한다. "경력직이라고 뽑았더니 신입보다 못한 거 같아. 우리 회사 미팅이 야간에 많은 거 알았으면 들어오질 말았어야지." "누구는 야근하고 싶어서 하냐고? 회식에서 매번 1차만 하고 혼자 쏙 빠져 분위기나 깨고 말이지. 이래서 아줌마는 안 된다고."

엄마 손이 많이 가는 초등학교 저학년 아이를 둘이나 둔 장 과장은 육아문제로 항상 정시에 퇴근하곤 했다. 아이를 봐줄 사람이 마땅치 않아 야간 미팅의 경우에는 아예 참석하지 못하다 보니 직장 내의 커뮤니케이션도 원활하게 이루어지지 못했다. 그런데 얼마 전 회사 측으로부터 해고를 검토하고 있다는 통보를 받았다고 한다.

이 사례를 통해 워킹맘들이 조심해야 할 것을 살펴보자. 첫째, 육아문제로 퇴근 후 회의나 잔무에 참석하지 못할 경우 업무보고나 동료와의 커뮤니케이션에 힘써야 한다. 야근까지 하며 일하는 상사나 동료들의 입장에서 보면 워킹맘 직원 하나 때문에 일의 진행이 더뎌진다고 생각할 수 있다. 또한 자신들이 해야 할 업무량이 늘었다고 생각할 수도 있다. 그러므로 이런 점에 각별히 신경을 써야 한다.

둘째, 아무리 허물없고 친한 동료라고 해도 "육아 때문에 힘들다" "기회 봐서 그만둬야지"라는 말을 절대로 해선 안 된다. 처음 몇 번은 안쓰럽게 생각하다가도 점점 부담스러워지는 게 인지상정이다.

셋째, 현명하게 육아휴직을 쓰는 법을 터득해두는 게 좋다. 요즘에는 공식적으로 육아휴직을 쓰지 못하게 하는 회사가 점점 줄고 있다. 아마도 사회 분위기와 정부 정책 때문일 것이다. 하지만 의외의 곳에 복병이 있으므로 주의해야 한다.

최근의 상담 사례를 종합해본 결과, 육아휴직을 사용하는 데 가장 큰 걸림돌이 되는 것은 회사나 상사가 아니라 바로 직장동료였다. 같이 일하던 동료가 육아휴직으로 자리를 비우면 자신이 해야 할 업무가 가중된다고 생각해 싫어하는 사람이 많다는 것이다. 따라서 육아휴직을 쓰고 싶다면 동료들의 마음부터 사로잡는 것이 중요하다. 잠시 자리를 비우는 동안 동료들이 빈자리를 잘 채워주겠다는 의사를 상사나 회사에 전달하면 한결 마음 편하게 육아휴직을 사용할 수 있다. 더 나아가 육아휴직을 사용한 후 복귀할 때도 동료들이 그 자리를 대체인력 등이 대신하지 못하도록(?) 든든하게 지켜줄 것이다.

위풍당당 골드미스에게 드리는 조언

● 근래 직장인들 가운데 골드미스가 유독 많다. 안정된 직장과 경제력을 갖춘 30~40대 고학력 미혼 여성을 뜻하는 골드미스는 진정한 프로 직장인이다. IMF 금융위기 이후 평생직장의 개념이 사라지면서 남자들도 경쟁사회에서 살아남기가 쉽지 않다. 더군다나 우리나라는 아직까지도 남성 위주의 조직문화가 팽배하기 때문에 이런 경쟁사회에서 살아남았다는 것은 뛰어난 능력과 열정을 가진 직장인임을 입증하는 증거다.

그러나 골드미스들한테는 말하기 힘든 고민이 많다. 대기업 해외마케팅팀에서 근무하는 36세의 서 과장은 업계에 소문이 날 정도로 두루 실력을 인정받고 있는 출중한 인재다. 자기주장이 뚜렷하고 이해력이 빠르며 커뮤니케이션 능력도 뛰어나다. 자기계발과 경력관리도 틈을 주지 않을 정도로 철저하다. 최근에는 동남아시아와 중국을 무대로 공격적인 해외마케팅을 펼쳐 기대보다 높은 성과를 올렸다. 연말이면 올해 세웠던 매출목표를 훨씬 뛰어넘을 것으로 보인다. 중국 대학에서 경영학을 전공하고, 중국 내의 다른 기업에서도 근무한 경험이 풍부한 서 과장의 역할이 지대했다. 그런 그녀의 고민은 다름 아닌 술자리 문화였다.

"우리나라 남자들 참 이상하죠. 술 없으면 일을 못하는 사람들처럼 하루 걸러 술자리예요. 물론 부서 특성 때문일 수도 있지만요. 아무튼 여자라고 뺀다고 생각할까 봐 되도록 참석하려고 노력합니다. 하지만 개인생활도 중요하다고 생각하기 때문에 1차까지만 참석하는 걸 원칙으로 정했어요. 그래서 그런지 정작 중요한 얘기는 저만 빼고 한다는 기분이 들 때가 많아요. 괜한 자격지심일까요?"

대기업 재무회계팀에 근무하는 32세의 하 대리 역시 오랜 기간 쌓인 스트레스를 토로했다. "정확하게 확인하는 게 뭐 잘못된 건가요? 영수증이 누락돼서 돌려보내면 이번엔 금액을 틀리게 가져오고. 양식이 많은 것도 아닌데 매번 전화해서 물어보고… 그래서 한마디 하면 노처녀 히스테리 부린다고 야단하고."

골드미스들의 이런저런 고충을 듣다 보면 모두 맞는 얘기지만, 한 가지 중요한 점을 놓치고 있다는 생각이 든다. 바로 비공식적인 커뮤니케이션이다.

| 비공식적 커뮤니케이션을 활용하라 |

상사나 동료들과 일을 좀 더 수월하게 진행하려면 때로는 업무 외적으로 친분이 필요한 경우가 더러 있다. 이런 비공식적인 커뮤니케이션은 직종과 위계를 넘어 인간적 유대, 학연, 지연, 입사 동기 등을 기반으로 형성되는 경우가 많다. 근거가 미약한 루머 형태의 대화가 많아서 소통 과정에서 왜곡의 소지가 다분해 관리자의 입장에서는 경계하는 부분이 있기도 하다. 하지만 구성원들 사이에서는 유대감을 형성하고 조직의 긴장감을 해소하는 측면이 있으며, 공식적인 자리에서는 다루지 못하는 정보나 아이디어를 발굴할 수 있는 통로가 되기도 한다. 그러므로 이를 소홀히 다뤄서는 안 된다. 의외로 유용한 정보가 많이 포함되어 있다는 말이다.

직업상 인사 팀장들을 만날 일이 잦은데, 남자보다 여자 인사 팀장을 대하는 것이 더 힘들다는 생각이 든다. 단순히 성별이 달라서가 아니라 여자 인사 팀장의 경우 깐깐한 사람이 많다. 성격상의 특징이라기보다는 업무에서 공식적인 커뮤니케이션만 사용하는 경우가 많기 때문이다. 남자 인사 팀장들은 업무 이외에도 저녁식사나 술자리 등 비공식적인 커뮤니케이션을 통해 친분을 쌓을 수 있는 반면, 여자 인사 팀장들은 따로 만나 친분을 쌓기가 어렵다. 상사나 동료들과 업무 외적으로 친분을 쌓을 기회가 상대적으로 적기 때문이다. 때로는 업무 외의 비공식적 커뮤니케이션이 윤활유 역할을 하는 경우가 많다는 사실을 명심하길 바란다.

비단 내 생각만 그런 게 아닐 것이다. 자문하는 회사의 인사 담당자들과 이야기를 나누다 보면 비슷한 얘기를 종종 듣는다. 골드미스의 경우 업무 이외에 비공식적 커뮤니케이션이 부족하다 보니 업무를 진행하다 의견이 다를 때 노처녀 히스테리 때문에 그렇다는 등 오해를 사는 경우가 종종 있다.

물론 일부의 경우이기는 하지만, 골드미스 직장인이라면 한번쯤 생각해볼 필요가 있는 문제다. 직장생활이 일만 잘한다고 되는 것이 아니라는 것은 누구나 알고 있는 사실이다.

"골드미스들의 업무능력이 뛰어날지 모르지만, 까다로워서 함께 일하기가 불편하고 신경 쓰인다"고 말하는 사람이 적지 않다.

따라서 골드미스의 경우 때로는 저녁식사나 회식자리에서 자신의 존재감을 드러내 보여줄 필요가 있다. 전략상 이미지가 나빠지지 않을 정도로 살짝(?) 망가진 모습을 보여준다거나, 상사나 동료들한테 술 한잔 사면서 인간적인 모습을 보여주는 것도 좋은 방법이다.

주석

※ 설문조사 결과의 일부와 인터뷰는 신문기사를 참고했으며, 책의 출판연도는 초판 인쇄일을 기준으로 명시했다. 아울러 법원의 판례와 고용노동부 등의 유권해석은 지면관계상 대표적인 사례만 언급했다.

1. 《매일경제》(2011. 4. 23); 《한국경제신문》(2011. 5. 24); 《오마이뉴스》(2011. 5. 22) 등
2. 《한국경제신문》(2011. 3. 12) 등
3. 《한국경제신문》(2011. 3. 3) 등
4. 《법률저널》(2010. 12. 31) 등
5. 《매일경제》(2010. 6. 22); 《한국경제신문》(2010. 9. 23); 《조세일보》(2009. 10. 14) 등
6. 벤저민 프랭클린, 『가난한 리처드의 달력』, 휴먼하우스, 2006.
7. 《매일경제》(2011. 3. 19) 등
8. MBN 뉴스(2010. 5. 4) 등
9. 《메디컬투데이》(2010. 10. 26) 등
10. 앨리 러셀 혹실드, 이가람 옮김, 『감정노동』, 이매진, 2009.
11. 《경향신문》(2010. 10. 26) 등 참조
12. 이민규, 『끌리는 사람은 1%가 다르다』, 더난출판, 2006.
13. 데이비드 R. 카루소·피터 샐러비, 함규정 옮김, 『하트스토밍』, 이지출판사, 2008.

14. 마이클 J. 골드버그, 박헌준·유민봉 옮김, 『성공 경영을 위한 에니어그램 리더십』, 김영사, 2001.

15. 《경제투데이》(2010. 7. 27)

16. 김위찬·르네 마보안, 강혜구 옮김, 『블루오션 전략』, 교보문고, 2005.

17. 마커스 버킹엄·도널드 클리프턴, 박정숙 옮김, 『위대한 나의 발견 강점 혁명』, 청림출판, 2002.

18. 한국콘텐츠진흥원 취업 특강, 네이버 스포츠 '양준혁 에세이' 등

19. 《조선일보》(2011. 5. 4) 등

20. 마츠우라 모토오, 이민영 옮김, 『선착순 채용으로 세계 최고 기업을 만들다』, 지식공간, 2010.

21. 《매경이코노미》(2011. 7. 13) 등

22. 이우영 편역, 『고사성어 대백과』, 아이템북스, 2009.

23. 이민규, 『실행이 답이다』, 더난출판, 2011.

24. 《매경이코노미》(2008. 7. 9) 등

25. 김정운, 『노는 만큼 성공한다』, 21세기북스, 2005.

26. 《한국경제신문》(2010. 12. 20) 등

27. 《동아일보》(2003. 8. 31) 등

28. 리처드 셸, 박헌준 옮김, 『협상의 전략』, 김영사, 2006.

29. 《연합뉴스》(2011. 4. 5) 등

30. 《참여와 혁신》(2009. 3. 13)

31. 《한국경제신문》(2010. 12. 13); 《아이뉴스》(2009. 3. 31); 《아시아경제신문》(2010. 12. 28) 등

32. 서울고등법원(2003. 9. 26, 2003누3316)과 서울행정법원(2004. 12. 28, 2003구합39306)은 인사고과가 계속해서 최하위인 경우 해고가 정당하다고 해석했으나, 이 사례들을 분석해보면 인사고과 자체의 문제라기보다 회사의 개선 지시를

이행하지 않는 등 개선 의지에 문제가 있다고 보았다.

33. 《동아일보》(2008. 3. 20)

34. 대법원(2002. 5. 28, 2001두10455) 등 법원은 일관되게 이 법리를 기준으로 사실관계에 따른 구체적 타당성을 검토하고 있다.

35. 대법원(2002. 7. 9, 2001다29452) 등 법원은 기업의 도산을 회피하기 위한 경우에 한정하지 않고 장래에 닥칠 위기를 미리 대처하기 위하여 인원 감축이 객관적으로 보아 합리성이 인정되는 경우까지 받아들이고 있는 추세다.

36. 고용노동부 유권해석(2005. 8. 31, 근로기준과-4533)에서는 대기발령 기간 동안 휴업수당(평균 임금 70퍼센트 이상)을 지급하는 것이 원칙이며, 징계성 대기발령의 경우에는 휴업수당을 줄 의무는 없는 것으로 해석하고 있다.

37. 대법원(2007. 9. 21, 2006다25240) 등 법원은 대기발령과 이에 따른 직권면직은 실질에 있어 해고에 해당되며, 해고의 정당성이 있어야 한다고 본다.

38. 대법원(2003. 7. 16, 2002마4380) 등 법원은 대체로 1년 정도를 인정하고 있으나, 향후 영업비밀의 중요성에 따라 탄력적으로 적용할 가능성이 높다. 예컨대 IT 기술처럼 기술개발 속도가 빠른 경우에는 1년보다 이직금지 기간을 짧게 인정할 가능성이 높을 것으로 생각된다.

39. 대법원(1996. 12. 20, 95다52222) 등 법원은 의무재직 기간 이상 근무하지 아니할 때 교육비용을 상환하도록 한 약정은 유효하다고 해석하고 있다.

40. 대법원(2001. 10. 23, 2001다25184) 등 법원은 근로자의 명백한 동의가 있는 경우 예외적으로 사용자가 근로자의 임금채권을 상계(혹은 공제)하는 것을 허용하고 있다.

41. 《파이낸셜뉴스》(2011. 1. 18) 등

42. 《이데일리뉴스》(2011. 6. 12) 등

43. 《동아일보》(2011. 3. 25) 등

44. 《HR 인사이트》(2010년 5월호)

45. 캐스 R. 선스타인·리처드 탈러, 안진환 옮김, 『넛지』, 리더스북, 2009.
46. 《연합뉴스》(2009. 3. 5) 등
47. 서울행정법원(2001. 3. 14, 20003484) 등 법원은 회사의 관리 하에 지원한 체육대회나 야유회에서 발생한 재해는 업무상 재해에 해당된다고 해석하고 있다.
48. 산재 재결례(2000. 7. 29, 2000 재결 제664호) 등에서 팀원들로부터의 소외 등으로 생긴 적응장애와 우울장애가 업무와 상당한 인과관계가 있다면 업무상 재해로 볼 수 있다고 해석한 바 있다.
49. 개인정보보호법이 2011년 9월 30일 전면 시행됨에 따라 개인정보에 대한 수집, 검열 등이 보다 엄격하게 제한될 것으로 예상된다.
50. 《경향신문》(2009. 2. 3) 등
51. 《쿠키뉴스》(2008. 3. 13) 등
52. 신원동, 『삼성의 인재경영』, 청림출판, 2007.
53. 와다 히로코, 양은숙 옮김, 『P&G 인재양성법』, 타임스퀘어, 2011; 《머니투데이》(2011. 4. 6) 등
54. 《월스트리트저널》(2011. 7. 21) 등
55. 《동아일보》(2003. 7. 3)
56. LG경제연구원, 「성공하는 기업은 일하는 방식이 다르다」(2007. 10. 23)
57. 《파이낸셜뉴스》(2008. 1. 31) 등
58. 김영한·김영안, 『삼성처럼 회의하라』, 청년정신, 2004

회사의 속마음

1판 1쇄 발행 2011년 11월 5일
1판 2쇄 발행 2011년 11월 12일

지은이 정광일

발행인 양원석
총편집인 이헌상
편집장 김은영
책임편집 민지혜
전산편집 김미선
제작 문태일, 김수진
해외저작권 정주이, 정민애
영업 마케팅 김경만, 임충진, 최준수, 주상우, 김혜연, 최종문, 권민혁

펴낸 곳 랜덤하우스코리아(주)
주소 서울시 금천구 가산동 345-90 한라시그마밸리 20층
편집문의 02-6443-8842 **구입문의** 02-6443-8838
홈페이지 www.randombooks.co.kr
등록 2004년 1월 15일 제2-3726호

ISBN 978-89-255-4503-5 (03320)

※ 이 책은 랜덤하우스코리아㈜가 저작권자와의 계약에 따라 발행한 것이므로
   본사의 서면 허락 없이는 어떠한 형태나 수단으로도 이 책의 내용을 이용하지 못합니다.
※ 잘못된 책은 구입하신 서점에서 바꾸어 드립니다.
※ 책값은 뒤표지에 있습니다.